地球大数据科学论丛　郭华东　总主编

境外工程地球大数据
监测与分析

牛　铮　邬明权　等　著

科学出版社

北　京

内 容 简 介

本书采用地球大数据技术收集我国在境外的重大工程空间信息，并相应编制带地理信息坐标的境外重大工程项目名录，建立境外重大工程空间数据库，把握境外各类重大工程项目的总体布局和发展态势，探索各类型重大工程项目的地球大数据监测方法，展示我国境外重大工程建设相关成果，力求为我国境外重大工程建设的监管、生态环境保护和投资决策提供有价值的科学信息支撑。

本书可供从事境外工程研究的相关学者、政府管理人员、项目投资人员以及境外工程建设的相关单位监管人员参考。

审图号：GS（2022）2664 号

图书在版编目(CIP)数据

境外工程地球大数据监测与分析/牛铮等著. —北京：科学出版社，2023.2

（地球大数据科学论丛/郭华东总主编）

ISBN 978-7-03-073186-9

Ⅰ. ①境⋯ Ⅱ. ①牛⋯ Ⅲ. ①境外-重大建设项目-空间信息系统-中国 Ⅳ. ①F282

中国版本图书馆 CIP 数据核字（2022）第 175506 号

责任编辑：朱 丽 李 静/责任校对：杨 然
责任印制：吴兆东/封面设计：蓝正设计

科学出版社 出版
北京东黄城根北街 16 号
邮政编码：100717
http://www.sciencep.com
北京中科印刷有限公司 印刷
科学出版社发行 各地新华书店经销
*
2023 年 2 月第 一 版　开本：720×1000 B5
2023 年 7 月第二次印刷　印张：13 3/4
字数：270 000
定价：169.00 元
（如有印装质量问题，我社负责调换）

"地球大数据科学论丛"编委会

顾　问
徐冠华　白春礼

总主编
郭华东

编　委（按姓氏汉语拼音排序）
陈　方　陈宏宇　迟学斌　范湘涛　韩群力
何国金　纪力强　贾根锁　黎建辉　李　新
李超伦　廖小罕　马俊才　马克平　闫冬梅
张　兵　朱　江

学术秘书
梁　栋

作者名单

牛铮　邬明权　高许淼　李世华　宁湘宇
李祜梅　蒋瑜　贾战海　田定慧　尹富杰
肖建华　朱洪臣　李丽　吴俊君　欧胜亚
田海峰　龚囷　何泽　李旗

"地球大数据科学论丛"序

第二次工业革命的爆发，导致以文字为载体的数据量约每 10 年翻一番；从工业化时代进入信息化时代，数据量每 3 年翻一番。近年来，新一轮信息技术革命与人类社会活动交汇融合，半结构化、非结构化数据大量涌现，数据的产生已不受时间和空间的限制，引发了数据爆炸式增长，数据类型繁多且复杂，已经超越了传统数据管理系统和处理模式的能力范围，人类正在开启大数据时代新航程。

当前，大数据已成为知识经济时代的战略高地，是国家和全球的新型战略资源。作为大数据重要组成部分的地球大数据，正成为地球科学一个新的领域前沿。地球大数据是基于对地观测数据又不唯对地观测数据的、具有空间属性的地球科学领域的大数据，主要产生于具有空间属性的大型科学实验装置、探测设备、传感器、社会经济观测及计算机模拟过程中，其一方面具有海量、多源、异构、多时相、多尺度、非平稳等大数据的一般性质，另一方面具有很强的时空关联和物理关联，具有数据生成方法和来源的可控性。

地球大数据科学是自然科学、社会科学和工程学交叉融合的产物，基于地球大数据分析来系统研究地球系统的关联和耦合，即综合应用大数据、人工智能和云计算，将地球作为一个整体进行观测和研究，理解地球自然系统与人类社会系统间复杂的交互作用和发展演进过程，可为实现联合国可持续发展目标(SDGs)做出重要贡献。

中国科学院充分认识到地球大数据的重要性，2018 年年初设立了 A 类战略性先导科技专项"地球大数据科学工程"(CASEarth)，系统开展地球大数据理论、技术与应用研究。CASEarth 旨在促进和加速从单纯的地球数据系统和数据共享到数字地球数据集成系统的转变，促进全球范围内的数据、知识和经验分享，为科学发现、决策支持、知识传播提供支撑，为全球跨领域、跨学科协作提供解决方案。

在资源日益短缺、环境不断恶化的背景下，人口、资源、环境和经济发展的矛盾凸显，可持续发展已经成为世界各国和联合国的共识。要实施可持续发展战略，保障人口、社会、资源、环境、经济的持续健康发展，可持续发展的能力建设至关重要。必须认识到这是一个地球空间、社会空间和知识空间的巨型复杂系统，亟须战略体系、新型机制、理论方法支撑来调查、分析、评估和决策。

一门独立的学科，必须能够开展深层次的、系统性的、能解决现实问题的探究，以及在此探究过程中形成系统的知识体系。地球大数据就是以数字化手段连接地球空间、社会空间和知识空间，构建一个数字化的信息框架，以复杂系统的思维方式，综合利用泛在感知、新一代空间信息基础设施技术、高性能计算、数据挖掘与人工智能、可视化与虚拟现实、数字孪生、区块链等技术方法，解决地球可持续发展问题。

"地球大数据科学论丛"是国内外首套系统总结地球大数据的专业论丛，将从理论研究、方法分析、技术探索以及应用实践等方面全面阐述地球大数据的研究进展。

地球大数据科学是一门年轻的学科，其发展未有穷期。感谢广大读者和学者对本论丛的关注，欢迎大家对本论丛提出批评与建议，携手建设在地球科学、空间科学和信息科学基础上发展起来的前沿交叉学科——地球大数据科学。让大数据之光照亮世界，让地球科学服务于人类可持续发展。

郭华东

中国科学院院士

地球大数据科学工程专项负责人

2020 年 12 月

前　言

2013 年以来，我国对外工程项目迅猛发展。2020 年，在新冠肺炎疫情全球暴发的情况下，中国外贸进出口总额达 32.16 万亿元（人民币）；我国企业对外直接投资 1537.1 亿美元，对外承包工程项目合同 5611 份，新签合同额 2555.4 亿美元。发展中国家成为我国对外贸易、投资和工程建设等领域的重要合作伙伴。

然而，我国企业走出去时间较短，存在投资地基础数据匮乏、人文社会经济状况不了解等问题，使得我国对外投资项目失败时有发生。生态环境影响等问题也日益引起国际社会的广泛关注。与此同时，国内相关部门对境外项目的监管也存在监管手段不足、难以及时把握境外工程发展状况和态势等问题。因此，迅猛发展的境外工程建设对我国境外工程在项目规划设计、可持续建设与开发、风险评估与预防、经济效益评估、发展态势分析与运营监管等众多方面的相关研究提出了更高的要求。目前我国相关的研究还相当薄弱，以战略性、宏观性和一般性文献为主，服务于基础设施工程具体建设的相关研究较少，难以满足境外工程建设的相关需求。

以遥感和地理信息系统等为代表的空间信息采集和管理技术，是地球大数据的主要技术方法，可以在解决上述问题中发挥重要作用。为摸清我国境外工程的分布格局和发展态势等家底和现状，本书针对铁路、公路/桥梁、港口、机场、产业园区、能源（含水电）和矿山七大类境外工程项目，基于境外工程项目名录集，采用地球大数据技术，分析境外工程项目的发展态势和分布格局；针对境外工程建设过程中的生态环境影响，以及建成后的社会经济影响等问题，每种类型项目分别选取一个典型重大工程项目为代表，采用中高分辨率遥感影像，以植被覆盖度和生态资源状况变化为主要监测指标，监测项目建设前后对生态环境的影响，采用夜间灯光遥感数据，监测项目建设前后夜间灯光指数的变化，分析项目对当地社会经济的影响。研究成果不仅有助于相关部门了解我国境外工程的现状和发展态势，而且探索采用遥感和 GIS 等技术开展境外工程生态环境和社会经济影响的新方法，可为相关部门境外监管提供新技术、新手段。

2018 年，中国科学院正式启动 A 类战略性先导科技专项"地球大数据科学工程"（CASEarth）境外工程项目的生态环境影响是该专项重要研究内容之一。本专著为"地球大数据科学工程"专项的重要成果之一，将系统分析我国境外工程的分布格局和发展态势，阐述我国境外工程项目建设等人类活动对生态环境和社会经济的影响，探索境外工程生态环境影响遥感监测新方法，为我国境外工程的生态环境监管提供新方法和新技术。

本书的整体思路、技术指导和框架设计由牛铮、邬明权完成，统稿、校订由邬明权、高许淼、牛铮、欧胜亚、宁湘宇完成。第 1 章的作者为邬明权；第 2 章的作者为肖建华(2.1~2.2 节)，田海峰(2.3 节)，吴俊君和李丽(2.4 节)；第 3 章的作者为贾战海(3.1~3.3 节)，龚围和李丽(3.4 节)；第 4 章的作者为李祐梅(4.1~4.2 节)与田海峰(4.3 节)；第 5 章的作者为朱洪臣；第 6 章的作者包括李祐梅(6.1~6.2 节)，李世华、何泽与肖建华(6.3 节)，李旗负责了 6.1~6.2 节部分数据整理；第 7 章的作者为蒋瑜(7.1~7.3 节)和尹富杰(7.4 节、7.1~7.2 节水电站数据整理)；第 8 章的作者为田定慧；第 9 章的作者为贾战海、邬明权。全书制图由高许淼和邬明权完成。

本书的境外工程项目名录数据是基于网络爬虫技术收集，并未收录我国境外工程项目全部数据，所以基于以上数据进行的相关分析也仅能代表该数据的结果，可能存在与其他数据集分析结果不一致之处。

限于作者水平，书中难免存在不妥之处，恳请读者批评指正。

作　者
2022 年 4 月

目 录

"地球大数据科学论丛"序
前言
第1章 绪论······1
  1.1 意义······2
  1.2 研究框架······4
    1.2.1 研究对象和区域······4
    1.2.2 研究目标······4
    1.2.3 研究内容······4
    1.2.4 数据源和技术方法······5
第2章 铁路······8
  2.1 分布格局······9
    2.1.1 各大洲及地区的分布情况······9
    2.1.2 不同性质国家的分布情况······10
    2.1.3 各类型铁路项目的分布情况······10
    2.1.4 主要经济走廊上的铁路分布······15
  2.2 发展态势······18
    2.2.1 历年签约数目变化······18
    2.2.2 亚投行成员国与铁路建设关系时序分析······19
  2.3 典型案例——亚吉铁路······21
    2.3.1 亚吉铁路概况······21
    2.3.2 对生态环境的影响······22
    2.3.3 对经济的影响······26
    2.3.4 互联互通能力的提升······27
    2.3.5 助力埃塞俄比亚、吉布提实现联合国2030年可持续发展目标······28
  2.4 典型案例——中老泰铁路······30
    2.4.1 中老泰铁路概况······30
    2.4.2 对生态环境的影响······32

	2.4.3	对经济的影响	38
	2.4.4	互联互通能力的提升	39
	2.4.5	助力沿线国家实现联合国 2030 年可持续发展目标	41

第 3 章　公路/桥梁 ... 42

3.1	分布格局		43
	3.1.1	各大洲及地区的分布情况	43
	3.1.2	不同性质国家的分布情况	44
	3.1.3	各类型公路/桥梁项目的分布情况	44
	3.1.4	主要经济走廊上的分布情况	50
3.2	发展态势		51
	3.2.1	历年开工工程数目变化	51
	3.2.2	亚投行成员国与公路/桥梁建设关系时序分析	52
	3.2.3	2019 年公路/桥梁在 31 个国家的人口分布	54
3.3	典型案例——M4 高速公路		54
	3.3.1	M4 高速公路概况	54
	3.3.2	对生态环境的影响	56
	3.3.3	对经济的影响	60
	3.3.4	M4 高速公路绍尔果德-哈内瓦尔段互联互通能力的提升	64
3.4	典型案例——白沙瓦至卡拉奇高速公路		64
	3.4.1	白沙瓦至卡拉奇高速公路概况	64
	3.4.2	对生态环境的影响	64
	3.4.3	对经济的影响	69
	3.4.4	互联互通能力的提升	71
	3.4.5	助力巴基斯坦实现联合国 2030 年可持续发展目标	73

第 4 章　港口 ... 76

4.1	分布格局		77
	4.1.1	各大洲及地区的分布情况	77
	4.1.2	不同类型国家的分布情况	78
	4.1.3	各类型港口项目的分布情况	78
4.2	发展态势		86
	4.2.1	港口历年开工项目数变化	86
	4.2.2	亚投行成员国与港口建设的相互关系	87
4.3	典型案例——汉班托塔港		89
	4.3.1	汉班托塔港概况	89

         4.3.2 对生态环境的影响 90
         4.3.3 建设进度监测 92
         4.3.4 保护区监测 93
         4.3.5 对经济的影响 94

第5章 机场 97
5.1 分布格局 98
     5.1.1 各大洲及地区的分布情况 98
     5.1.2 不同性质国家的分布情况 99
     5.1.3 各类型机场项目的分布情况 101
     5.1.4 主要经济走廊上的境外机场项目分布情况 102
5.2 发展态势 103
     5.2.1 历年开工/签约工程数目变化 103
     5.2.2 亚投行成员国与机场建设的相互关系 105
     5.2.3 经济走廊内机场建设平均用时情况 106
5.3 典型案例——普莱桑斯国际机场 107
     5.3.1 普莱桑斯国际机场概况 107
     5.3.2 对生态环境的影响 109
     5.3.3 建设进度监测 110
     5.3.4 社会经济影响监测 112

第6章 产业园区 121
6.1 分布格局 122
     6.1.1 各大洲及地区的分布情况 122
     6.1.2 在不同类型国家的分布情况 124
     6.1.3 各类型产业园区的分布情况 124
     6.1.4 主要经济走廊上的产业园区分布情况 132
6.2 发展态势 134
     6.2.1 产业园区历年建设数目变化 134
     6.2.2 亚投行成员国与园区建设的相互关系 134
6.3 典型案例——柬埔寨西哈努克港经济特区 136
     6.3.1 柬埔寨西哈努克港经济特区概况 136
     6.3.2 对生态环境的影响 137
     6.3.3 建设进度监测 139
     6.3.4 对经济的影响 140

第7章 能源 ·········· 144

7.1 分布格局 ·········· 145
- 7.1.1 能源项目在各大洲及地区的分布情况 ·········· 145
- 7.1.2 能源项目在不同类型国家的分布情况 ·········· 146
- 7.1.3 能源项目在主要经济走廊的分布状况 ·········· 146
- 7.1.4 各类型能源项目的分布情况 ·········· 149

7.2 发展态势 ·········· 154
- 7.2.1 境外能源项目历年签订与建设情况 ·········· 154
- 7.2.2 亚投行成员国与能源项目建设的相互关系 ·········· 154

7.3 典型案例——迪拜哈翔清洁能源电站项目 ·········· 156
- 7.3.1 迪拜哈翔清洁能源电站项目概况 ·········· 156
- 7.3.2 生态环境影响监测 ·········· 157
- 7.3.3 建设进度监测 ·········· 159
- 7.3.4 敏感区域监测 ·········· 162

7.4 典型案例——吉布Ⅲ水电站项目 ·········· 164
- 7.4.1 吉布Ⅲ水电站项目概况 ·········· 164
- 7.4.2 生态环境影响监测 ·········· 165
- 7.4.3 建设进度监测 ·········· 168
- 7.4.4 夜间灯光变化监测 ·········· 170
- 7.4.5 保护措施 ·········· 171

第8章 矿山 ·········· 173

8.1 分布格局 ·········· 175
- 8.1.1 各大洲及地区的分布情况 ·········· 175
- 8.1.2 不同性质国家的分布情况 ·········· 175
- 8.1.3 各类型矿产资源项目分布情况 ·········· 177

8.2 发展态势 ·········· 184
- 8.2.1 历年开工数目变化 ·········· 184
- 8.2.2 亚投行成员国与矿山项目投资建设关系时序分析 ·········· 185

8.3 典型案例——缅甸蒙育瓦铜矿 ·········· 187
- 8.3.1 缅甸蒙育瓦铜矿概况 ·········· 187
- 8.3.2 生态环境影响监测 ·········· 188
- 8.3.3 矿区修建对水域的影响 ·········· 194
- 8.3.4 建设进度监测 ·········· 194

  8.3.5 对经济的影响 …………………………………………… 196
第9章 结论与建议 ………………………………………………… 199
 9.1 主要结论 ………………………………………………………… 199
 9.2 主要建议 ………………………………………………………… 199
参考文献 ……………………………………………………………………… 202

第 1 章

绪　论

> 中国自 2013 年以来，与全球各国，特别是发展中国家，在铁路、公路、港口、机场、产业园区、能源、矿山等领域的建设开发上开展了一系列的合作。2018 年中国企业新签对外承包工程项目合同 7721 份，新签合同额 1257.8 亿美元。这些投资在促进各方经济发展的同时也面临着基础地理数据匮乏、国内相关部门监管能力不足、建设成果统计不到位、重大工程建设面临生态环境保护质疑等问题。本章在分析现状、阐明意义的基础上，重点介绍基于地球大数据技术针对这些问题的研究框架。
>
> （1）利用网络爬虫技术收集我国境外铁路、公路、港口、机场、产业园区、能源和矿山等重大工程项目相关信息，结合遥感技术编制我国首套、带地理坐标数据的境外重大工程数据集。
>
> （2）利用 GIS 空间分析方法分析境外铁路、公路、港口、机场、产业园区、能源、矿山七类重大工程项目的分布状况和发展态势。
>
> （3）基于地球大数据技术开展典型案例分析，分析 10 个重大工程项目的工程建设进度、生态环境影响和社会经济影响。

发展中国家往往面临着基础设施薄弱、工业不发达、生产率低下等问题。为促进联合国 2030 年可持续发展目标在全球的实现，中国与广大发展中国家在铁路、公路、港口、机场、产业园区、能源、矿山等领域的建设开发上开展了一系列的合作。

这些合作在极大促进相关国家社会发展的同时，也面临着一系列的问题（邬明权等，2020）：①境外基础地理数据匮乏。增大了我国企业对外投资决策风险和施工建设成本。②国内相关部门对工程建设的监管能力不足。相关部门对我国境外重大工程项目的监管主要以定期统计调查为主，反馈的信息容易受人为干扰，实时性不强。③建设成果统计不到位。我国境外项目统计主要采用备案制等统计调查方法，存在时效性差、成果表现形式单一等问题。④重大工程建设面临生态环境保护质疑，迫切需要加强监管，及时发现、解决重大工程建设过程中的各种环境问题，尽快出台绿色重大工程建设指南。

地球大数据技术可为全球生态、环境、资源、交通、地形等基础地理数据的采集提供解决方案，是解决境外基础地理数据匮乏问题的重要技术手段。可以实时、周期性地监测境外重大工程的分布、发展态势、生态环境影响、社会经济影响和建设进度。解决国内相关部门监管能力不足问题，贯彻绿色发展理念。此外，还可以直观地展现重大工程建设的成果，解决境外建设成果统计不到位的问题，为推介我国建设成果提供素材，讲好中国故事。

1.1 意　　义

铁路、公路、港口、机场等互联互通基础设施，以及产业园区、能源、矿山等国际产能合作项目，是社会经济发展的基石。自 2013 年以来，中国企业参与建设的境外重大工程迅猛增多，极大提高了当地的互联互通能力，促进了当地社会经济的可持续发展，为联合国 2030 年可持续发展目标在全球的实现做出巨大贡献。

然而，在境外重大工程项目的建设过程中，也面临诸多挑战。

1. 境外基础地理数据匮乏

我国企业对外走出去的经验匮乏，2005 年前我国对外投资长期低于 100 亿美元，缺乏境外的资源、环境、地形等基础地理数据，特别是广大的发展中国家，如非洲国家，本身就没有基础地理数据，或者基础地理数据老旧，个别数据甚至还是在西方国家殖民时期收集的。而重大工程的项目周期中，从项目规划、设计到施工和运行都需要基础数据的支持，缺乏基础数据或者基础数据老旧，增大了我国企业对外投资决策风险和施工建设成本。

2. 国内相关部门监管能力不足

目前，商务部、发改委等部门对我国境外重大工程项目的监管主要以定期统计调查为主，结合备案制和问卷调查等形式，以及部分重点项目地面视频监控系统监测，缺乏境外工程项目的基础地理信息和主动监测技术手段。反馈的信息容易受人为干扰，实时性不强，使得监管效果有待加强；监测结果往往为统计调查表格等形式，成果展现和综合分析均较难；部分企业申请国家经费后，项目迟迟不动工,资金使用不到位,个别企业甚至不注意保护当地生态环境,影响我国国际形象。因此,迫切需要发展卫星遥感等主动监控手段,提升监管水平。

3. 境外工程项目建设成果统计不到位

我国在境外投资建设了众多重大工程项目,然而这些建设成果的统计,目前主要依靠问卷调查方法,存在时效性差、主要为社会经济数据、成果表现形式主要为表格数据等问题,而世界银行等西方机构和国家在展现和评估重大工程投资效果时,已广泛采用遥感和 GIS 技术,可以更加直观具体地展示相关成果。

4. 重大工程建设面临生态环境保护质疑

经济的发展往往会给环境带来压力。先污染后治理是许多国家在工业化进程中走过的一条路。我国境外项目的生态环境影响问题是国际媒体关注的焦点之一。随着环境问题日益受到人们的关注,可持续发展路线已被我国越来越多的人接受。习近平主席提出"绿水青山就是金山银山",为我国走可持续发展路线指明了方向。在境外工程建设中,我国也提出了绿色发展理念。贯彻绿色理念,需要我国相关部门加强监管,及时发现、解决境外重大工程建设过程中的各种环境问题,同时加强行业交流与合作,尽快出台绿色重大工程建设指南。

地球大数据是具有空间属性的地球科学领域大数据,它一方面具有海量、多源、异构、多时相、多尺度、非平稳等大数据的一般性质,同时具有很强的时空关联和物理关联。数字地球是地球大数据组织的常用方式之一,把地球作为一个整体,在统一的"三维平台"架构上研究地球表层系统各要素的状况、分布、变化及其相互作用。它通过精确的地理关联和物理关联把海量数据和信息产品进行系统集成,模拟分析不同要素之间的相互作用与耦合关联。

利用地球大数据技术可为解决上述挑战提供新思路、新技术、新方法和新手段,为全面践行绿色发展理念护航。采用地球大数据技术可全面采集全球生态、环境、资源、交通、地形等基础地理数据,为我国相关部门的境外重大工程规划和布局,以及我国企业走出去,提供数据基础;可以实时、周期性地监测我国境外重大工程的分布、发展态势、生态环境影响、社会经济影响和建设进度,为我国相关部门提供直接、客观的第三方监管手段,还可以直观地展现重大工程建设的成果,为推介我国建设成果提供素材。

1.2 研究框架

1.2.1 研究对象和区域

本书以通过网络爬虫技术收集到的有报道的境外我国投资、承建或者收购的 1169 个重大工程项目为对象，涵盖铁路(肖建华等，2019a)、公路(贾战海等，2019)、桥梁、港口(李祐梅等，2019a)、机场、产业园区(李祐梅等，2019b)、能源(蒋瑜等，2019)、水电站(尹富杰等，2019)和矿山等类型，其中铁路项目 86 个、公路项目 91 个、桥梁项目 8 个、港口项目 101 个、机场项目 81 个、产业园区项目 182 个、能源项目 485 个、矿山项目 135 个。近年来，我国在境外投资或承建的重大工程项目每年近 8000 个，本书收录的项目往往是相关领域金额较大、具有重大影响力和有代表性的项目，因此，尽管收录的项目不足全部项目的 10%，却能够反映我国境外重大工程项目的相关情况。

本书收录重大项目的分布格局和发展态势部分涉及除我国外的全球其他地区，包括亚洲、非洲、欧洲、大洋洲、南美洲和北美洲六大洲；典型案例分析部分，铁路工程选取了非洲的亚的斯亚贝巴—吉布提铁路和东南亚的中老泰铁路，公路工程选取巴基斯坦的 M4 高速公路和白沙瓦至卡拉奇高速公路，港口选取斯里兰卡汉班托塔港，机场选取普莱桑斯国际机场，产业园区选取柬埔寨西哈努克港经济特区，能源项目选取迪拜哈翔清洁能源电站(蒋瑜等，2020)和吉布III水电站(尹富杰等，2020)，矿山选取缅甸蒙育瓦铜矿(田定慧等，2020)等 10 个典型案例(刘卫东等，2021)。

1.2.2 研究目标

搜集我国境外重大工程空间信息，编制带地理信息坐标的境外重大工程项目名录，建立境外重大工程空间数据库，摸清境外沿线我国各类重大工程项目的总体布局和发展态势，探索各类型重大工程项目的地球大数据监测方法，展示我国境外重大工程建设相关成果，力求为境外重大工程建设的监管、生态环境保护和投资决策提供有价值的科学信息。

1.2.3 研究内容

具体的研究内容包括：

(1)收集我国在境外的铁路、公路、产业园区、港口、能源、矿山和机场等重大工程项目相关信息，编制我国首套带地理坐标数据的境外重大工程数据集；

(2) 分析境外区域铁路、公路、港口、机场、产业园区、能源、矿山等七类重大工程项目的分布状况和发展态势，评价亚洲基础设施投资银行(简称亚投行)对境外重大工程的影响；

(3) 开展典型案例分析，分析 10 个重大工程项目的工程建设进度、生态环境影响和社会经济影响。

1.2.4 数据源和技术方法

采用网络爬虫技术，从境外产业园区的公众号、参与境外建设的各大企业官网及商务部数据库等网站，收集境外区域铁路、公路、产业园区、港口、能源、矿山和机场等重大工程项目信息，包括项目位置、投资额、建设单位、建设年份、所在国家、项目类型和相关新闻报道等信息，编制境外重大工程名录数据集(表 1-1)；采用 GIS 空间分析方法，绘制各类型境外重大工程项目的空间分布状况图(图 1-1)，统计各类型重大工程项目历年发展态势，并与亚投行成员国历年变化情况作对比，分析重大工程建设亚投行成员国的相互关系，具体监测指标体系见表 1-2。

表 1-1 境外重大工程名录数据集

序号	搜集/监测的信息	数据来源	采集或监测方法
1	重大工程项目的项目位置	遥感影像 GPS 定位	遥感影像目视解译
2	重大工程项目的投资额、建设单位、建设年份、所在国家、项目类型和相关新闻报道等	商务部数据库 各大企业官网 行业协会官网或公众号 相关公众号 新闻报道	网络爬虫
3	生态环境影响	30m Landsat 影像 10m Setinel-2 影像 米级高分影像 全球保护区数据	遥感监测与制图
4	社会经济影响	灯光遥感数据 路网数据 米级高分影像	遥感监测与分析
5	建设进度	米级高分影像	遥感监测与分析

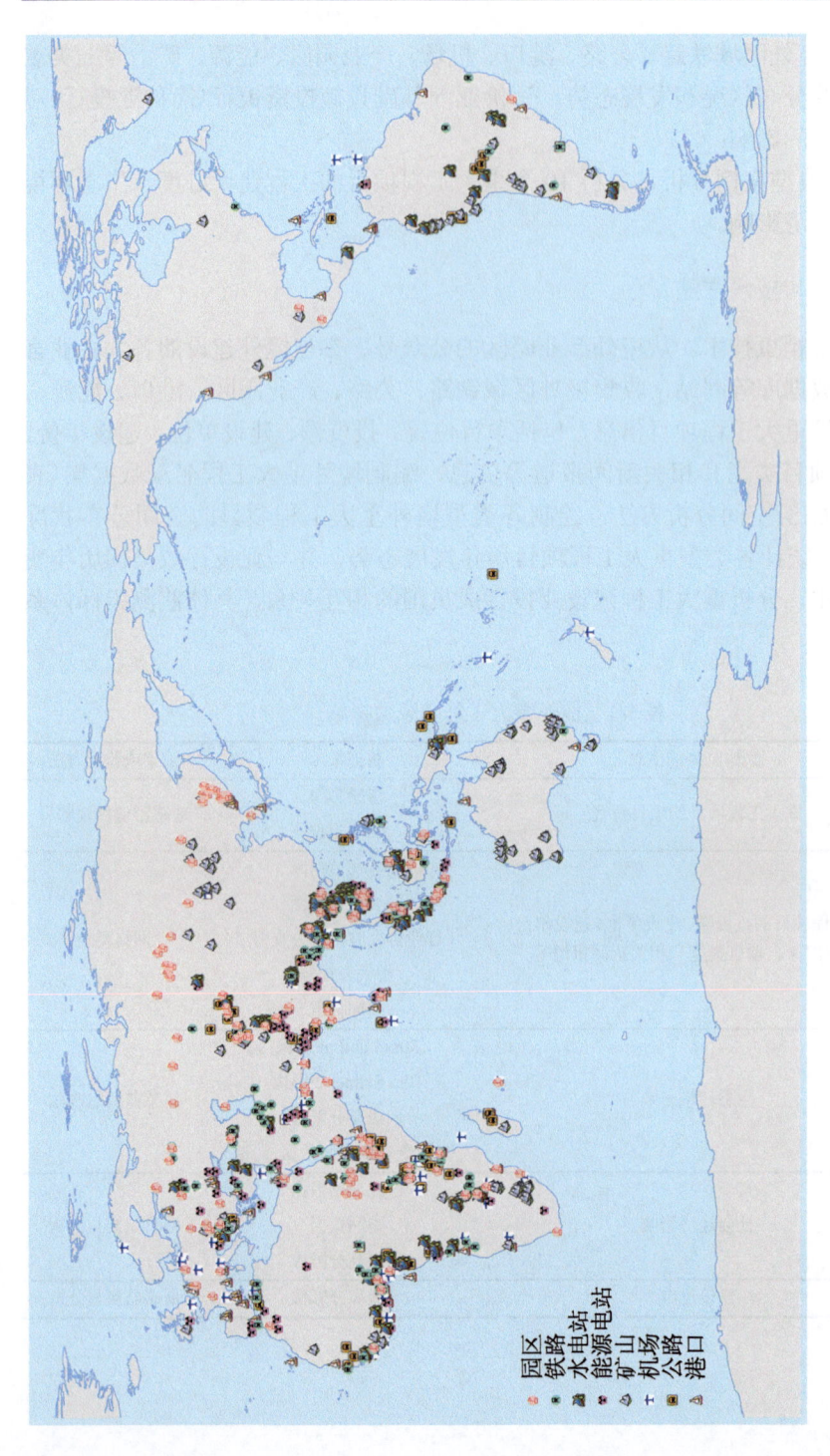

图 1-1 我国境外重大工程项目空间分布状况图（数据资料截至 2019 年 12 月 30 日）

利用中国高分(GF)系列卫星、资源(ZY)系列卫星和国外陆地资源(Landsat)系列卫星、哨兵(Sentinels)系列卫星、地球观测系统(EOS)Terra/Aqua 卫星、夜间灯光遥感数据、快鸟等高分影像等在内的对地观测遥感数据，形成系列重大工程遥感监测产品(表1-3)，开展境外典型铁路、公路、港口、机场、产业园区、能源和矿山等重大工程项目的工程建设进度、生态环境影响(王琦安等，2019)和社会经济影响监测与评估分析(刘卫东等，2021)。其中，工程建设进度主要监测指标包括建设前后建筑面积和道路里程变化情况；生态环境影响主要指标包括建设前后的植被覆盖度和土地利用变化情况，以及对保护区、水资源等敏感地类的影响分析；社会经济影响主要利用灯光指数来监测工程建设对周边经济的影响，采用GIS 模拟方法，模拟工程建设对互联互通能力的影响。

表 1-2　境外重大工程分布格局与发展态势监测指标

监测内容	序号	监测指标	监测产品	针对的问题
分布格局	1	各个大洲和地区工程分布	地区工程空间分布图	各个大洲和地区工程分布情况
	2	不同类型国家工程空间分布	不同类型国家工程空间分布图	工程在不同类型国家，特别是最不发达国家的分布情况
	3	不同类型工程空间分布	工程类型地区分布图	不同类型工程在各个地区的分布情况
	4	廊道内外工程分布	廊道内外工程分布图	廊道内外工程分布情况
发展态势	5	各类型工程历年签约数目	各类工程历年签约数目变化图	各类工程历年签约数目变化情况
	6	既有工程又是亚投行成员国的国家占比	既有工程又是亚投行成员国的国家占比变化图	工程建设与亚投行成员国关系

表 1-3　典型重大工程建设遥感监测指标体系

监测内容	序号	监测指标	监测产品	针对的问题
生态环境影响	1	土地荒漠化	植被覆盖度	土地荒漠化
	2	生态占用	土地利用图	占用生态资源
	3	生态恢复	土地利用变化图	生态恢复困难
	4	生物多样性影响	保护区影响监测	占用野生动物栖息地，影响野生动物迁徙
	5	水资源变化	土地利用变化图	水资源量减少
	6	废弃物排放监测	工业废弃物监测产品	工业三废污染
社会经济影响	7	灯光指数	灯光指数变化图	社会经济发展
	8	通行时间	通行能力变化图	互联互通能力
工程建设进度	9	建筑面积	建筑面积变化图	建设面积变化情况
	10	道路里程	道路里程变化图	道路里程变化情况

第 2 章

铁 路

铁路是国民经济发展的大动脉，是互联互通的重要内容。自2013年以来，中国对外援建或承包的铁路重大工程项目数量迅速增长，在促进当地经济发展方面发挥了重要作用，然而也面临生态环境保护等诸多挑战。本章通过地球大数据技术分析境外铁路重大工程项目的分布状况和发展态势，评价亚投行对境外重大工程的影响，并监测和分析境外典型铁路工程项目的工程建设进度、生态环境影响和社会经济影响，为境外绿色铁路工程的建设提供科学依据。主要结果如下：

(1)本书收录的我国承建或投资的境外铁路工程项目86个，遍布于全球六大洲，其中东南亚铁路项目分布最多，占比达18.6%，其次是西亚(14.0%)和北非(10.5%)；分布国家以发展中国家、最不发达国家和新兴经济体国家为主，并逐步向发达国家扩散；铁路工程的类型也涵盖普速铁路、高速铁路、轻轨、地铁等全类型项目，其中普速铁路项目最多，占比达69.8%，其次是高速铁路(11.6%)、轻轨(15.1%)，地铁项目占比较小，只占3.5%。

(2)通过典型境外铁路工程的植被覆盖度、生态占用与恢复、对保护区的影响等的监测发现，铁路建设对沿线造成的生态损失小、生态风险防范得当；通过对夜间灯光数据、GIS网络监测和分析，发现铁路项目的建设促进沿线国家和地区的经济发展，互联互通能力提升了一倍以上，极大地缩短沿线地区的时间成本，改善了当地的社会经济环境和人民生活水平，助力相关国家实现联合国2030年可持续发展目标。

发展中国家虽然人口众多、资源丰富，但是经济发展还相对滞后，限制经济发展因素众多，其中交通基础设施陈旧老化、交通运输能力差等成为制约经济发展的重要因素之一(寇培颖等，2018)。发展中国家，尤其是最不发达国家与地区，强烈渴望通过互联互通基础设施建设，突破发展瓶颈，加快工业化进程，进而实现经济现代化。

发展中国家和地区虽然建有一定规模的铁路交通网络，但已有的货运和客运铁路交通基础设施修建年代久远，另外各铁路间连接性较差，许多铁路存在线路单一、速度慢、运行效率低的问题，现有的铁路已不能满足工业化和经济的不断发展需求。然而修建铁路所需资金数额较大，使发展中国家特别是欠发达国家无力承担建设成本，同时有的铁路项目建设存在建设难度大、技术性强等特点，导致许多国内建设企业放弃修建。以肯尼亚蒙内铁路为例，在蒙内铁路建成之前，肯尼亚唯一的现代化交通线路是1899年修建的乌丁达铁路（米轨铁路）。然而，这条铁路并未给肯尼亚人民带来渴望的繁荣。联合国在2013年的一份报告中指出，恶劣的交通基础设施条件大大制约了肯尼亚的经济发展，历经百年的铁路年久失修，破败不堪，加之技术标准低、速度极慢、事故频发，所以绝大部分货物都要通过公路来运输，直接导致沿线双向两车道的A109国道十分拥挤，不堪重负，高昂的运输成本和漫长的运输时间迫使肯尼亚修建蒙内铁路来改善交通的期待愈加强烈。中国应肯尼亚铁路修建所需，由中国进出口银行提供90%的信用贷款，10%为肯尼亚财政资金，以此解决铁路建设资金困难问题。另外中国建设单位克服施工过程中的重重困难，放弃休假缩短工期，使蒙内铁路从开工到通车只用了两年半的时间，使肯尼亚离现代化铁路更进一步，助力其经济发展。

通过改革开放40多年来的飞速发展，中国已经发展成为世界第二大经济体，中国铁路建设取得了举世瞩目的成就，截至2019年，中国铁路营业总里程达13.1万km以上，规模居世界第二；其中高速铁路近3万km，位居世界第一。丰富的铁路工程建设和运营经验，以及雄厚的资本，为我国铁路工程建设走出去提供了坚实的基础。在立足国内、走向世界过程中，中国铁路正走出国门，承建了如蒙内铁路、中巴铁路、雅万高铁和泛亚铁路等诸多大型铁路项目。中国正以世界领先的技术、过硬的质量，在全世界建设"中国标准"铁路，使世界互联互通，这些都为共建境外铁路项目提供了现实基础和有利条件。

2.1 分布格局

2.1.1 各大洲及地区的分布情况

截至2019年12月，我国企业在境外参与投资和承建的境外铁路工程项目已达86个。其中，普速铁路60个，高速铁路10个，轻轨13个，地铁3个。这些铁路分布于全球各大洲及地区（图2-1），其中东南亚占比最大，占到总数的18.6%，有 16 个铁路项目；其次是西亚，数量为 12 个，占 14.0%；非洲共有铁路 32 个，分布于北非、东非、南非、西非、中非，数量依次为 9 个、6 个、5 个、11 个、1 个，占比分别为 10.5%、7.0%、5.8%、12.8%、1.2%；欧洲(不含俄罗斯)有铁路项目 5 个，占比 5.8%；俄罗斯有 3 个铁路项目，占比 3.5%；南美洲有 5 个项目，占比 5.8%；北美洲有 1 个项目，占比 1.2%；还有 8 个铁路项目分布于南亚，3 个铁路项目分布于中亚，占比分别为 9.3%、3.5%；另外还有 1 个铁路项目位于大洋洲，占比 1.2%。

2.1.2 不同性质国家的分布情况

本书收录的 86 个铁路项目分别位于境外 47 个国家。其中位于最不发达国家的铁路项目数量为 32 个，主要位于埃塞俄比亚、安哥拉、孟加拉国和苏丹等 18 个国家；位于新兴经济体的铁路项目数量为 25 个，主要位于尼日利亚、伊朗、印度尼西亚、俄罗斯等 9 个国家；位于发达国家的铁路项目数量为 8 个，主要位于沙特阿拉伯、澳大利亚、以色列、美国等 5 个国家；位于其他发展中国家(欠发达国家)的铁路项目数量为 21 个，主要位于马来西亚、塞尔维亚、阿尔及利亚等 15 个国家。通过数据对比发现，一半以上数量的铁路项目位于最不发达国家和新兴经济体，其中尼日利亚铁路项目数量最多，达到 8 个，涵盖普速铁路、高速铁路、轻轨。位于其他发展中国家的铁路较为分散，21 个铁路项目分别位于 15 个国家。具体分布情况如图 2-2、图 2-3 所示。

2.1.3 各类型铁路项目的分布情况

1. 普速铁路项目分布情况

截至 2019 年 12 月，本书收录的中国境外承建或投资的铁路项目主要是普速铁路，数量达到 60 个，占我国境外所有铁路项目总数的 69.8%，这些铁路项目主要分布在 35 个国家，包括东南亚(缅甸、印度尼西亚、柬埔寨等国家)、西亚(伊朗、沙特阿拉伯、阿联酋等国家)、南亚(孟加拉国、尼泊尔)、中亚(塔吉克斯坦、乌兹别克斯坦)、非洲(尼日利亚、苏丹、安哥拉等国家)、欧洲(黑山共和国、塞尔维亚等国家)、北美洲(美国)、南美洲(巴西、阿根廷、玻利维亚)等地区；其中东南亚 10 个，西亚 6 个，南亚 4 个，中亚 2 个，非洲 28 个，欧洲(除俄罗斯) 4 个，北美洲 1 个，南美洲 5 个；主要分布于亚洲、非洲等一些最不发达国家和发展中国家(图 2-4)。

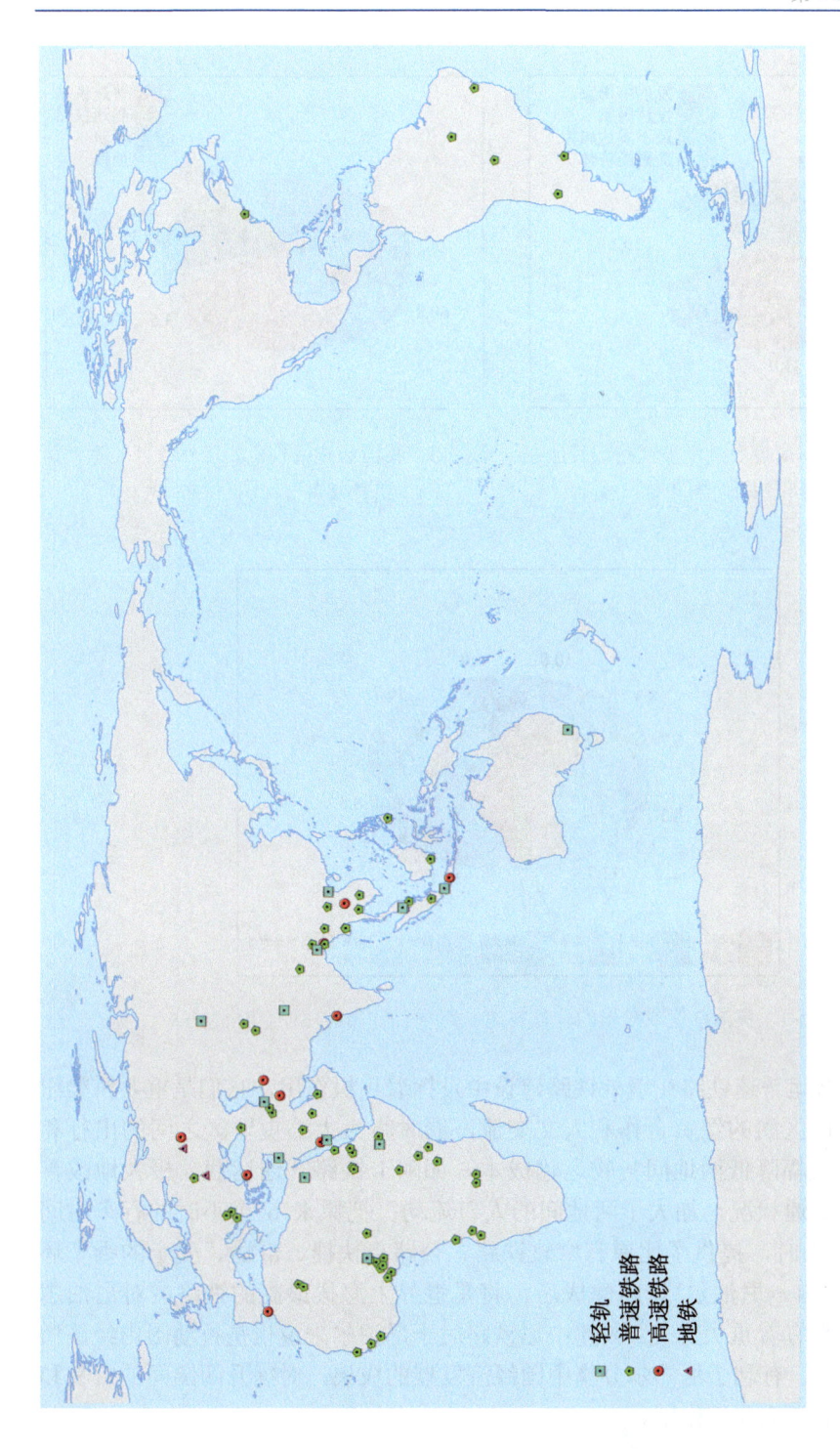

图 2-1 我国承建或投资的境外铁路项目在各大洲及地区的分布图（数据资料截至 2019 年 12 月 30 日）

境外工程地球大数据监测与分析

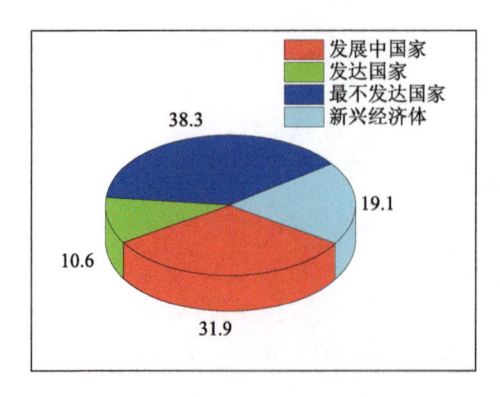

图 2-2　我国承建或投资的境外铁路项目所在国家类型分布占比图(单位：%)

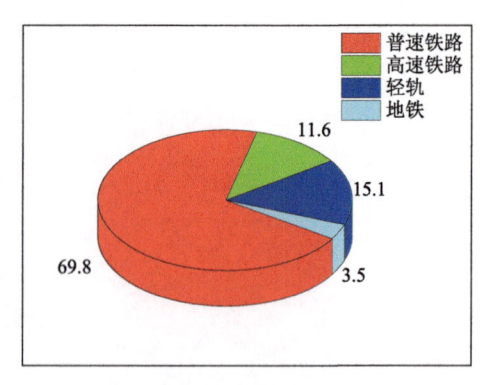

图 2-3　我国承建或投资的境外各种类型铁路项目分布占比图(单位：%)

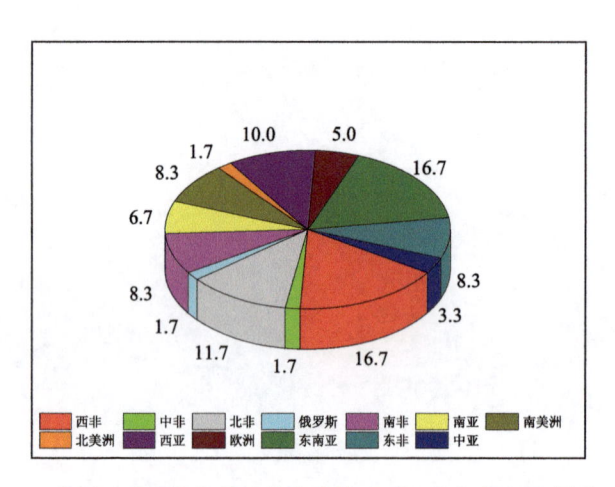

图 2-4　我国承建或投资的境外普速铁路项目分布占比图(单位：%)

货运和客运普速铁路在境外铁路建设中发挥着积极作用，它们是重要桥梁纽带，促进了地区间的经贸合作和人文交流，同时将大大缩短地区之间的出行和货运时间，大幅降低两地间货物运输成本，如阿卡铁路开通运营，极大地改善了尼日利亚交通状况，加大了两地间的人口流动；把原来 6 个小时的行车时间缩短至 2 个小时，提供了比原有窄轨铁路、公路更快捷、舒适、安全的乘车环境。中尼(中国—尼泊尔)铁路建成后，将是世界上海拔最高的铁路，对尼泊尔和中国来说都有着重大意义。兴建中尼铁路对于尼泊尔来说也是拉动国内经济增长的重要机遇，有利于尼泊尔分享中国经济发展的成果，对提升两国间的贸易和旅游业起到非常重要的作用。

— 12 —

普速铁路类型的项目还包括坦桑尼亚中央线标轨铁路、亚吉(亚的斯亚贝巴—吉布提市)铁路、尼日利亚阿卡铁路、肯尼亚蒙内铁路、肯尼亚内马铁路、安哥拉莫桑梅德斯铁路、尼日利亚沿海铁路、柬埔寨柏威夏矿山铁路、达喀尔至巴马科铁路(塞内加尔—马里)、苏丹海亚至卡萨拉铁路、南苏丹朱巴至尼穆莱铁路、苏丹东线铁路、伊朗克尔曼沙至霍斯拉维铁路、尼日利亚伊卡铁路、白俄罗斯"戈梅利—日罗宾—博布鲁伊斯克—奥西波维奇"铁路段、塔吉克斯坦瓦亚铁路、尼日利亚拉各斯至伊巴丹段铁路、尼日利亚现代化铁路卡杜纳至卡诺段铁路、阿尔及利亚首都阿尔及尔至康斯坦丁铁路线上特尼亚至布阿里季堡间铁路、阿尔及利亚东西铁路干线西段阿尔及尔至奥兰线路、沙特南北铁路、塞拉利昂新唐克里里矿山铁路、乍得铁路、赞比亚奇帕塔经佩陶克至塞伦杰铁路(赞比亚东线铁路)、印度尼西亚南苏门答腊煤炭运输铁路、印度尼西亚中加里曼丹煤炭运输火车专线、安哥拉罗安达铁路、苏丹喀土穆至苏丹港新建铁路、苏丹 100 km 铁路改造项目 MOU、马来西亚南部铁路、孟加拉国多哈扎里至科克斯巴扎尔铁路、孟加拉国阿考拉至锡莱特段铁路、菲律宾棉兰老岛铁路、孟加拉国达卡至纳拉扬甘杰铁路、中尼铁路、缅甸木姐—曼德勒铁路、塞尔维亚"铁路线汇合点 G—拉科维察—雷斯尼克"段铁路、泰国北柳—十九溪—景溪铁路、格鲁吉亚第比利斯至巴统铁路、中缅铁路、黑山"科拉欣—科斯"段铁路、尼日利亚东线马库尔迪至库鲁段铁路、尼日利亚西线铁路修复工程、伊朗德黑兰—哈马丹—萨南达季(T—H—S)铁路改扩建项目、苏丹港经尼亚拉至阿德里铁路项目、匈塞铁路塞尔维亚境内诺维萨德—苏博蒂察段项目、缅甸仰光环城铁路升级改造工程项目、沙特胡富夫至利雅得铁路建设项目、中老铁路、本格拉铁路、几内亚达圣铁路、阿联酋伊提哈德铁路、塞奇铁路、安帕铁路。

2. 高速铁路项目分布情况

全球化为实现区域互联互通带来增长新机遇，作为实现区域互联互通载体之一的高速铁路受益于全球化带来的基础设施建设新需求，近年来呈现增长态势。截至 2019 年 12 月，本书收录的中国境外高速铁路项目有 10 个，这些铁路项目分布于西亚(伊朗、沙特阿拉伯)、南亚(印度、孟加拉国)、东南亚(印度尼西亚、泰国)、欧洲(土耳其)、北非(摩洛哥)和俄罗斯(图2-5)。其中西亚 3 个，南亚 2 个，东南亚 2 个，欧洲 1 个，北非 1 个和俄罗斯 1 个，主要集中在新兴经济体和发展中国家。例如，印度尼西亚西爪哇省瓦利尼地区基础设施匮乏，当地经济发展较为滞后，迫切需要修建铁路带动当地经济发展。雅万(雅加达—万隆)高速铁路将激活沿线周边地区经济活力，催生新的城市群，大大缩短通行时间，造福沿线人民。莫斯科—喀山高铁的建设，将加强中俄两国之间的联系，我国可以通过阿拉山口走向欧洲，加强整个欧亚铁路的联系，另外东西伯利亚丰富的煤炭和钢铁资源可以得到有效运输和调配，将有利于俄罗斯，特别是西伯利亚地区的经济发展。

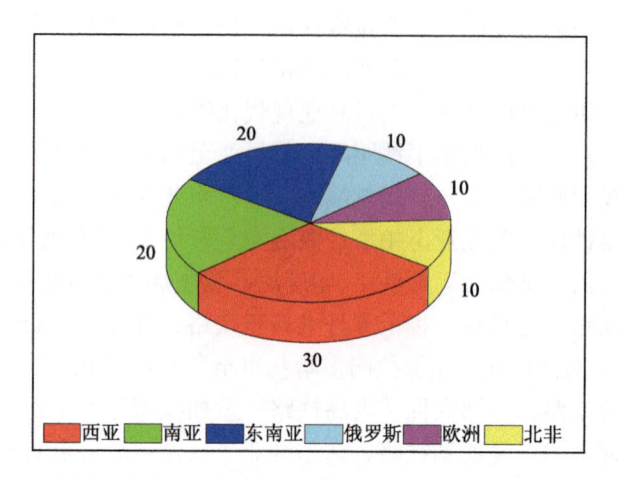

图 2-5　我国承建或投资的境外高速铁路项目分布占比图(单位：%)

本书收录的高速铁路项目包括孟加拉国达卡至吉大港高速铁路、印度尼西亚雅万高速铁路、伊朗德黑兰—马什哈德铁路、伊朗德伊高速铁路、沙特阿拉伯麦麦高速铁路、印度新德里至孟买高速铁路、俄罗斯莫斯科—喀山高铁、土耳其安伊高铁二期、摩洛哥丹吉尔—肯尼特拉高铁、中泰铁路。

3. 轻轨项目分布情况

对于轻轨交通建设，部分发展中国家有着迫切需求。截至 2019 年 12 月，本书收录的我国投资或承建的境外轻轨项目有 13 个，这些轻轨项目分布于东南亚(越南、马来西亚)、西亚(沙特阿拉伯、以色列)、南亚(巴基斯坦、孟加拉国)、东非(埃塞俄比亚)、北非(埃及)、中亚(哈萨克斯坦)、西非(尼日利亚)(图 2-6)。其中东南亚 3 个，西亚 3 个，南亚 2 个，东非 1 个，北非 1 个，中亚 1 个，西非 1 个，大洋洲 1 个，主要集中分布在新兴经济体和发展中国家，如亚的斯亚贝巴轻轨项目的建设使用将改变当地过去仅由公共小巴为主体构成的单一公共交通网络，为当地市民提供更加舒适高效的公共交通服务。

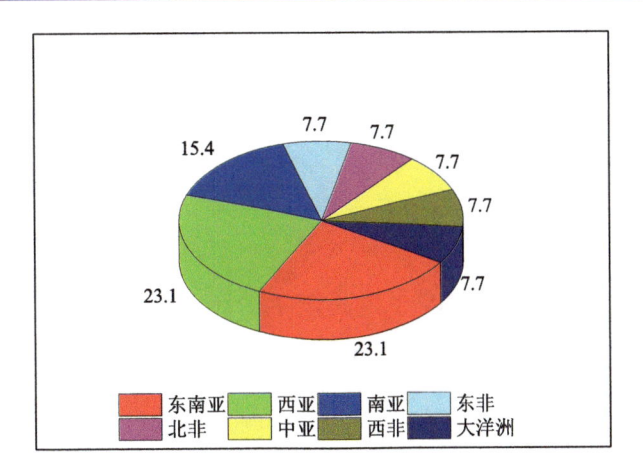

图 2-6 我国承建或投资的境外轻轨项目在各大洲分布占比图(单位：%)

本书收录的境外轻轨类型的铁路项目包括埃塞俄比亚亚的斯亚贝巴城市轻轨线路、越南河内吉灵至河东城市轻轨 2A 号线、埃及斋月十日城市郊铁路、巴基斯坦拉合尔轨道交通橙线项目、以色列特拉维夫红线地铁、沙特阿拉伯麦加轻轨铁路、孟加拉国达卡轻轨 6 号线、哈萨克斯坦阿斯塔纳轻轨、马来西亚吉隆坡安邦轻轨延伸线、尼日利亚卡诺市轻轨、伊朗加兹温有轨电车项目、印度尼西亚雅加达城市轻轨 EPC 项目等。

4. 地铁项目分布情况

轨道交通具有运量大、能耗低、方便、快捷、准点准时等特点，是现代综合交通体系的重要组成，也是境外基础设施联通的重要支撑。近年来很多发展中国家对地铁也有一定的需求，截至 2019 年 12 月，本书收录有 3 个地铁项目(图 2-7)，分别是马来西亚吉隆坡捷运地铁、俄罗斯莫斯科地铁、乌克兰基辅市地铁 4 号线。马来西亚吉隆坡捷运工程是马来西亚政府为提升城市国际形象而实施的重大基础设施项目，是马来西亚政府"第十个马来西亚计划"重点项目之一，项目建成后将极大影响当地的公共交通方式，方便当地人民出行，促进当地经济的大发展。

2.1.4 主要经济走廊上的铁路分布

经济走廊建设是推进中国与周边国家经济协同发展的重要推手，包括中蒙俄、新亚欧大陆桥、中国—中亚—西亚、中国—中南半岛、中巴铁路沿线和孟中印缅经济走廊等。将主要经济走廊相关的 60 多个发展中国家和地区列为中国对外交往的

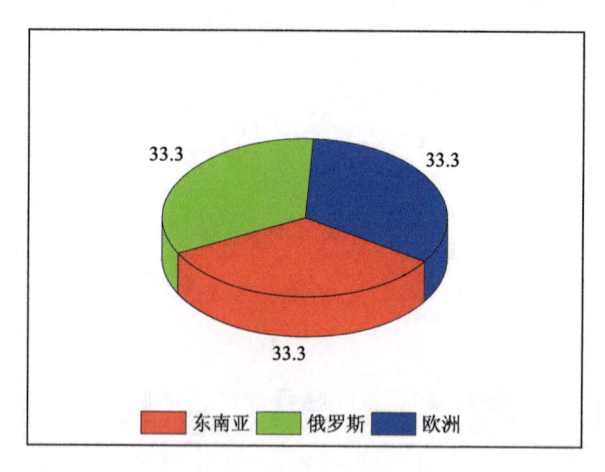

图 2-7 我国承建或投资的境外地铁项目在各大洲分布占比图(单位：%)

优先和重点对象，有利于打造中国与相关国家和地区互利共赢新格局，助力联合国 2030 年可持续发展目标的全球实现取得实质性进展。目前，以主要经济走廊为引领，以铁路、公路等重大工程为依托，一个复合型的互联互通基础设施网络正在形成。本书以主要经济走廊为基础，分析境外铁路项目的分布情况(图 2-8)。结果表明，位于新亚欧大陆桥经济走廊的铁路有 1 个，占 2.6%；位于中蒙俄经济走廊的有 2 个，占 5.3%；位于中国—中亚—西亚经济走廊的有 12 个，占 31.6%；位于中国—中南半岛经济走廊的有 15 个，占 39.5%；位于中巴铁路沿线的铁路有 1 个，占 2.6%；位于孟中印缅经济走廊上的铁路有 7 个，占 18.4%。

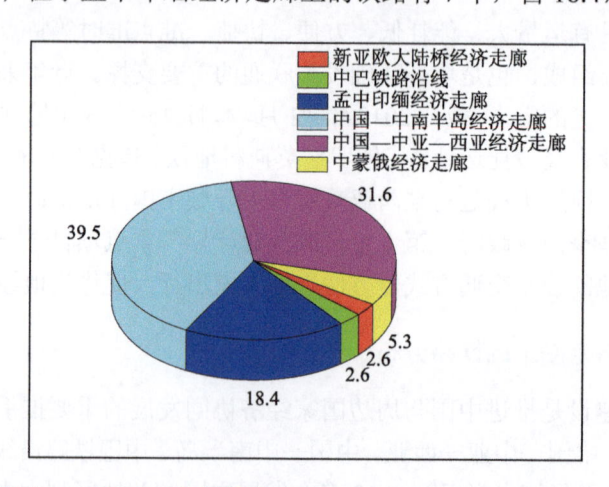

图 2-8 我国承建或投资的境外铁路项目在主要经济走廊分布占比图(单位：%)

— 16 —

从宏观来看，我国不仅在主要经济走廊沿线城市建设铁路，廊道沿线之外也有很多铁路建设项目。它们与走廊沿线各节点城市相连接，形成相互交织的铁路交通网络，实现沿线国家和地区的大联通。

中蒙俄经济走廊在基础设施互联互通建设方面，形成了以铁路、公路和边境口岸为主体的跨国基础设施联通网络。在铁路建设方面，目前在建的中俄莫斯科经济走廊沿线的铁路大多数都位于俄罗斯境内，主要为中俄莫斯科—喀山高铁项目和莫斯科地铁项目。作为中俄共建的"俄罗斯(莫斯科)—中国(北京)"欧亚高速运输走廊的重要组成部分——莫斯科—喀山高铁，第一标段建设项目获得俄罗斯政府拨款2000亿卢布(约30亿美元)，预计建成后莫斯科至喀山将只需3个半小时，未来线路还将继续向东，经过叶卡捷琳堡、哈萨克斯坦首都阿斯塔纳至中国境内的乌鲁木齐，并最终融入中国"八纵八横"高速铁路网络，为两国及沿线地区贸易运输量提升奠定了坚实的基础；另外，树立中俄互利共赢合作典范的莫斯科地铁项目，不仅解决了困扰莫斯科西南区已久的出行问题，也给很多俄罗斯专业技术人才带来了发展机遇。

位于新亚欧大陆桥经济走廊的白俄罗斯"戈梅利—日罗宾—博布鲁伊斯克—奥西波维奇"项目，所涉及的铁路段是连接波罗的海和黑海铁路干线的重要组成部分。项目完成后使列车比原来速度更快，乘坐也更加舒适，把白俄罗斯原来这段铁路的通行能力提高了20%，节约能耗35%，显著降低了环境污染。新亚欧大陆桥经济走廊是丝绸之路经济带的重要载体，其辽阔狭长的中间地带亦即亚欧腹地，除少数国家外，基本上都属于欠发达地区，特别是中国中西部、中亚地区，地域辽阔，资源富集，开发潜力巨大，新亚欧大陆桥走廊的各项铁路项目的建设使地区连接起来，将极大地促进亚欧大陆腹地的经济发展和资源利用。

中巴铁路沿线是我国主要经济走廊建设的旗舰项目，而交通基础设施是中巴铁路沿线重点建设领域，其中拉合尔轨道交通橙线项目是中巴铁路沿线首个正式启动的交通基础设施项目，也是巴基斯坦首条轻轨线路。该项目建设的开展，不仅能为巴方工程技术人才提供良好的就业机会，更将为巴基斯坦在相关领域的长远发展储备丰富的专业人才。拉合尔轨道交通橙线项目已于2018年6月开始试运行，极大地缓解拥有500多万人口的拉合尔市的交通压力。

位于孟中印缅经济走廊的铁路项目，主要为高速铁路和普速铁路。中缅经济走廊建设是区域合作的重点，是连接中国和南亚当今世界上人口最多、经济发展速度最快国家的便捷通道，也是中国走向南亚和印度洋区域大市场最便捷、最具经济吸引力的陆路大通道。孟中印缅经济走廊铁路建设进展较快，2018年10月，木姐－曼德勒铁路项目可行性研究备忘录签署，相关工作已陆续开展，这条铁路是中缅铁路缅甸境内起始段，也是中缅经济走廊骨架支撑。位于孟中印缅经济走廊沿线国家的铁路项目还包括孟加拉国达卡至吉大港高速铁路、孟加拉国多哈扎里至科克斯巴扎尔铁路、孟加拉国阿考拉至锡莱特段铁路、孟加拉国达卡至纳拉扬甘杰铁路、印度新德里至孟买高速铁路、孟加拉国达卡轻轨 6 号线。依托铁路建设的孟中印缅经济走廊将辐射东南亚和印度洋沿岸的西亚、非洲地区等 22 亿人口的大市场，还将填补东亚、东南亚与南亚贸易与经济发展的断裂带，将给沿线国家和地区的发展带来前所未有的历史机遇。

中国—中亚—西亚经济走廊东起中国，向西经中亚至阿拉伯半岛，是丝绸之路经济带的重要组成部分。铁路基础设施的快速建设便利了中国与沿线国家的交通运输，更推动了贸易便利化、区域化经济的发展。位于中国—中亚—西亚经济走廊沿线国家的铁路项目主要集中在伊朗、沙特阿拉伯、塔吉克斯坦、乌兹别克斯坦等国家，中国在经济走廊沿线建设的铁路项目主要有伊朗克尔曼沙至霍斯拉维铁路项目、伊朗德黑兰—马什哈德铁路项目、伊朗德伊高速铁路项目、沙特阿拉伯麦麦高速铁路项目、沙特阿拉伯麦加轻轨铁路项目、塔吉克斯坦瓦亚铁路项目、乌兹别克斯坦安帕铁路等。

中国—中南半岛经济走廊以泛亚铁路网、亚洲公路网、陆港网的东南亚地区交通基础设施为依托，自昆明、南宁，以沿线经济中心城市和口岸为节点，联通中国、越南、老挝、缅甸、泰国、柬埔寨、马来西亚等国家抵达新加坡，是连接中国和东南亚、南亚地区的陆海经济带。其中中老铁路是中老经济走廊的重要依托，同时也是泛亚铁路的中线部分，中老铁路建成后，一方面将极大地带动老挝经济社会发展，提高当地运输效率和水平，并为老挝创造大量的就业机会，另一方面也将为中国西南地区经济发展注入新的动力。目前连接中老铁路的中泰铁路已经开工建设，未来还将连接马来西亚等国家的铁路，承载着老挝从内陆"陆锁国"到"陆联国"的转变之梦。位于中国—中南半岛经济走廊沿线国家的铁路项目还有雅万高速铁路、中缅铁路、印度尼西亚雅加达城市轻轨、泰国铁路复线项目、马来西亚吉隆坡安邦轻轨等。

2.2 发展态势

2.2.1 历年签约数目变化

对本书收录的 86 个中国参与投资、设计规划和承建的境外铁路工程进行统计分析(图 2-9)，结果表明：2008 年之前，收录的中国参与的境外铁路工程数量极少，总共只有 4 个，主要分布在最不发达国家如安哥拉和苏丹，铁路项目类型多是普速铁路项目；自 2008 年以来，中国境外铁路项目建设发展迅速，2008~2010

年收录的铁路项目数量由原来的 4 个增长到 13 个，分布区域从非洲地区向亚洲周边和欧洲等一些发展中国家和新兴经济体地区扩散，铁路类型开始呈现出普速铁路、高速铁路、轻轨多样化特征；2011~2013 年收录的铁路项目有 12 个，其中分布于新兴经济体和发展中国家的铁路项目数量占 50%，并开始出现地铁项目；2014~2016 年收录的铁路项目有 26 个，数量是 2011~2013 年收录数量的两倍多，铁路项目开始扩散至欧亚等大洲的发达国家，铁路类型覆盖普速铁路、高速铁路、轻轨、地铁四种类型；2017 年以来，收录的中国境外铁路项目有 35 个，其中轻轨和地铁项目就达到 9 个，占比达 25%。从整体上来说，收录的中国参与的境外铁路工程数量在不断增长，分布区域由亚洲扩散至欧洲、非洲、美洲等各类型国家，铁路项目的类型更加多样化，覆盖全类型铁路项目。

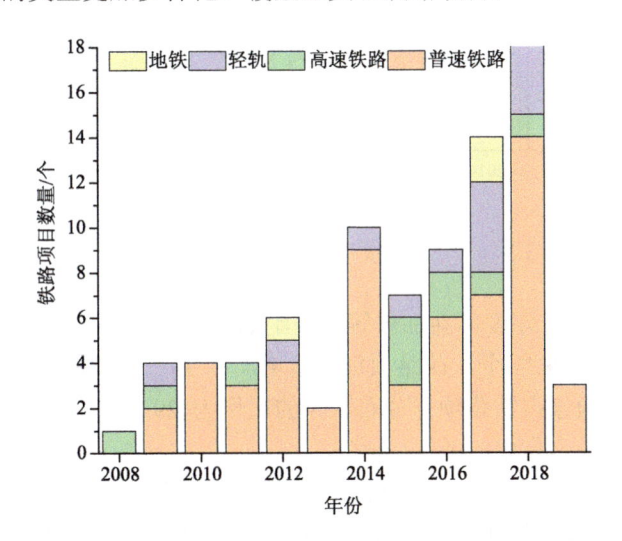

图 2-9　我国境外各类型铁路历年签约和开工数量图

受国际铁路工程项目市场活力，以及中国企业国际竞争力上升等重大因素的推动，2014 年中国企业海外签约的铁路项目迅速增长；2015 年海外铁路签约项目有所下降，主要的原因是受国际政治经济环境波动影响而增强的国际市场的不确定性，以及收录的海外铁路项目不完整的影响；2016 年开始海外铁路项目又呈增长态势，重大项目投资与建设持续深化落实，中国企业不断巩固亚非市场，同时积极拓展到五大洲 180 多个国家和地区，市场格局得到进一步优化。

2.2.2　亚投行成员国与铁路建设关系时序分析

2014 年至今，亚投行意向成员国不断增长，经过地球大数据监测与分析发现其与我国境外铁路的建设具有相互促进的关系，铁路建设对亚投行意向成员国的加入具有积极推动作用，同时亚投行意向成员国的加入又能促进铁路的建设（图 2-10）。

图 2-10　亚投行成员国与铁路项目建设关系图

2014 年，中国、印度和新加坡等 21 国共同决定成立亚投行，至当年年底，意向创始成员国达到 23 个，铁路项目数量增加到 35 个，其中既有铁路项目又是亚投行成员国的国家占铁路项目分布国家的比例为 29.2%，东南亚、西亚、北非和西非成为铁路最为集中的地区/国家。

2015 年，亚投行正式成立，西亚和欧洲等一些国家加入，意向创始成员国达到 57 个；铁路项目数量达到 42 个，其中既有铁路项目又是亚投行成员国的国家占铁路项目分布国家的比例为 46.7%，高速铁路、轻轨比例增加，占到 26%；分布区域开始由周边发展中国家和非洲最不发达国家扩散至欧洲、亚洲和北美洲等发达国家或新兴经济体。

2016 年，铁路项目数量增加到 51 个，其中既有铁路项目又是亚投行成员国的国家占铁路项目分布国家的比例为 54.3%，东南亚、西亚、南非等国家铁路项目数量增加较多；东南亚、北非和西非等依然是铁路项目集中分布区域。

2017 年，亚投行成员国总数达到 84 个，一些非洲、南美洲和大洋洲国家相继加入；铁路项目总数达到 65 个，其中既有铁路项目又是亚投行成员国的国家占铁路项目分布国家的比例为 67.5%，南亚、欧洲、西非等地区增长趋势加快。

2018 年以来，亚投行成员国达到 93 个，铁路项目数量达到 86 个，其中既有铁路项目又是亚投行成员国的国家占铁路项目分布国家的比例为 76.6%，其中高速铁路、轻轨和地铁项目占比达 29%；铁路项目主要分布于东南亚、西亚、西非、北非和南亚。整体上来说，中国参与的境外铁路工程数量在不断增长，分布区域呈现出向周边国家延伸的态势，由亚洲扩散至欧洲、非洲、南美洲等各类型国家，铁路项目的类型更加多样化，覆盖全类型铁路。

2.3 典型案例——亚吉铁路

2.3.1 亚吉铁路概况

亚的斯亚贝巴—吉布提铁路，简称"亚吉铁路"，位于非洲东部，连接着埃塞俄比亚首都亚的斯亚贝巴和吉布提首都吉布提市，如图 2-11 所示。亚吉铁路于 2012 年 4 月开工，投资总金额约 40 亿美元，由中国中铁与中国铁建共同修建。铁路采用中国电气化铁路标准设计，设计时速 120km/h，全长 751.7km，共设置 45 个车站，是埃塞俄比亚和吉布提两国境内第一条现代电气化铁路，于 2016 年 10 月 5 日开通运营。亚吉铁路是继坦赞铁路之后，中国在非洲修建的又一条跨国铁路，被誉为"新时期的坦赞铁路"。

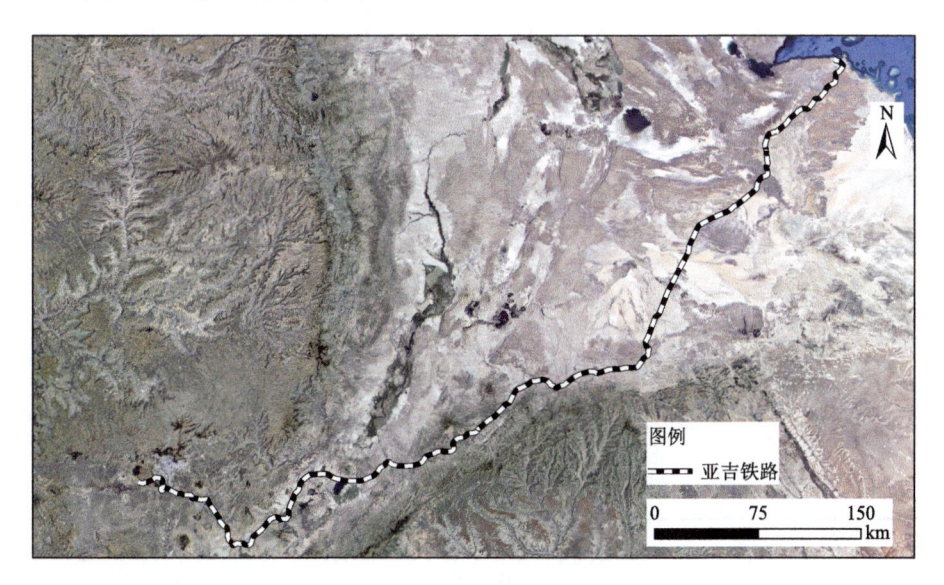

图 2-11 亚吉铁路位置示意图

亚吉铁路的建设对埃塞俄比亚具有重要的经济意义，为埃塞俄比亚打通了出海通道，奠定了其非洲之角物流中枢的地位，极大地提高了货物运输效率，扩大了吉布提港的辐射范围，带动沿线工业园的建设，同时缩短各地通行时间，带动产业和人口在沿线聚集促进城镇经济的发展，成为支撑国民经济和社会发展的交通动脉。

2.3.2 对生态环境的影响

1. 沿线植被覆盖度监测

基于 Landsat-8 卫星遥感影像，提取亚吉铁路沿线 10km 缓冲区内 2017 年的植被覆盖度，结果表明亚吉铁路沿线 10km 缓冲区内的自然环境状况呈现从东至西逐渐变好的趋势(田海峰等，2019)，铁路西段植被覆盖度数值整体较高，东段植被覆盖度数值整体较低(图 2-12)。以亚吉铁路 10km 缓冲区为区域总面积，分析不同植被覆盖度的面积占比，如表 2-1 所示。

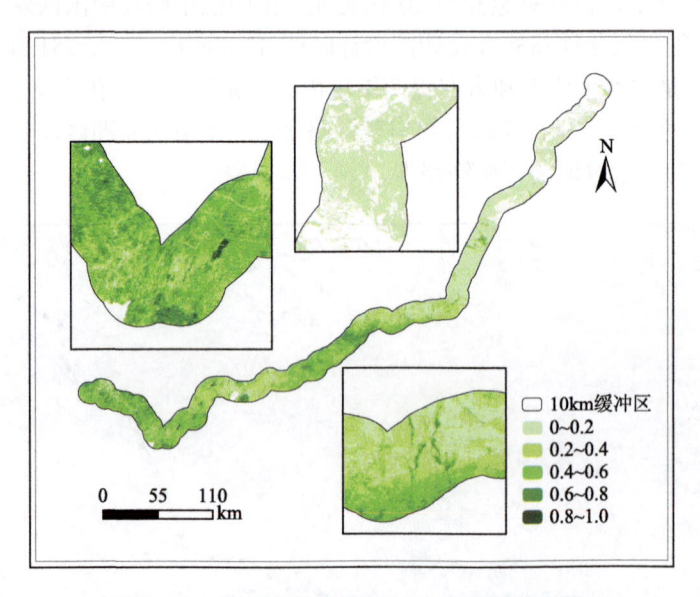

图 2-12 亚吉铁路沿线 2017 年植被覆盖度图

表 2-1 不同植被覆盖度的面积及其占比

植被覆盖度	面积/km²	占比/%
0~0.2	4741.95	35.08
0.2~0.4	3350.50	24.79
0.4~0.6	4020.38	29.74
0.6~0.8	1354.84	10.02
0.8~1.0	49.80	0.37

具体分析，植被覆盖度最大的区间是 0～0.2，面积为 4741.95km²，占比为 35.08%；其次是 0.4～0.6，区域面积为 4020.38km²，占比为 29.74%；植被覆盖度大于 0.6 的总面积为 1404.64km²，占比为 10.39%。

2. 生态资源占用与损失

基于 0.5m 分辨率的高分辨率影像和 30m 分辨率 Landsat 遥感影像，解译亚吉铁路沿线 10km 缓冲区内的 2011 年(工程开工前)的生态资源分布状况，为便于估算主要生态资源损失，30m 尺度上生态资源类型划分为林地、草地、耕地及其他用地，解译结果如图 2-13 所示，然后基于亚吉铁路路基宽度及施工范围宽度估算亚吉铁路建设占用的生态资源，以及造成的直接与间接生态损失。

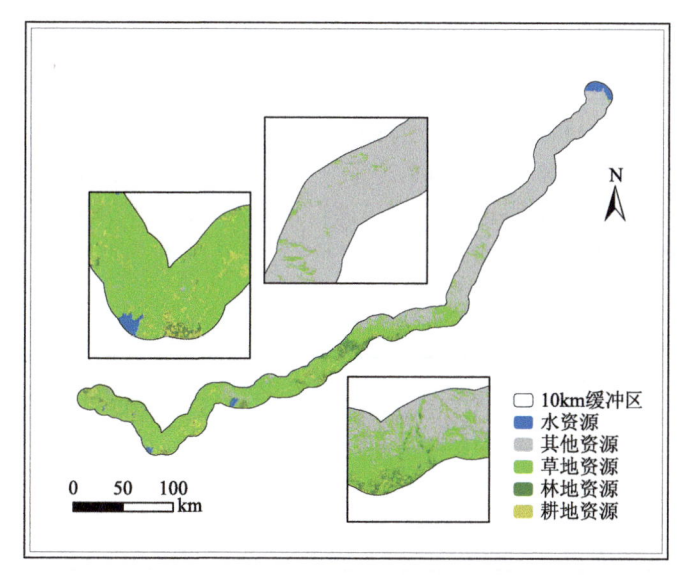

图 2-13 亚吉铁路 2011 年生态资源分布状况图

亚吉铁路开工前，铁路沿线主要生态资源类型为草地资源，分布面积为 7621.81km²，占缓冲区内总面积的 49.05%(表 2-2)；耕地资源与林地资源面积相当，分布面积约 670km²，约占缓冲区内总面积的 4.3%。

表 2-2 亚吉铁路沿线 10km 缓冲区内的 2011 年生态资源面积及其占比

生态资源类型	面积/km²	占比/%
林地资源	666.51	4.29
草地资源	7621.81	49.05

续表

生态资源类型	面积/km²	占比/%
耕地资源	669.52	4.31
水资源	331.13	2.13
其他资源	6249.48	40.22

基于高分辨率影像选取 347 个采样点,测得亚吉铁路平均路基宽度约为 15m,施工范围宽度约为 60m(肖建华等,2020)。据此估算亚吉铁路建设对当地生态资源的占用情况,如表 2-3 所示。路基占用的资源即为永久性生态损失,是无法修复的损失;除路基占用以外的施工占用即为临时性生态损失,完工后这一部分生态损失是可以修复的,截止到 2017 年年底,部分已经得到修复。亚吉铁路建设共造成草地资源永久性生态损失面积约 12.41km²,仅占 10km 缓冲区内草地资源总面积的 0.16%;造成林地资源永久性生态损失面积约 0.82km²,仅占 10km 缓冲区内林地资源总面积的 0.12%;造成耕地资源永久性生态损失面积约 1.31km²,仅占 10km 缓冲区内耕地资源总面积的 0.20%。三类资源中,草地资源的永久性生态损失面积最大。因此,亚吉铁路建设对当地自然生态环境的影响极小,没有对当地自然生态环境整体格局造成破坏性扰动。

表 2-3 亚吉铁路路基和施工占用不同生态资源明细

类型	路基占用情况 面积/km²	路基占用情况 占比/%	施工占用情况 面积/km²	施工占用情况 占比/%	临时性生态损失 面积/km²	临时性生态损失 占比/%
草地资源	12.41	0.16	46.56	0.61	34.15	0.45
林地资源	0.82	0.12	3.22	0.48	2.4	0.36
耕地资源	1.31	0.20	5.04	0.76	3.73	0.56

3. 保护区的保护

亚吉铁路在方案设计和施工过程中十分注重对动物、植物、水系等方面的生态风险防范,尽量从保护区的边缘通过(图 2-14)。亚吉铁路穿越阿瓦什(Awash)国家公园,为保护当地生态环境,中国公司精心勘测,在设计中尽可能少地改变铁路沿线地形地貌,建立动物"立交桥"1 座,桥涵洞 102 座,其中长度大于 120m 大桥 5 座,最长的约 230m,宽度大于 10m 的涵洞 52 座,平均每千米设有 2 个涵洞,可供铁路沿线牛羊等家畜和骆驼等野生动物自由安全通过,同时也保证了水系的完整性,如图 2-15 所示。

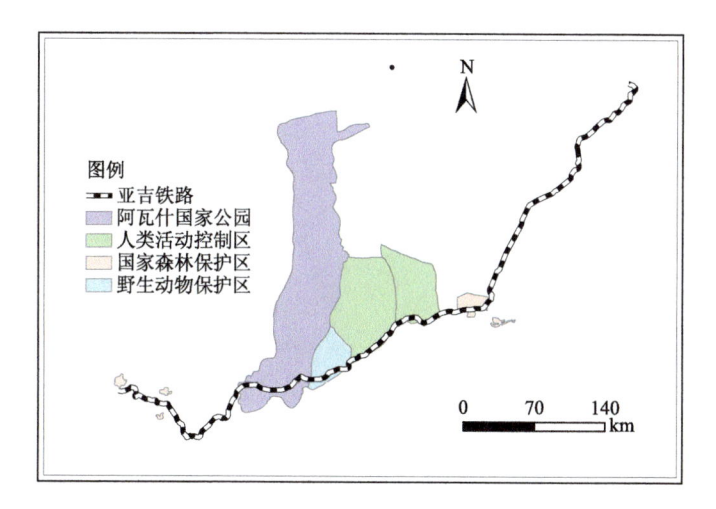

图 2-14　亚吉铁路沿线的国家公园或保护区

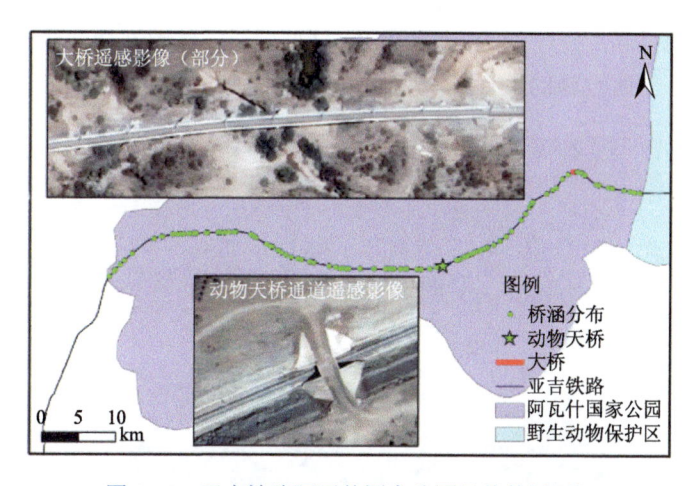

图 2-15　亚吉铁路阿瓦什国家公园沿线的桥涵洞

亚吉铁路线路采用了和当地原有公路基本平行的方法，但在工程的设计上更加有利于保护当地野生动物(肖建华等，2019b)。一方面，在野生动物频繁出没区域，铁路路基一般高出地表 2m 左右，并且铁路两侧设有护栏，可以有效防止动物爬上轨道，被火车撞伤。另一方面，桥涵洞的设计为动物穿越铁路提供了安全的通道。如图 2-16 所示，当地的公路没有这些保障设施，而亚吉铁路则设有安全护栏和安全通道。

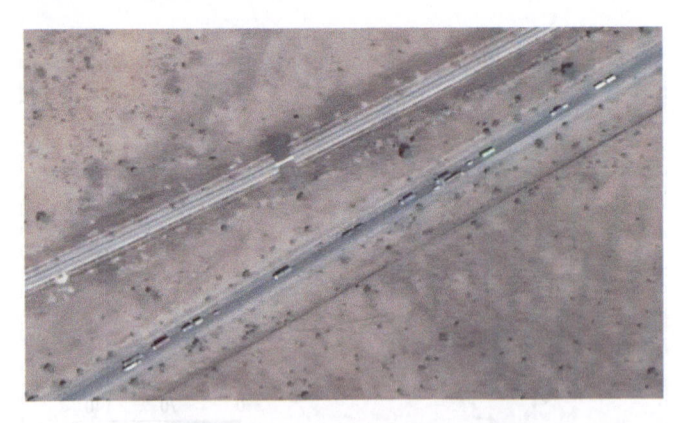

图 2-16　亚吉铁路与当地公路遥感影像

在水体保护方面，亚吉铁路的设计标准远高于公路，如图 2-17 所示，右侧圈内为公路跨越水系而修建的桥涵，宽度各约为 5m，左侧圈内为亚吉铁路穿越水体而修建的桥涵，宽度约为 65m。由此可见，亚吉铁路在桥涵设计标准上远远大于当地现有交通设施的设计标准，注重保障水系畅通以及动物的自由迁徙。

图 2-17　亚吉铁路桥涵与公路桥涵宽度对比

2.3.3　对经济的影响

以 2013 年 2 月与 2018 年 2 月的夜间灯光数据为基础，计算亚吉铁路 10km 缓冲区内的灯光变化情况，亚吉铁路沿线的灯光指数增长率较高的地区出现在铁路线两端的亚的斯亚贝巴和吉布提市，如图 2-18 所示。

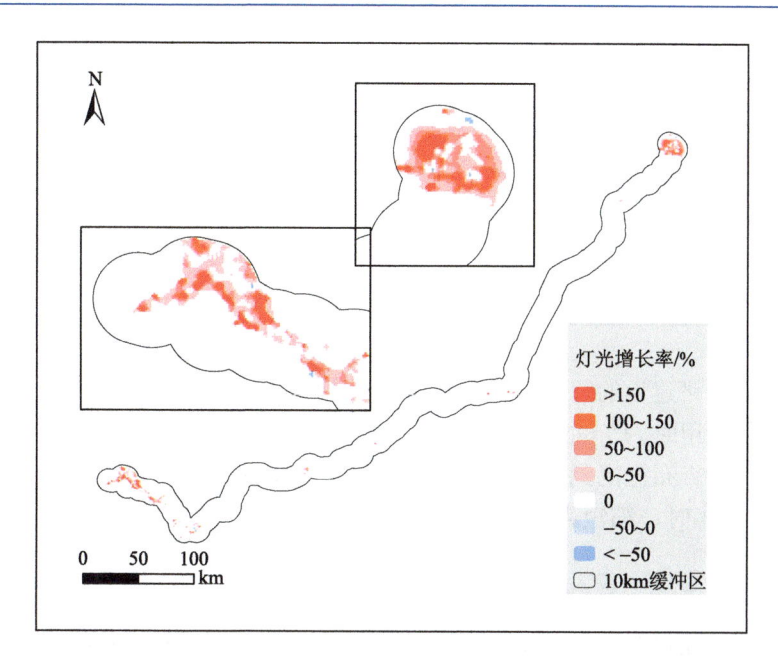

图 2-18 2013 年 2 月与 2018 年 2 月亚吉铁路 10km 缓冲区内灯光指数增长率分布图

具体增长率及相应面积如表 2-4 所示：增长率为负值的区域的面积较小，只有14.74km²；增长率为正值的总面积为605km²；其中面积最大的增长率区间为0～50%，面积为 314.08km²；增长率大于 100%的面积为 155.14km²，占灯光指数增长区域面积的 25.64%。

表 2-4 亚吉铁路 10km 缓冲区内灯光指数增长率及相应面积

增长率/%	面积/ km²	增长率/%	面积/ km²
<-50	14.74	50～100	135.78
-50～0	0	100～150	51.57
0～50	314.08	>150	103.57

2.3.4 互联互通能力的提升

如表 2-5 所示，依据道路等级的时速标准，计算出各级道路时速及相应时间成本，计算吉布提港到吉布提、埃塞俄比亚两国各地的累积时间成本距离。

境外工程地球大数据监测与分析

表 2-5 各级道路时速与时间成本

道路级别	速度/(km/h)	每千米时间成本/min
铁路	120	0.5
高速公路/快速公路	60	1.0
主干道路/城市快速路	60	1.0
主要道路	40	1.5
次要道路	30	2.0

只考虑道路建设的理想时速条件下，亚吉铁路修通前，从吉布提港到埃塞俄比亚全国各地用时为1~20小时，其中到亚的斯亚贝巴的用时为6~8小时；亚吉铁路修通后，吉布提港到埃塞俄比亚全国各地用时普遍缩短，其中到亚的斯亚贝巴用时2~4小时，缩短为原来的1/2以下(图2-19)。

2.3.5 助力埃塞俄比亚、吉布提实现联合国2030年可持续发展目标

亚吉铁路建设对大力推动埃塞俄比亚、吉布提乃至整个东非地区增加就业、改善民生、发展经济、保护环境等方面具有重大意义，对助力埃塞俄比亚、吉布提实现联合国2030年可持续发展目标具有重要的现实意义,亚吉铁路项目共涵盖了联合国可持续发展目标(共17项)中的12项。

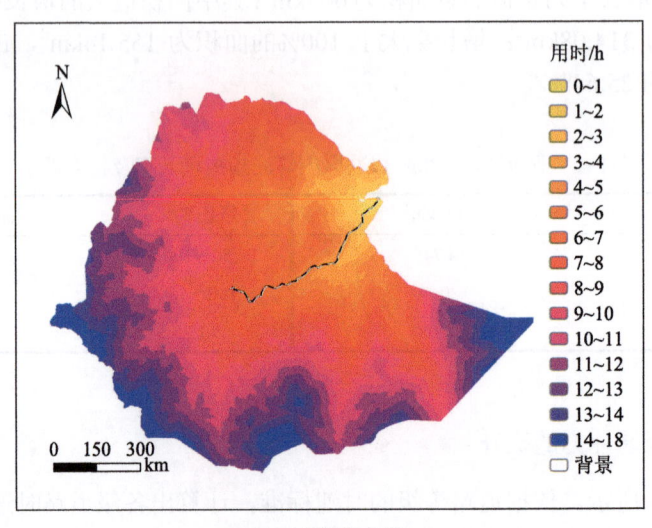

(a) 亚吉铁路通车前

(b) 亚吉铁路通车后

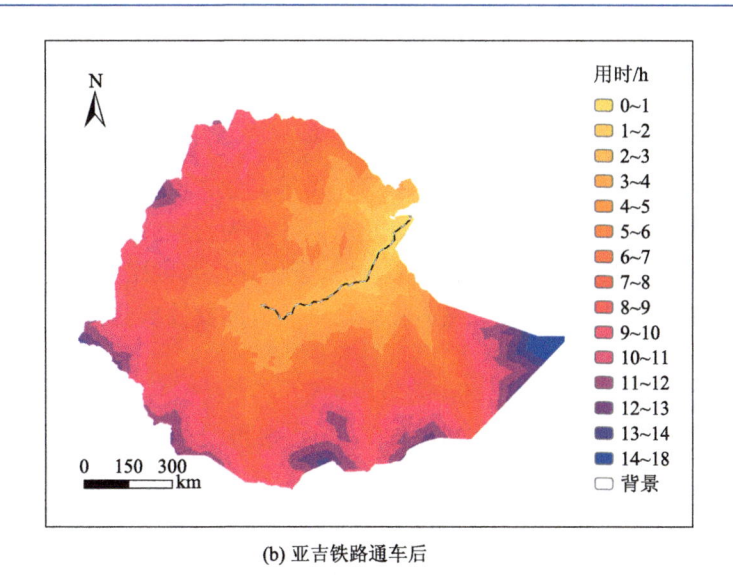

图 2-19　亚吉铁路修通前后吉布提港到埃塞俄比亚、吉布提两国各地用时示意图

1. 消除贫困、消除饥饿、体面工作和经济增长

施工期间，亚吉铁路为当地创造就业岗位约 4.8 万个，从勘测阶段开始，亚吉铁路的所有项目部就融入当地社区：城市停电断水，项目部组织水车为居民昼夜拉水保障生活；短短几年里，铁路沿线的主要村庄就开通了公路，增添了水井，小学里有了新教具，政府的预防艾滋病培训也有了资金保障。

2015 年年底埃塞俄比亚遭遇大旱，关键时刻，中国企业果断提前启用亚吉铁路，用建设施工的内燃机车把 9 万多吨救命粮及时送到灾民手中。因此，亚吉铁路项目在帮助埃塞俄比亚消除贫困、消除饥饿、增加就业、获得体面工作和促进经济增长等联合国 2030 年目标方面具有重要贡献。

2. 良好健康与福祉、清洁饮水与卫生设施、气候行动

为了帮助铁路沿线村民解决饮水难的问题，亚吉铁路建设方(中方)为铁路沿线居民免费修建了 19 口水井，解决了当地饮水难的问题。电气化亚吉铁路建成后，实现铁路沿线绿色物流，减少公路货车尾气排放量，促进当地生态环境改善和可持续发展。此外，吉布提至亚的斯亚贝巴的运输时间将从公路运输的 7 天降至 10 个小时，促使两地的客货运输从完全依赖公路转变为 70%依靠铁路。120km/h 的速度将亚的斯亚贝巴—吉布提之间的物流时间成本大幅缩减，经济成本降低，这对降低商品价格、提高当地人民购买力具有重要意义。

3. 优质教育、性别平等

亚吉铁路建设为当地带来了优质的技术教育。对 2000 多名当地员工进行铁路运营培训，包括乘务员、火车司机、技术人员等。亚吉铁路为当地培养了一大批火车司机、技术勘测等铁路施工及管理高级人才，为当地的教育事业发展做出了杰出贡献，体现了"授人以渔"理念。同时管理层在埃塞俄比亚招聘人员过程中，始终坚持男女平等的原则，为大量有技术、有需求的女性求业者提供了良好的工作岗位。

2.4 典型案例——中老泰铁路

2.4.1 中老泰铁路概况

中老泰铁路由中老铁路和中泰铁路组成，全长约 1800km，如图 2-20 所示。中老铁路是泛亚铁路中线的重要组成部分，北起中国云南省玉溪市，经普洱、西双版纳、磨憨、琅勃拉邦至老挝首都万象。中国段即玉磨铁路，全长 508km，设 13 个站，从北到南分别为玉溪西站、研和站、峨山站、罗里站、元江站、墨江站、宁洱站、普洱站、勐养站、西双版纳站、橄榄坝站、勐腊站和磨憨站。其中，玉溪至西双版纳段为双线，西双版纳至磨憨段为单线。2016 年 4 月 19 日，玉磨铁路开工动员会在玉溪召开，标志着玉磨铁路全线开工建设。老挝段北起中老边境磨憨/磨丁口岸，向南经琅南塔省、乌多姆赛省、琅勃拉邦省，直至老挝首都万象市，因此又称磨万铁路。磨万铁路全长 418km，沿线 80%为山地和高原，2 次跨过湄公河，地形呈波状起伏。该铁路由中方(中国中铁、中国电建)负责建设，采用国际技术标准，为客货共线的单线电气化普速铁路。北部山区设计客运时速为 160km/h，平原区客运时速为 200km/h，货运时速为 120km/h，建成后将成为老挝最长最快的铁路线。其中有 76 处隧道，桥梁 154 座(包括跨湄公河大桥 2 座)，桥梁隧道占铁路总长度的 62%。项目工期 5 年，总投资 505.45 亿元人民币，两国政府共同出资 40%，其中中国政府出资 70%，老挝政府出资 30%，余下的 60%由中老两国企业共同投资。2015 年 11 月 13 日，两国政府签署政府间铁路合作协定，标志着中老铁路项目正式进入实施阶段。2016 年 12 月 25 日，中老铁路全线开工仪式在老挝琅勃拉邦举行，2021 年 12 月建成通车。据悉，截至 2017 年 10 月，中老铁路全线共开工 207 处，其中包括隧道 50 座、桥梁 23 座、涵洞 96 个。2017 年 12 月 12 日，中国电建水电十五局承建的旺门村二号隧道顺利贯通，成为中老铁路首个贯通的隧道。按照规划，中老铁路向北连接中国玉磨铁路，向南连接中泰铁路。

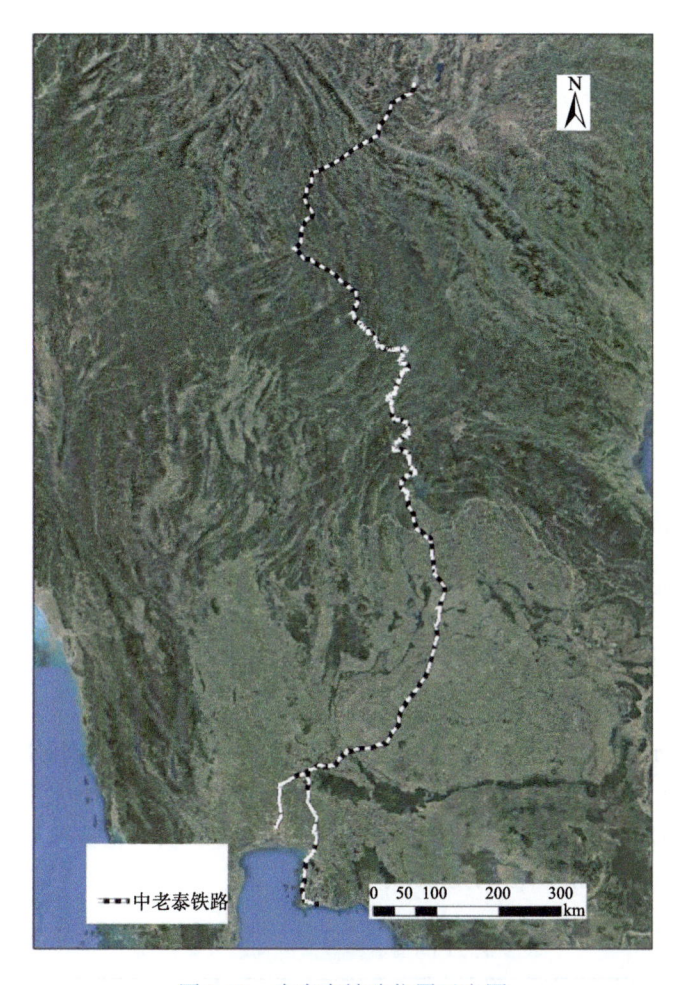

图 2-20　中老泰铁路位置示意图

中泰铁路是中国投资泰国铁路的合作项目，为长 867km 的标准双轨铁路，设计时速 250km/h。2015 年 12 月 19 日，中泰铁路合作项目在泰国大城府清惹克农火车站举行启动仪式。2017 年 12 月 21 日，中泰铁路一期工程在泰国呵叻府巴冲县正式开工。中泰铁路采用 1435mm 标准轨，是泰国首条标准轨高速铁路，一期工程连接首都曼谷与东北部的呵叻府，全长约 253km，其中高架桥轨道线路长 181.94km，地面轨道线路长 63.95km，隧道长 6.44km。二期工程将延伸至廊开府，并实现与中老铁路的连接。计划中的铁路线为人字形铁路线，北起泰国东北部的廊开市，一路向南，经乌隆府、孔敬府、呵叻府，在坎桂县分成东南和西南两支，东南方向直至罗勇府的玛塔卜县，西南直至首都曼谷。廊开—坎桂—玛塔卜铁路线全长734km，坎桂—曼谷铁路线长133km。

中老铁路作为泛亚铁路的中线工程，对老挝陆上各国交通枢纽战略的构建、填补国内铁路网空白和带动经济社会发展具有极其重要的意义；中泰铁路作为新的物流通道，将推动铁路沿线经济发展、产业园区建设等，从而带动当地就业及农产品出口，提高工业化水平，有利于泰国南北经济的平衡发展。

截至2019年年底，中老泰铁路的中国段和老挝段已开工，但大多处在开凿隧道和浇筑大桥桥墩的阶段，基本为"点状"施工，泰国段开工仪式已启动，但实际开工建设的还并不多，因此中老泰铁路示意图并非通过遥感影像解译准确获取其线路位置，该铁路示意图仅通过已确定的主要站点绘制而成。

2.4.2 对生态环境的影响

1. 沿线植被覆盖度监测

植被覆盖度是遥感科学领域内具有重要生态指示意义的参数之一，对植被长势以及生物多样性具有显著关联性。基于Landsat-8卫星遥感影像，提取中老泰铁路沿线10km缓冲区内2017年的植被覆盖度（图2-21），结果表明中老泰铁路沿线10km缓冲区内的自然环境状况基本良好，植被覆盖度数值整体较高（图2-21）。以中老泰铁路10km缓冲区为区域总面积，分析不同植被覆盖度的面积占比（表2-6）。植被覆盖度占比最大的区间是0.4~0.6，面积为23117.76km^2，占比为60.70%；其次是0.6~0.8，区域面积为9588.10km^2，占比为25.18%。植被覆盖度大于0.4的总面积为32762.25km^2，占比为86.03%。

表2-6 不同植被覆盖度的面积及其占比

植被覆盖度	面积/km^2	占比/%
0~0.2	27.66	0.07
0.2~0.4	5293.59	13.90
0.4~0.6	23117.76	60.70
0.6~0.8	9588.10	25.18
0.8~1.0	56.39	0.15
总计	38083.50	100.00

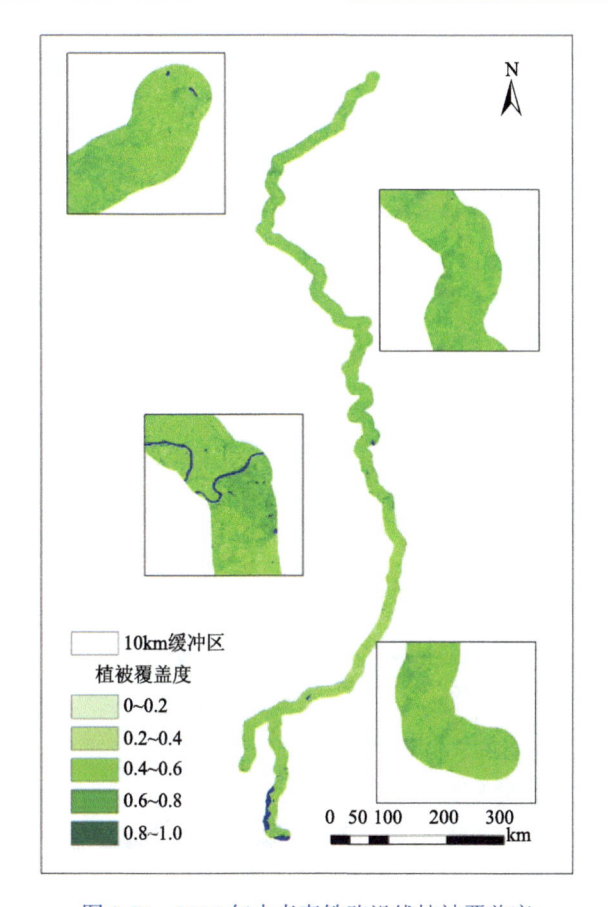

图 2-21　2017 年中老泰铁路沿线植被覆盖度

2. 生态资源占用与损失

任何工程都难免占用一定的生态资源，造成一定的生态损失。为定量化了解中老泰铁路建设而占用的当地生态资源，以及造成的直接与间接生态损失，本书根据 0.5m 高分辨率卫星影像和 Landsat 遥感影像(空间分辨为 30m)，解译中老泰铁路沿线 10km 缓冲区内的 2014 年(工程开工前)的生态资源分布状况，为便于估算主要生态资源损失，30m 尺度上生态资源类型划分为林地、草地、耕地以及其他用地，解译结果如图 2-22 所示，然后基于中老泰铁路路基宽度及施工范围宽度估算中老泰铁路建设占用的生态资源，以及造成的直接与间接生态损失。

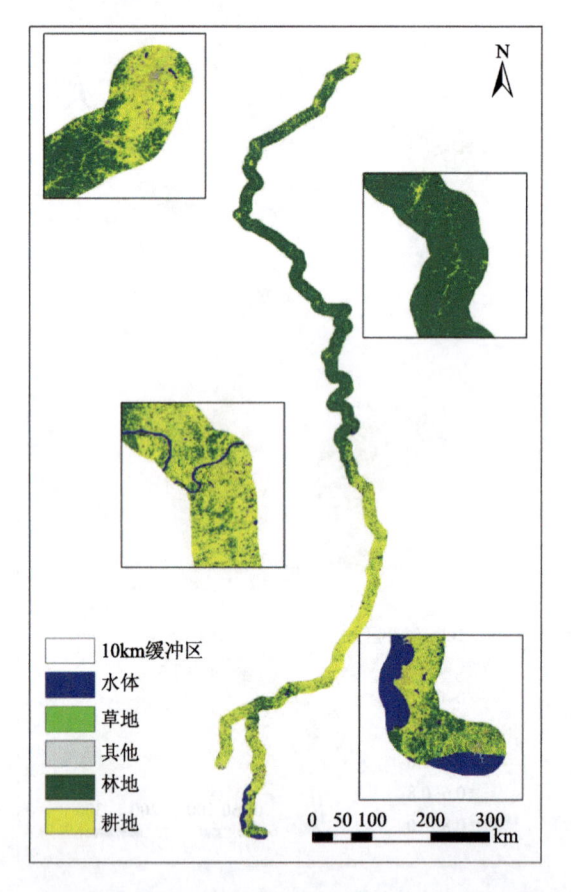

图 2-22　中老泰铁路沿线 2014 年生态资源分布图

中老泰铁路开工前，铁路沿线主要生态资源类型为林地资源，其次为耕地资源，面积分别为 21503.06km^2、14635.96km^2，林地主要分布在中国段和老挝段，耕地主要分布在泰国段(表 2-7)，分别占缓冲区内总面积的 56.46%、38.43%；草地资源分布较少，面积仅有 94.89km^2，占缓冲区内总面积的 0.25%。

表 2-7　中老泰铁路沿线 10km 缓冲区内的 2013 年生态资源面积及其占比

生态资源类型	面积/km^2	占比/%
林地	21503.06	56.46
耕地	14635.96	38.43
水体	1132.08	2.97
草地	94.89	0.25
其他	717.51	1.88

基于 0.5m 高分辨率卫星影像选取采样点，测得中老泰铁路平均路基宽度约为 10m，施工范围宽度约为 60m。据此估算中老泰铁路建设对当地生态资源的占用情况(表 2-8)。路基占用的资源即为永久性生态损失，是无法修复的损失；除路基占用以外的施工占用即为临时性生态损失，完工后这一部分生态损失是可以修复的。中老泰铁路建设共造成资源永久性生态损失面积约 20.56km^2，其中造成草地资源永久性生态损失面积约占 0.039km^2，仅占 10km 缓冲区内草地资源总面积的 0.04%；造成林地资源永久性生态损失面积约 9.81km^2，仅占 10km 缓冲区内林地资源总面积的 0.05%；造成耕地资源永久性生态损失面积约 10.24km^2，仅占 10km 缓冲区内耕地资源总面积的 0.07%。三类资源中，耕地资源的永久性生态损失占比最大，但也不超过 0.1%。因此，中老泰铁路建设对当地自然生态环境的影响极小，没有对当地自然生态环境整体格局造成破坏性扰动。

中老泰铁路施工性占用面积共计 122.73km^2，其中草地资源面积约为 0.25km^2，森林资源面积约为 55.76km^2，耕地资源面积约为 63.38km^2，分别占 10km 缓冲区内草地、林地、耕地资源面积的 0.26%、0.26%、0.43%，其中可恢复的草地、林地、耕地临时性生态损失面积为 0.21km^2、45.95km^2、53.14km^2。

表 2-8 中老泰铁路路基和施工占用不同生态资源明细

类型	路基占用情况 面积/km^2	路基占用情况 占比/%	施工占用情况 面积/km^2	施工占用情况 占比/%	临时性生态损失 面积/km^2	临时性生态损失 占比/%
草地资源	0.039	0.04	0.25	0.26	0.21	0.22
林地资源	9.81	0.05	55.76	0.26	45.95	0.21
耕地资源	10.24	0.07	63.38	0.43	53.14	0.36

3. 保护区的保护监测

中老泰铁路沿线附近共有 7 个保护区，为了尽可能减少对其生态环境的影响，在路线设计时尽量绕开保护区，仅从其外围通过。但是，绕过西双版纳自然保护区的经济成本和社会成本过高，采用"最少生态占用"原则予以穿过，如图 2-23 所示。在穿越保护区的过程中，应专门设置动物通道、涵洞、桥梁等，以期减少对动植物的干扰和破坏。

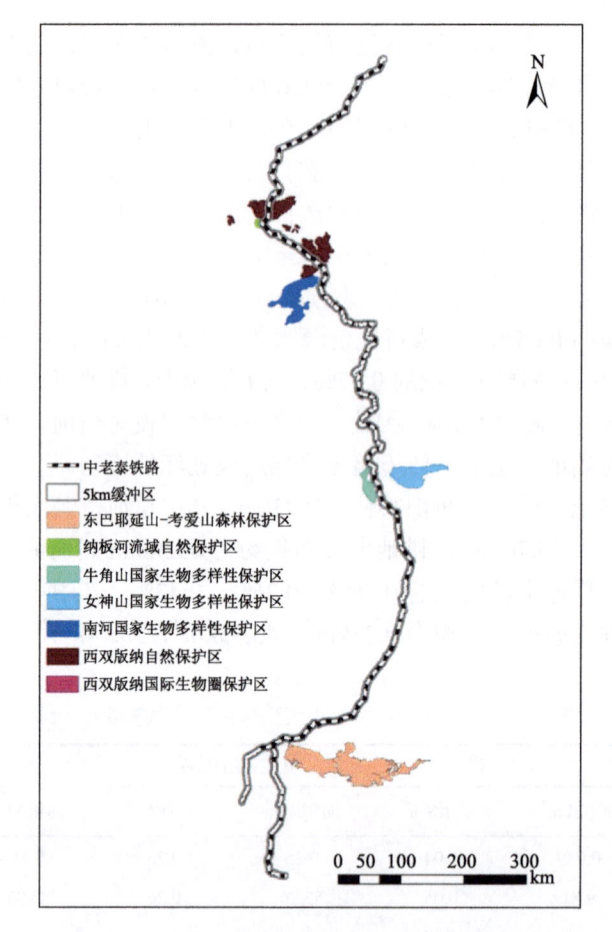

图 2-23　中老泰铁路沿线的国家公园或保护区

西双版纳保护区面积约 24.12 万 hm^2，保护区内地形复杂，是以保护热带雨林、热带季雨林和亚热带季风常绿阔叶林森林生态系统和珍稀动植物物种资源为主要目的的国家级自然保护区。保护区内拥有高等种子植物 5000 多种，被列为国家重点保护的珍稀、濒危植物有 58 种。保护区内亚洲象、兀鹫、白腹黑啄木鸟、金钱豹、印支虎等属世界性保护动物。野象、野牛、懒猴、白颊长臂猿、犀鸟等 13 种动物被列为国家一类保护动物，西双版纳保护区是天然的物种基因库。

中老铁路基本沿 13 号公路修建，现有公路大多分布在山区，弯道较多且没有隧道，崎岖道路造成不必要的生态损失，如图 2-24 所示。中老铁路在建设过程中特别注重生态环境保护，为了尽量减少对地表生态环境的影响，采用大量开凿隧道的方式贯通铁路，中老铁路全线将建成 76 处隧道、154 座桥梁，桥梁和隧道占铁路总长度的 62%。

图 2-24　老挝 13 号公路遥感影像图

中老铁路沿线需要开凿多处隧道，隧道进出口附近多为坡地，为了防止次生地质灾害的发生，铁路建设过程中非常注重修建边坡绿化带和保护带，如图 2-25 所示。另外，在村庄附近，为了保证行人和动物的正常通行，中老铁路建设多处大桥、涵洞，以保证原生态系统的正常运行，尽量减少对人类活动和动物通行的干扰。

(a) 隧道开工前　　　　　　　　(b) 隧道开工后

(c) 村庄附近大桥桥墩、涵洞布设

图 2-25 中老铁路生态保护措施

2.4.3 对经济的影响

夜间灯光指数和经济发展程度具有极大相关性，是遥感科学领域度量社会经济发展水平的重要指标之一，灯光指数的相对增长率能够反映社会经济的发展状况。以 2015 年 12 月与 2017 年 12 月的灯光数据为基础，计算中老泰铁路 10km 缓冲区内的灯光变化情况。中老泰铁路沿线的灯光指数普遍较低，灯光指数较高的地区出现在万象和曼谷两个首都城市（图 2-26）。增长率较高区域附近有灯光指数降低的情况，这与城市的集聚效应有关；沿线人迹罕至的区域，灯光指数则保持不变。具体增长率及相应面积如表 2-9 所示：增长率为负值的区域的面积为 3154.24km^2；灯光保持不变增长率为 0 的面积较大，为 28100.43km^2；增长率为正值的总面积为 6828.82km^2，其中面积最大的增长率区间为 0～50%，面积为 5453.27km^2；增长率大于 100%的面积为 476.05km^2，占灯光指数增长区域面积的 6.97%。

表 2-9 中老泰铁路 10km 缓冲区内灯光指数增长率及相应面积

增长率/%	面积/km^2	增长率/%	面积/km^2
<−50	327.99	50～100	899.50
−50～0	2826.25	100～150	250.62
0	28100.43	>150	225.43
0～50	5453.27		

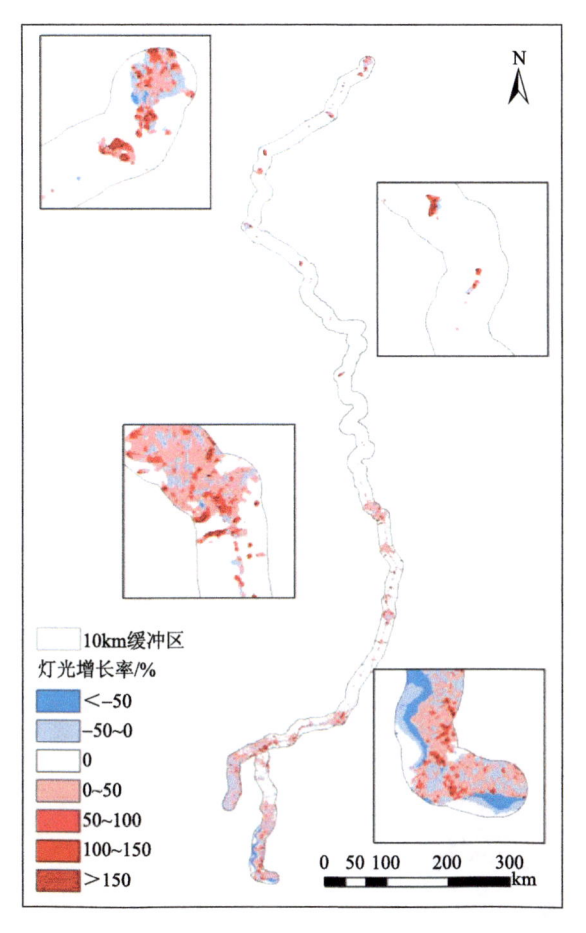

图 2-26　2015 年 12 月与 2017 年 12 月中老泰铁路 10km 缓冲区
内灯光指数增长率分布

2.4.4　互联互通能力的提升

依据不同道路等级的时速标准，计算各级道路时速及相应的时间成本，如表 2-10 所示。按照铁路修建前的路网计算，玉溪到万象需要 7～8 小时，到曼谷需要 11～12 小时，铁路通车后，玉溪到万象将缩短至 3～4 小时，到曼谷缩短至 5～6 小时，如图 2-27 所示。中老泰铁路的建设将大大提升城市之间的通行速度，并降低时间成本。

表 2-10　各级道路时速与时间成本

道路级别	速度/(km/h)	每千米时间成本/min
中老铁路	160	0.375
原普通铁路	80	0.75
高速公路/快速公路	80	0.75
主干道路/城市快速路	80	0.75
主要道路	60	1.0
次要道路	50	1.2
普通街道	40	1.5
其余等级道路	30	2.0

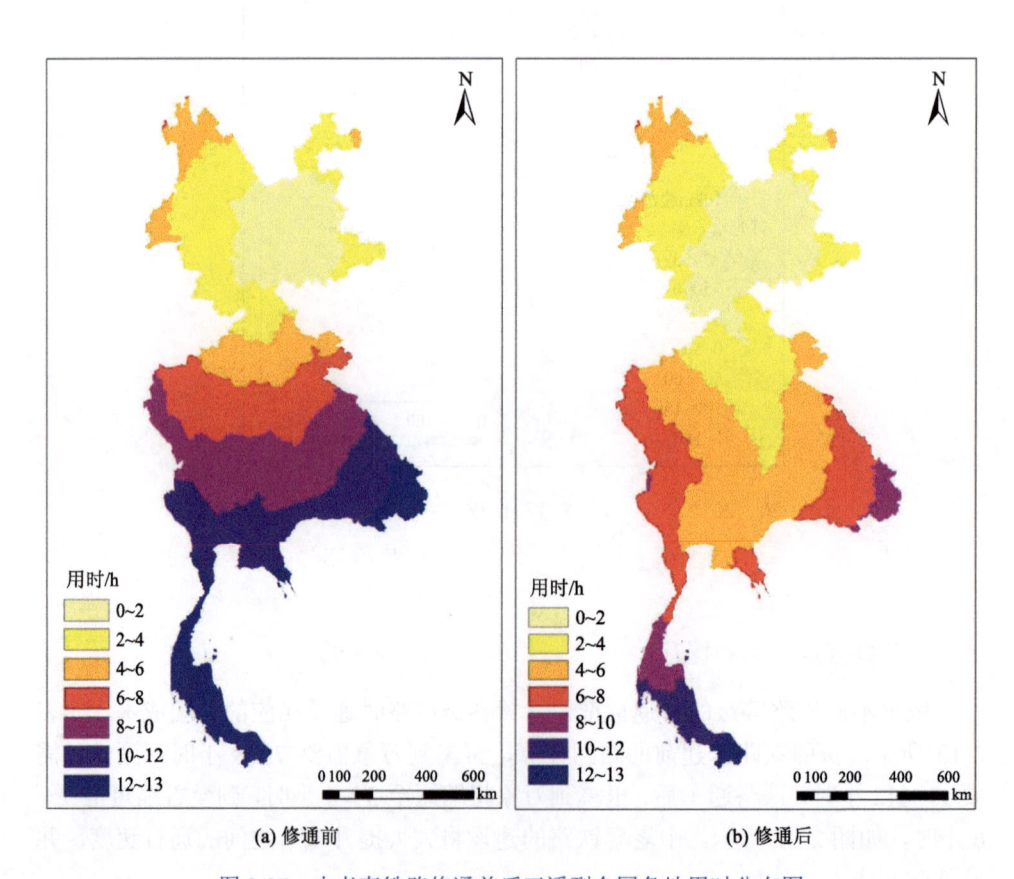

(a) 修通前　　　　　　　　　　　(b) 修通后

图 2-27　中老泰铁路修通前后玉溪到全国各地用时分布图

2.4.5 助力沿线国家实现联合国 2030 年可持续发展目标

中老泰铁路建设在大力推动中老泰国家之间乃至整个中南半岛增加就业、改善民生、发展经济、保护环境等方面具有重大意义，对助力实现联合国 2030 年可持续发展目标具有重要的现实意义。

1. 增加居民就业

中老铁路将创造 5 万多个工作岗位，该项目对就业将产生巨大的带动作用。项目施工过程中需要使用许多机械设备，培训出来的机械操作员未来也会促进当地相关产业的发展。

2. 加强合作贸易

如今，中国已成为老挝第一大外资来源国和第二大贸易伙伴，投资领域涵盖矿业、水电、金融、购物中心和特别经济区等。铁路建成后，中老两国的跨越式交流将大大增加，两国在经贸方面的合作必将进一步加强。

3. 提高运输效率、缩小差距

中老、中泰铁路的客运速度分别为 160km/h 和 250km/h，将大幅缩短运行时间，大幅减少中老泰国家之间的物流时间成本和经济成本，这对降低当地的物价水平具有重要意义，直接造福当地人民。中老泰铁路促进了沿线各地区之间的联系与交流，对缩小地区间差距具有重要贡献。

第 3 章

公路/桥梁

基础设施建设是社会经济发展的基础，基础设施的建设促进了全球各国的长远发展和民生的改善，提升了地区经济环境水平。公路特别是高等级公路将成为推动全球各国人员与贸易往来便利化、实现经济融合发展的重要工具。本章采用网络爬虫技术收录91个我国承建或者投资的公路工程项目和8个桥梁项目，分析我国境外公路/桥梁工程的分布格局和发展态势，采用 RS 数据和 GIS 分析方法，对海外典型公路基础设施的生态环境影响、社会和经济影响进行监测与分析，主要结果如下：

(1) 2012 年以前，收录的中国承建境外公路/桥梁数目较少，年均开工数目约 2 个；2013~2016 年，收录的中国承建境外公路/桥梁数目有一定程度增加，年均开工项目达到 6 个；2017 年至今，收录我国承建海外公路/桥梁呈现爆发式的增长，年均开工项目达到 21 个。

(2) 2014~2019 年，既有公路/桥梁项目同时还是亚投行成员国的国家占公路/桥梁分布国家的比例分别为 15.8%和 58.0%。

(3) 通过数据对比发现近一半的公路/桥梁位于发展中国家，主要集中在中亚、北非和西非地区。位于最不发达的国家的公路/桥梁主要位于东南亚和中非地区。位于新兴经济体的公路/桥梁最少，主要在俄罗斯和南亚的巴基斯坦和印度地区，以及非洲的尼日利亚地区。

(4) 通过对比44条公路建设前、建设中、建设后的人口，发现建设前后道路 2km 范围内的人口共增长了 339122 人，其中乌干达坎帕拉至恩德培国际机场高速公路增长人数最多为 145307 人。

(5) 典型公路监测表明，我国境外公路施工采用了绿色施工方法，尽可能降低施工造成的生态占用量，平均每千米的生态占用面积低，生态影响小。公路建设后，公路沿线的灯光指数增长的规模呈现快速增加的趋势，促进了当地经济的发展。

基础设施建设对区域经济发展、互联互通起到关键性的作用，提升公路基础设施水平有助于改善发展中国家基础设施薄弱环节。目前，发展中国家发展水平较低，普遍存在交通不便利、基础设施相对落后的情况。公路交通基础设施的落后对深化区域合作构成严重阻碍，特别是非洲地区交通基础设施建设领域的落后，严重制约了非洲国家内部贸易的发展和非洲经济区域一体化的实现。非洲开发银行统计表明，非洲 54 个国家总人口超过 10 亿人，但是公路总里程约为 320 万 km，远低于世界平均水平，从而影响了非洲各国、各城市之间的互联互通(雷洋等，2019)。公路交通基础设施是经济社会发展的重要命脉，更是一个地区文明程度的重要标尺和对外形象的集中展示。

为解决公路交通基础设施落后这一问题，中国提出了很多优惠政策，2012 年中国宣布同非洲国家建立基础设施建设合作伙伴关系，2014 年中国提出"三网一化"计划，其中包括非洲的铁路网、公路网和区域航空网络等，2015 年中国提出中非基础设施合作计划等。不断完善政策支持和服务保障计划，鼓励中国企业投资参与到非洲交通基础设施的建设中去，加快中国企业"走出去"。

我国与境外 15 个国家签署了 16 个双边和多边汽车运输协定，成功开通 356 条国际道路客货运输线路，中国境外公路设施联通体系已经基本形成。本书通过收集到的境外公路项目名录发现，中国在非洲地区承建和援建的公路/桥梁项目最多，有 2 座桥梁和 43 条公路。中非交通基础设施领域合作更是符合双方经济发展的进一步需要，从而能够促进中非经贸领域合作的深入，最终实现中非两地的互利共赢。中巴铁路沿线白沙瓦至卡拉奇高速公路的修建使得巴基斯坦与喀什相连，极大地提升中巴边境口岸到巴基斯坦腹地的互联互通水平，带动区域和次区域合作，惠及区域内外的其他国家，对促进南亚地区间的互联互通以及刺激贸易往来等方面意义重大。

3.1 分 布 格 局

3.1.1 各大洲及地区的分布情况

截至 2019 年 12 月，本章收录的我国企业参与投资、承建的境外公路/桥梁项目已达 99 个，其中桥梁项目 8 个，高速公路项目 31 个，一级公路项目 26 个，二级公路项目 19 个，三级公路项目 8 个，四级公路项目 7 个。这些公路/桥梁分布于全球各大洲及地区，非洲数量最多，有 2 个桥梁项目和 43 个公路项目，其中东非占比最大，有 1 个桥梁项目和 24 个公路项目，占到总数的 25.3%，北非、中非和西非项目数量依次为 6 个、8 个、6 个，占比分别为 6.1%、8.1%、6.1%；其次是东南亚，有 2 个桥梁项目和 9 个公路项目，占比 11.1%；欧洲(不含俄罗斯)有 1 个桥梁项目和 5 个公路项目，占比 6.1%；南亚、中亚、东亚、西亚分别有桥梁项目 1 个和公路项目 8 个、7 个、2 个、1 个，占比分别为 9.1%、7.1%、2.0%、1.0%；南美洲有 9 个公路项目，占比为 9.1%；北美洲分布公路较少，公路项目 1 个，占比 1.0%。境外公路/桥梁项目分布见图 3-1。

3.1.2 不同性质国家的分布情况

本章收录的 99 个境外公路/桥梁项目名录分别位于境外 50 个国家。其中位于最不发达国家的项目数量为公路 32 个和桥梁 2 个，主要位于埃塞俄比亚、南苏丹、坦桑尼亚、缅甸、老挝、柬埔寨等 16 个国家；位于新兴经济体的项目数量为公路 7 个和桥梁 1 个，主要位于俄罗斯、印度、巴基斯坦、印度尼西亚等 6 个国家；位于发展中国家(欠发达国家)的项目数量为公路 52 个和桥梁 5 个，分别位于赞比亚、哈萨克斯坦、阿尔及利亚、肯尼亚、安哥拉等 28 个国家(图 3-2)。通过数据对比发现近一半的公路/桥梁项目位于发展中国家，主要集中在中亚、北非和西非地区。最不发达的国家的公路/桥梁项目主要位于东南亚和中非地区。新兴经济体的公路/桥梁项目最少，主要位于俄罗斯和南亚的巴基斯坦和印度等地，以及非洲的尼日利亚等地。

3.1.3 各类型公路/桥梁项目的分布情况

1. 桥梁项目分布情况

收录的中国承建境外桥梁项目数量有 8 个(图 3-3)，其中跨海大桥 4 个，分别为马来西亚槟城第二跨海大桥(槟城二桥)、文莱大摩拉岛大桥、科威特海湾大桥、中马友谊大桥；跨河大桥 4 个，分别为俄罗斯黑河—布拉戈维申斯克黑龙江(阿穆尔河)大桥、塞尔维亚泽蒙—博尔察大桥、冈比亚公路桥梁和埃塞俄比亚阿比河大桥。

2. 高速公路项目分布情况

本书收录的中国境外建设的高速公路项目有 31 个，其中东非分布 6 个，北非、东南亚和欧洲各分布 5 个，南亚分布 4 个，西非分布 2 个，中亚、东亚、大洋洲和北美洲各分布 1 个(图 3-4)。非洲分布数量最多共有 13 个，阿尔及利亚修建 5 个，肯尼亚修建 2 个，埃塞俄比亚、科特迪瓦、马达加斯加、塞内加尔、乌干达、赞比亚各修建 1 个；赞比亚卢恩高速公路路程最长，为 336km，连接赞比亚首都卢萨卡、中央省省会卡布韦、铜带省省会恩多拉三个中心城市，承建方是江西国际。该项目总投资为 12.45 亿美元，创下了江西省对外承包工程项目单体合同金额的新高。

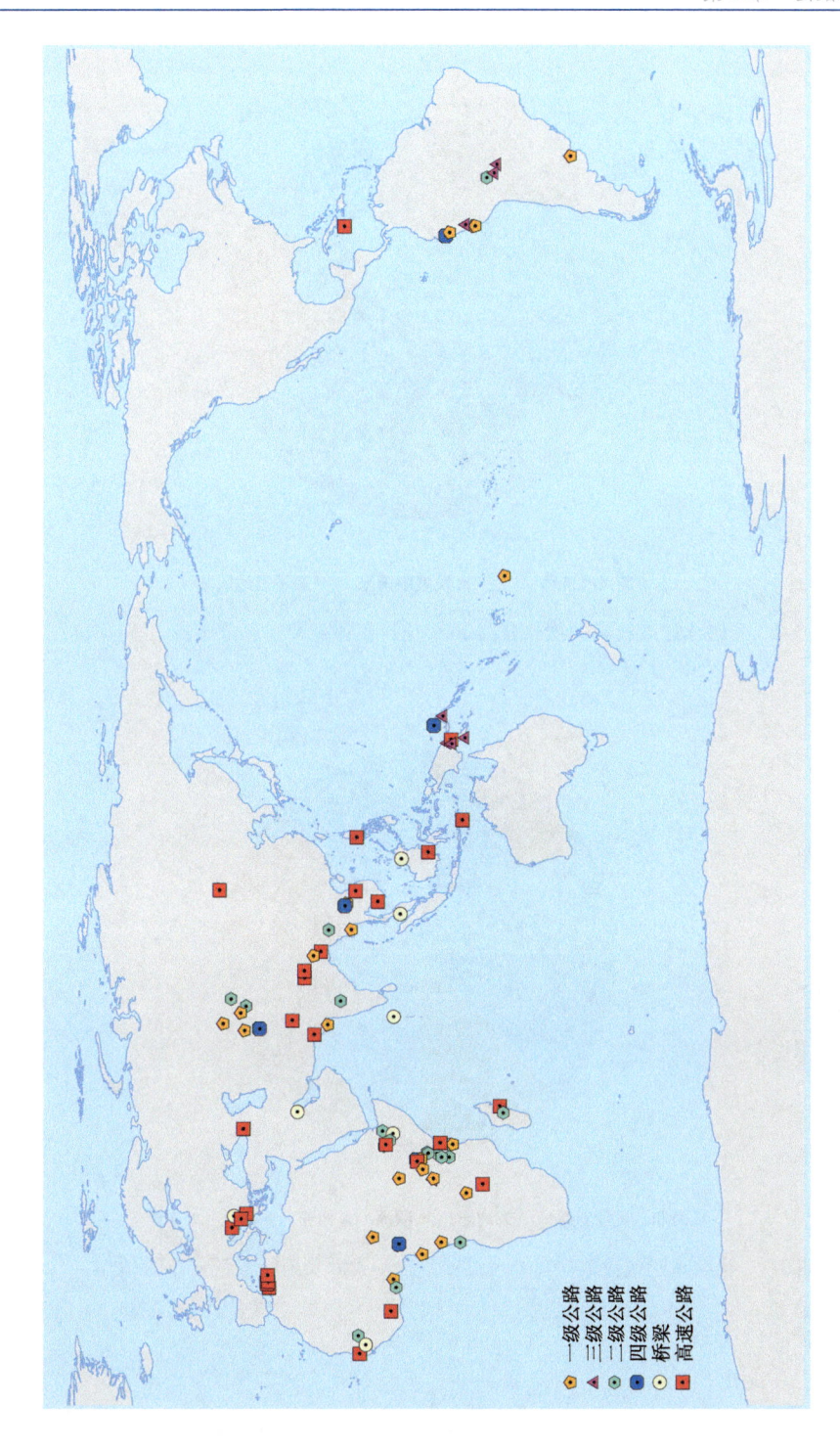

图 3-1 我国境外公路桥梁项目在各大洲及地区的分布图（数据资料截至 2019 年 12 月 30 日）

境外工程地球大数据监测与分析

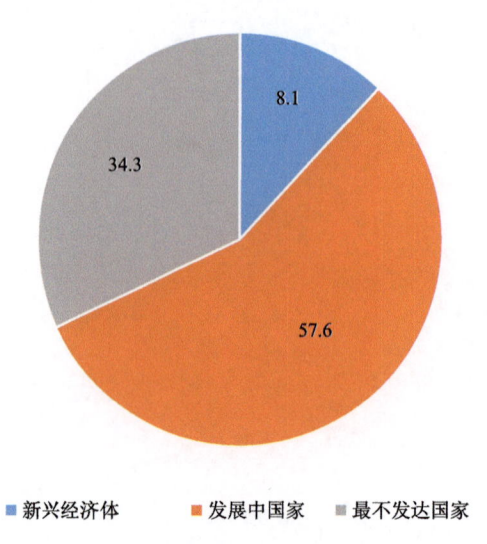

图 3-2 我国承建或投资的境外公路/桥梁项目在各类型国家分布占比图(单位:%)

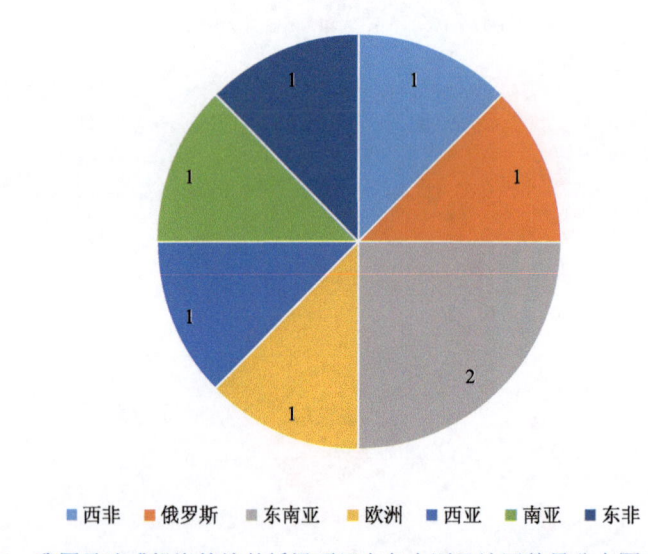

图 3-3 我国承建或投资的境外桥梁项目在各大洲及地区数量分布图(单位:个)

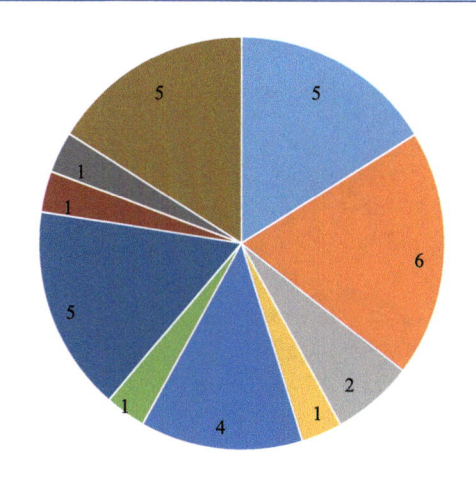

第3章 公路/桥梁

图3-4 我国承建或投资的境外高速公路项目在各大洲及地区数量分布图(单位：个)

3. 一级公路项目分布情况

收录的中国境外一级公路项目数量有 26 个，其中中非数量最多有 6 个，东非和南美洲各有 4 个，中亚和南亚各有 3 个，东南亚有 2 个，北非、西非、大洋洲、北美洲各有 1 个(图 3-5)。我国在非洲承建的一级公路项目数量最多，喀麦隆 2 个，刚果(金)、刚果(布)、加蓬、肯尼亚、卢旺达、南苏丹、尼日利亚、坦桑尼亚、乌干达各 1 个。山东高速集团承建的南苏丹朱巴—伦拜克公路道路升级项目是我国在国外建设里程最长、投资数额最大的道路项目，总长 1100km。刚果(金)属巴昌巴—奇卡帕 1 号国道公路 PK104+600-PK112+600 段路线最短只有 8km，该项目资金来源为非洲发展基金(FAD)，工期 6 个月，业主为刚果(金)基础设施、公共工程与重建部，业主代表为基础设施局，监理为意大利 AIC 公司。

4. 二级公路项目分布情况

收录的中国境外二级公路项目数量有 19 个，其中东非分布数量最多，有 11 个，西非和中亚分别有 2 个，南亚、东南亚、南美洲、中非各有 1 个(图 3-6)。非洲承建数量仍然是最多的，共有 14 个。公路的修建给当地带来交通便利，促进经济的发展，缩小地区之间的发展差距。我国在埃塞俄比亚承建的项目数量最多，有 5 个公路项目，分别为埃塞俄比亚南部南方各族州和奥罗米亚州境内公路、埃塞俄比亚迪巴克—扎瑞马(绕行利马利莫)公路、埃塞俄比亚吉吉加市政公路、埃塞俄比亚 BKA 公路、埃塞俄比亚 KIP 连接线公路。

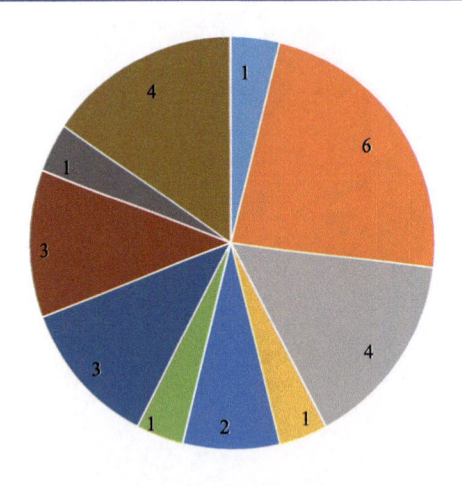

图 3-5 我国承建或投资的境外一级公路项目在各大洲及地区数量分布图(单位：个)

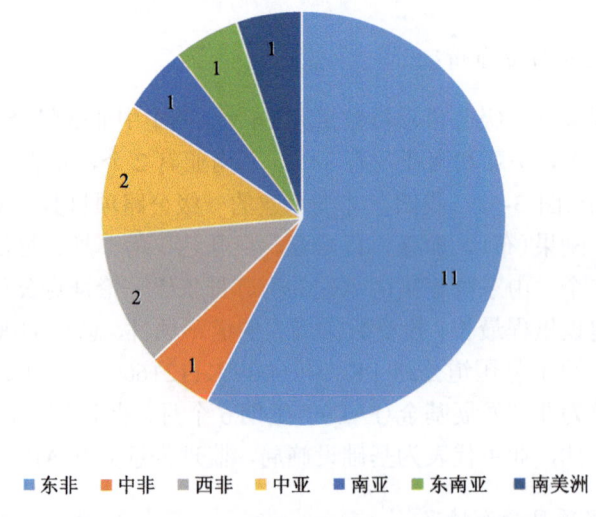

图 3-6 我国承建或投资的境外二级公路项目在各大洲及地区数量分布图(单位：个)

5. 三级公路项目分布情况

收录的中国境外三级公路项目有 8 个，其中东非分布 1 个，大洋洲分布 4 个，南美洲分布 3 个(图 3-7)，分别为巴布亚新几内亚亨诺(Henganofi-Nupuru)公路、卢旺达雅戈塔雷—卢工姆公路、秘鲁瓦努科至瓦杨柯公路、巴布亚新几内亚 Scratchley & Pari Road 重建项目、巴布亚新几内亚尤—亚公路、巴布亚新几内亚

— 48 —

新爱尔兰岛公路、玻利维亚圣何塞至圣伊格纳西奥道路(简称玻利维亚两圣公路)。其中秘鲁瓦努科至瓦杨柯公路修建道路里程最长，项目包括 5 个区段，分别位于秘鲁首都利马东北 280km 的瓦奴科省，线路呈"Y"形，全长 236.6km。

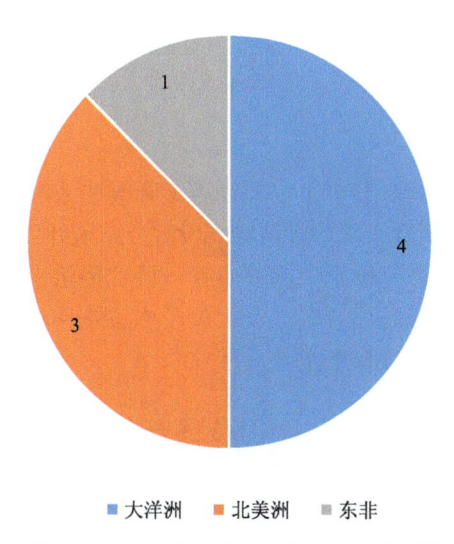

图 3-7　我国承建或投资的境外三级公路项目在各大洲及地区数量分布图(单位：个)

6. 四级公路项目分布情况

收录的中国境外四级公路项目有 7 个，东非分布 2 个，中亚、东南亚、中非、大洋洲、南美洲各 1 个(图 3-8)，在所有公路类型中占比最少，分别为塔吉克斯

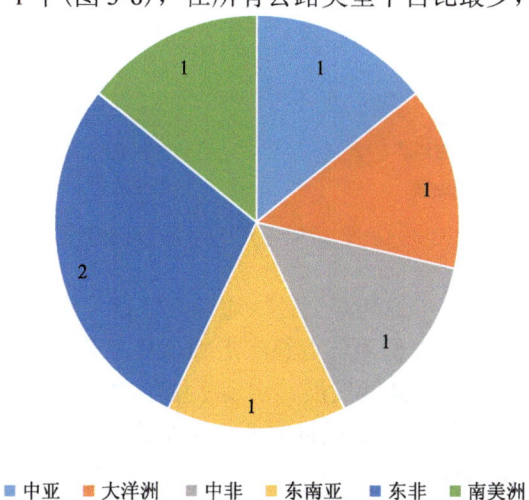

图 3-8　我国承建或投资的境外四级公路项目在各大洲及地区数量分布图(单位：个)

坦 VK87 公路、巴布亚新几内亚新诺汉威岛公路、喀麦隆明图姆公路、老挝北 13 号公路项目万象—万荣公路、坦桑尼亚姆贝亚—卢万吉罗公路、肯尼亚乡村公路 557 标段和秘鲁万卡班巴公路。其中塔吉克斯坦 VK87 公路修建路程最长，位于塔吉克斯坦南部哈特隆州，道路崎岖，群山环绕，是库利亚布市沃谢区至霍瓦林区重要交通要道，全长 87km。

3.1.4 主要经济走廊上的分布情况

本节以 10km 为半径，分析了主要经济走廊缓冲区内外的公路/桥梁项目分布情况(图 3-9)。其中新亚欧大陆桥经济走廊没有分布境外公路/桥梁项目；位于中蒙俄经济走廊的项目有 3 个；位于中国—中亚—西亚经济走廊的项目有 2 个；位于中国—中南半岛经济走廊的项目有 2 个；位于中巴铁路沿线的项目有 2 个；位于孟中印缅经济走廊上的项目有 2 个。

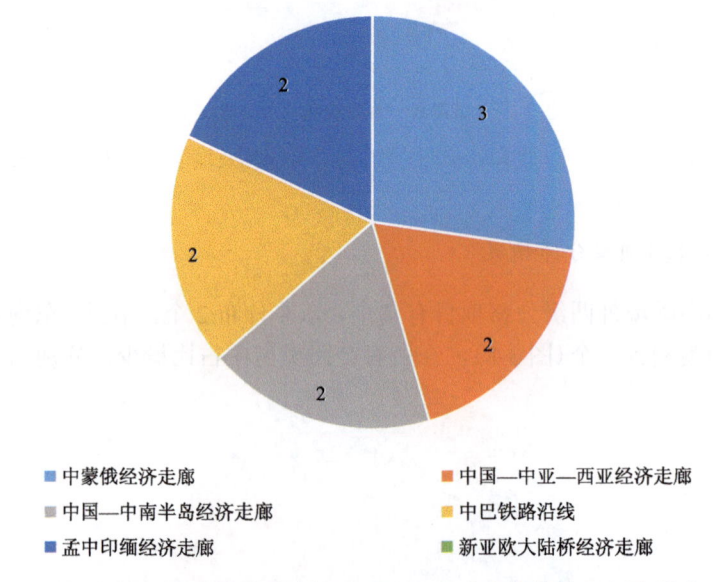

图 3-9 我国承建或投资的公路/桥梁项目在经济走廊的数量分布图(单位：个)

我国不仅在主要经济走廊和海上经济通道上建设公路/桥梁，廊道之外也有很大一部分公路/桥梁项目。它们跟邻近经济走廊以及走廊节点城市交相呼应，形成一种良好的裙带关系，携手共同发展，实现不同层次区域规划和发展的融合。

中蒙俄经济走廊的公路/桥梁项目主要分布在蒙古国、俄罗斯，其中蒙古国修建了 2 条公路，分别为蒙古国乌兰巴托—中央省贺西格新机场高速公路和蒙古国公路，俄罗斯则修建中俄黑河—布拉戈维申斯克界河公路大桥。蒙古国属于发展中国家，经济发展较为缓慢，我国修建的公路设施缓解了当地的交通压力，加快了贫穷地区的经济发展。

中国—中亚—西亚经济走廊分布的高速公路主要集中在哈萨克斯坦境内，修建有 2 条公路，分别为哈萨克斯坦希姆肯特—塔什干段公路和哈萨克斯坦库尔特—布雷尔拜塔公路。哈萨克斯坦位于中亚腹地，属于发展中国家，中国承建的哈萨克斯坦公路，提高了地区的交通通行能力，可望助力哈萨克斯坦实现可持续发展目标。

中巴铁路沿线分布的公路主要位于巴基斯坦境内，分别为巴基斯坦南部信德省海得拉巴-苏库尔(Hyderabad-Sukkur)高速公路和巴基斯坦 M4 高速公路。这些公路的修建打通贯穿巴基斯坦南北高速公路的缺失路段，将南北地区连接起来，不断缩小南北地区之间的差距，同时对于畅通从中国喀什到巴基斯坦西南部的瓜达尔港的交通大动脉也至关重要，还可以带动区域和次区域合作，惠及区域内外的其他国家，奠定了中国与南亚互联互通的格局，对区域互联互通倡议具有试验和示范作用。

中国—中南半岛经济走廊分布的公路主要位于老挝和柬埔寨境内，分别为老挝北 13 号万象—万荣公路和柬埔寨金西高速公路，金西高速公路是柬埔寨第一条高速公路，建成后金边到西港只需两个半小时，将大大改善柬埔寨的运输系统并降低运输成本。老挝北 13 号公路是老挝最早的国际级柏油公路，连通中国云南，承载了老挝货运、客运等多项运输工作，但长期的高负荷使用已使该公路的多个路段年久失修，此次修复极大地改善了当前的困境。

在孟中印缅经济走廊上修建的公路主要是缅甸仰光新城和缅甸曼德勒产业新城基础设施工程。缅甸是最不发达的国家，经济发展落后，公路的修建辅助新城的建设，可促进缅甸经济的发展。

3.2 发 展 态 势

3.2.1 历年开工工程数目变化

本章共收录 91 个我国承建或者投资的公路工程项目和 8 个桥梁项目。2012 年以前，收录的中国承建境外公路/桥梁数量较少，年均开工数量约 2 个；2013～2016 年，收录的中国承建境外公路/桥梁项目数量有一定程度增加，年均开工项目数量达到 6 个；2017～2019 年，收录我国承建境外公路/桥梁呈现爆发式的增长，年均开工项目数量达到 21 个(图 3-10)。

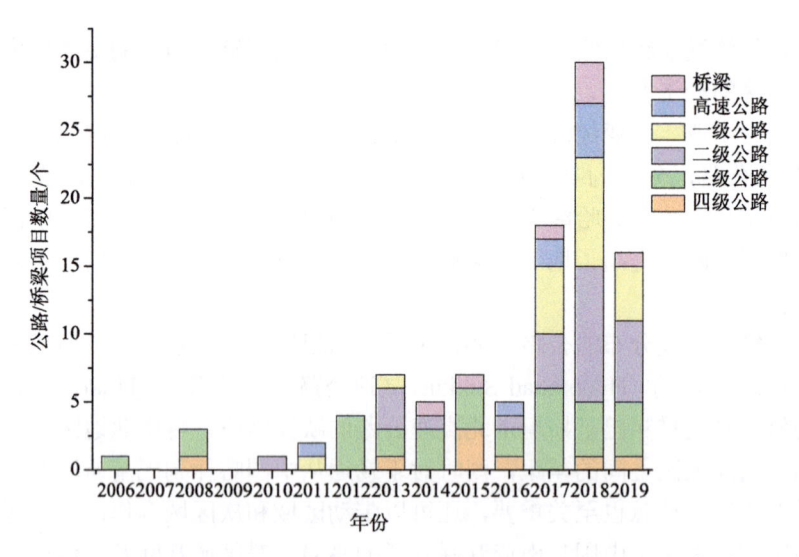

图 3-10　我国承建或投资的境外各类型公路/桥梁项目历年开工数量图

2008 年之前，只收录了 1 个阿尔及利亚东西高速公路项目；2008～2010 年，收录公路/桥梁项目数量由原来的 1 个公路增长到 4 个公路和 1 个桥梁项目，分布区域从非洲地区向中亚和东南亚等一些国家转移；2010～2014 年，收录的公路/桥梁项目数量增加到公路 21 个和桥梁 2 个，公路类型开始由高速公路向一级公路、二级公路、三级公路、四级公路转移，并且开始向欧洲、大洋洲、北美洲等地区转移。2017～2019 年，收录我国承建境外公路/桥梁呈现爆发式的增长，2018 年增加公路/桥梁项目数目最多，增加公路 29 个和桥梁 1 个，分布区域呈现非洲地区持续增加，并开始向欧洲、亚洲、北美洲、南美洲、大洋洲地区转移发展。

2006～2019 年各类型公路开工数目整体呈上升趋势，并在 2018 年达到最大值，且 2019 年上半年开工数已经超过 2018 年总的开工数目的一半。公路类型由单一高速公路类型向桥梁、一级公路、二级公路、三级公路、四级公路多类型转移。2013 年以前，公路项目发展较慢，2006 年搜集到 1 个公路项目开工，2007 年和 2009 年甚至没有公路项目开工建设，2013 年以来，公路项目数量逐步增加，2017～2019 年开工数量急剧增加，这一现象最主要的原因是随着中国企业走出去步伐不断加快，不少企业将促进境外业务发展上升到企业层面，积极进行企业业务转型，促进产业升级，扩大企业国际影响力。

3.2.2　亚投行成员国与公路/桥梁建设关系时序分析

2004 年至今，亚投行和公路/桥梁建设相互促进，公路/桥梁建设对亚投行的创建有积极的推动作用,同时亚投行发展又能促进公路/桥梁建设。

2014~2019 年,既有公路/桥梁项目又是亚投行成员国的国家数量占公路/桥梁分布国家的比例分别为 15.8%、30.4%、25.9%、45.7%、59.6%、58.0%(图 3-11)。

2014 年,中国、印度和新加坡等 21 国共同决定成立亚投行,至当年年底,意向创始成员国达到 23 个,公路/桥梁项目的数量为公路 21 个和桥梁 2 个,其中既有公路/桥梁项目又是亚投行成员国的国家数量占公路/桥梁分布国家的 15.8%,非洲地区修建的公路/桥梁项目最为集中。

2015 年,亚投行正式成立,西亚和欧洲等一些国家加入,意向创始成员国达到 57 个。修建公路/桥梁项目的数量为公路 25 个和桥梁 5 个,其中既有公路/桥梁项目又是亚投行成员国的国家数量占公路/桥梁分布国家的 30.4%。分布范围在非洲持续增加,公路/桥梁建设沿着经济走廊向欧洲国家转移。

2016 年,公路/桥梁项目数量增加到公路 39 个和桥梁 5 个,其中既有公路/桥梁项目又是亚投行成员国的国家数量占公路/桥梁分布国家的 25.9%。中亚、南亚、东南亚等一些地区修建公路/桥梁数量增多,北非、中非、东非依然是公路/桥梁分布集中区。

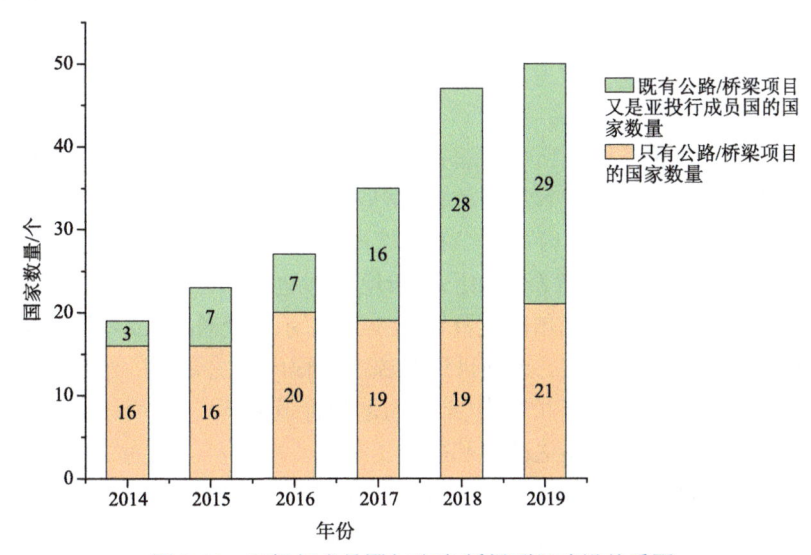

图 3-11 亚投行成员国与公路/桥梁项目建设关系图

2017 年,亚投行成员国总数达到 84 个,一些非洲和太平洋国家相继加入,公路/桥梁项目数量继续增加,其中既有公路/桥梁项目又是亚投行成员国的国家数量占公路/桥梁分布国家的 45.7%,非洲地区增长较快,并开始向南美洲延伸。

2018 年,亚投行成员国达到 93 个,公路/桥梁项目的数量增加最为明显:

公路 76 个和桥梁 7 个，其中既有公路/桥梁项目又是亚投行成员国的国家数量占公路/桥梁分布国家的 59.6%，分布区域从周边国家向非洲、欧洲和北美洲延伸，其中东非、北非、东南亚地区分布数量最多。

2019 年，亚投行成员国达到 97 个，公路/桥梁项目增加趋势明显：公路 91 个和桥梁 8 个，其中既有公路/桥梁项目又是亚投行成员国的国家数量占公路/桥梁分布国家的 58.0%，分布区域呈现非洲最不发达地区分布数量继续增加，并开始向全球延伸。

3.2.3　2019 年公路/桥梁在 31 个国家的人口分布

本节选取公路分布在 31 个国家的人口统计，人口数据选取 100m 空间分辨率的 Worldpop 栅格数据，统计境外修建各国高速公路实现联合国可持续发展目标 SDGs-9.1.1 居住在道路 3km 范围内农村人口居住比例。通过 44 条公路建设前、建设中、建设后的人口比较发现，建设前后共实现人口增长 339122 人，其中乌干达坎帕拉至恩德培国际机场高速公路增长人数最多，为 145307 人。

3.3　典型案例——M4 高速公路

3.3.1　M4 高速公路概况

M4 高速公路位于巴基斯坦旁遮普省内，分为四段，分别是费萨拉巴德—戈杰拉段(58km)、戈杰拉—绍尔果德段(62km)、绍尔果德—哈内瓦尔(Shorkot-Khanewal)段(64km)以及哈内瓦尔—木尔坦段(45km)。其连接旁遮普省南部地区和北部地区，属于连接卡拉奇港和巴基斯坦北部地区项目的重要组成部分。M4 高速公路绍尔果德—哈内瓦尔段位置如图 3-12 所示，全长 64km，四车道、高等级通道控制的国家高速公路。该项目道路施工工程内容主要包括土方工程、沥青混凝土路面、桥梁施工、交叉结构(地下通道和管道涵洞)、立交桥、称重桥、收费广场和服务区域，以及路边改善和安全工程等，项目实施期为 2016 年 6 月至 2020 年 6 月。M4 高速公路项目有亚投行、亚洲开发银行联合提供融资支持，融资额超过 2 亿美元。葛洲坝集团三公司中标 M4 高速公路第三标段 A 标段。项目于 2016 年 8 月 13 日正式破土动工，截至 2019 年 2 月葛洲坝集团承建的巴基斯坦 M4 高速公路项目沥青混凝土路面磨耗层摊铺全部完成，标志着 M4 高速公路项目主体工程全部完工，进入附属工程施工的收尾阶段。

图 3-12　M4 高速公路绍尔果德—哈内瓦尔段位置示意图

　　M4 高速公路项目(绍尔果德—哈内瓦尔段)是巴基斯坦期待已久的项目。对于巴基斯坦来说，这段路具有非常重要的战略意义，不仅能促进沿线城市的商贸和就业，还有助于消除贫困、改善基础交通的质量和效率、促进包容性增长。一旦 M4 高速公路项目完工，它将通过已建立的高速公路网络将旁遮普省的南部地区与北部连接起来。M4 高速公路将使已经完工的 M1、M2 和 M3 高速公路向南延伸，缩短木尔坦与伊斯兰堡—拉瓦尔品第双城之间的距离。建成后，M4 高速公路将提供一条四车道通道控制替代现有狭窄和拥挤的路线，特别是在交通繁忙的绍尔果德(Shorkot)和哈内瓦尔(Khanewal)地区。M4 高速公路项目将促进巴基斯坦全国交通网的互联互通，大大提升其运输能力和运输速度。

3.3.2 对生态环境的影响

1. M4 高速公路绍尔果德—哈内瓦尔段沿线生态环境状况影响监测

基于 Landsat-8 卫星遥感影像，计算 M4 高速公路绍尔果德—哈内瓦尔段 10km 缓冲区内 2014 年 10 月和 2017 年 9 月的植被覆盖度，以 M4 高速公路绍尔果德—哈内瓦尔段 10km 缓冲区为区域总面积，分析不同区间植被覆盖度的面积占比，对比分析工程建设对当地环境状况的影响。

结果表明，2014 年 M4 高速公路绍尔果德—哈内瓦尔段缓冲区内的自然环境状况较好，植被覆盖度数值整体较高（图 3-13）。通过表 3-1 可以看出植被覆盖度占比最大的区间是 0.8~1.0，面积为 1394.48km²，占比 84.69%；其次是植被覆盖度为 0.6~0.8 的区间，区域面积为 154.97km²，占比 9.41%；植被覆盖度大于 0.4 的总面积为 1634.37km²，占比 99.26%。

表 3-1　2014 年和 2017 年不同植被覆盖的面积及其占比

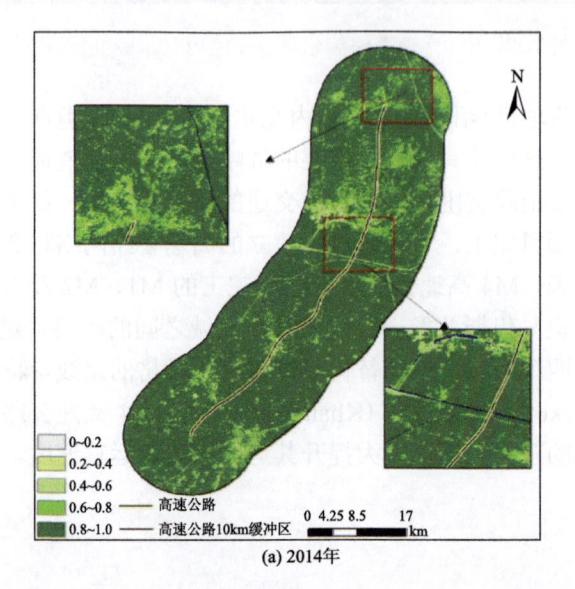

植被覆盖度	2014 年 面积/km²	占比/%	2017 年 面积/km²	占比/%
0~0.2	5.60	0.34	87.50	5.31
0.2~0.4	6.55	0.40	140.79	8.55
0.4~0.6	84.92	5.16	144.74	8.79
0.6~0.8	154.97	9.41	147.49	8.96
0.8~1.0	1394.48	84.69	1125.96	68.39

(a) 2014 年

(b) 2017年

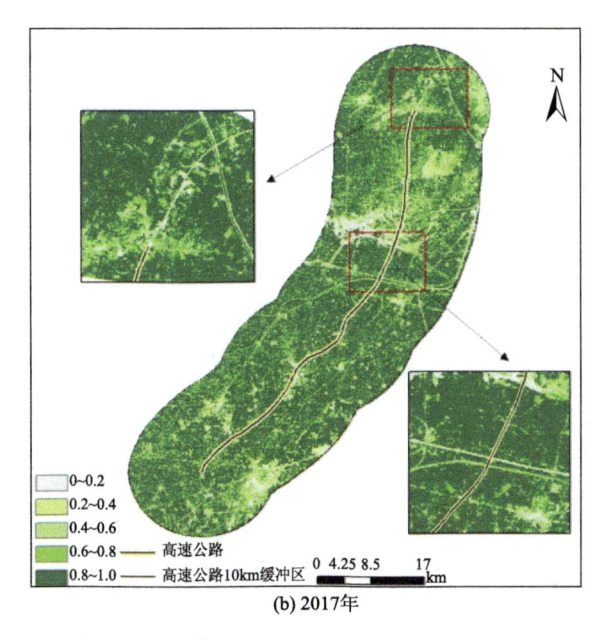

图 3-13　M4 高速公路沿线 10km 缓冲区内 2014 年和 2017 年植被覆盖度图

2017 年缓冲区内的自然环境状况基本良好，植被覆盖度占比最大的区间同样也是在 0.8~1.0，面积为 1125.96km^2，占比 68.39%；植被覆盖度在 0.6~0.8 的区域面积为 147.49km^2，占比 8.96%；区间大于 0.4 的总面积为 1418.19km^2，占比 86.14%。

经过对比发现，2017 年的植被覆盖度比 2014 年的植被覆盖度整体偏低，变化最大的地方主要集中在绍尔果德和哈内瓦尔两个城市和沿线城市，偏低的主要原因是城镇经济的不断发展、住房面积的增加和人口增长导致，2014 年植被覆盖度比 2017 年高 16.3%。在 0~0.8 区间内，除了 0.6~0.8，2017 年植被覆盖度同比均比 2014 年高。

2. M4 高速公路绍尔果德—哈内瓦尔段沿线生态资源占用与损失

M4 高速公路绍尔果德—哈内瓦尔段开工前，公路沿线主要生态资源类型为耕地资源、草地资源(图 3-14)，两者在空间上呈现交错分布的状态，面积分别为 950.36km^2、343.78km^2(表 3-2)，分别占缓冲区内总面积的 58.00%、20.98%；林地资源分布较少，面积仅有 18.82km^2，占缓冲区内总面积的 1.15%。开工建设后截至 2018 年草地资源迅速减少，建设用地和林地资源大幅度增加，其中草地资源由原来的 343.78km^2 减少为 73.07km^2，建设用地由原来的 210.25km^2 增加到

436.14km²。

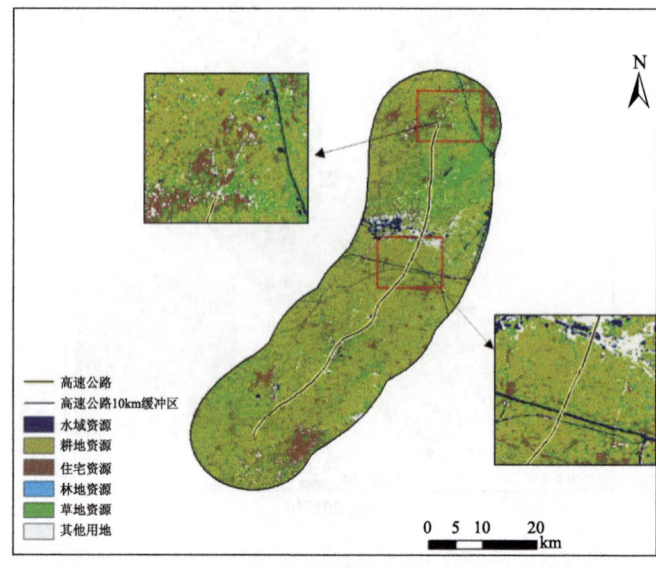

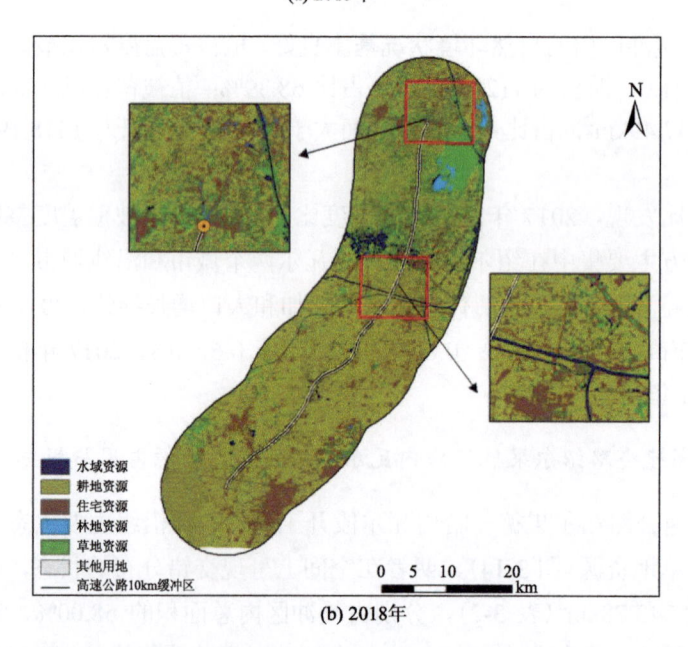

图 3-14　M4 高速公路绍尔果德—哈内瓦尔段 10km 缓冲区内的 2015 年和 2018 年生态资源分布图

表 3-2 2015 年和 2018 年 M4 高速公路绍尔果德—哈内瓦尔段沿线 10km 缓冲区生态资源状况

生态资源类型	2015 年 面积/km²	占比/%	2018 年 面积/km²	占比/%
水域资源	33.70	2.06	44.70	2.73
耕地资源	950.36	58.00	1028.10	62.74
草地资源	343.78	20.98	73.07	4.46
林地资源	18.82	1.15	15.86	0.97
建设用地	210.25	12.83	436.14	26.62
其他资源	81.71	4.98	40.75	2.49

路基占用的资源即为永久性生态损失，是无法修复的损失；除路基占用以外的施工占用即为临时性生态损失，完工后这一部分生态损失是可以修复的，截至 2018 年 2 月，M4 高速公路绍尔果德—哈内瓦尔段建设共造成林地资源永久性生态损失面积约 0.03km²，仅占 10km 缓冲区内林地资源总面积的 0.16%；造成草地资源永久性生态损失面积约 1.03km²，仅占 10km 缓冲区内林地资源总面积的 0.30%；造成耕地资源永久性生态损失面积约 2.02km²，仅占 10km 缓冲区内耕地资源总面积的 0.21%（表 3-3）。三类资源中，耕地资源的永久性生态损失面积最大，但占比较小；林地资源的永久性生态损失占比最小，不足 0.2%。平均每千米的生态占用面积为 0.176km²，其中临时生态占用面积为 0.128km²。因此 M4 高速公路绍尔果德—哈内瓦尔段建设对当地自然生态环境的影响极小，没有对当地自然生态环境整体格局造成破坏性扰动。

表 3-3 路基生态占用与损失分析结果

类型	路基占用情况 面积/km²	占比/%	施工占用情况 面积/km²	占比/%	临时性生态损失 面积/km²	占比/%
林地资源	0.03	0.16	0.14	0.74	0.11	0.58
耕地资源	2.02	0.21	7.55	0.79	5.53	0.58
草地资源	1.03	0.30	3.57	1.04	2.54	0.07

3. M4 高速公路绍尔果德—哈内瓦尔段沿线生态环境保护措施监测

M4 高速公路绍尔果德—哈内瓦尔段在方案设计和施工过程中十分注重对动物、植物、水系等方面的生态风险防范。铁路沿线附近共有多个国家公园/保护区，为减少对其生态环境的影响，在路线选址设计时全部绕开了，仅从其外围通过（图 3-15）。

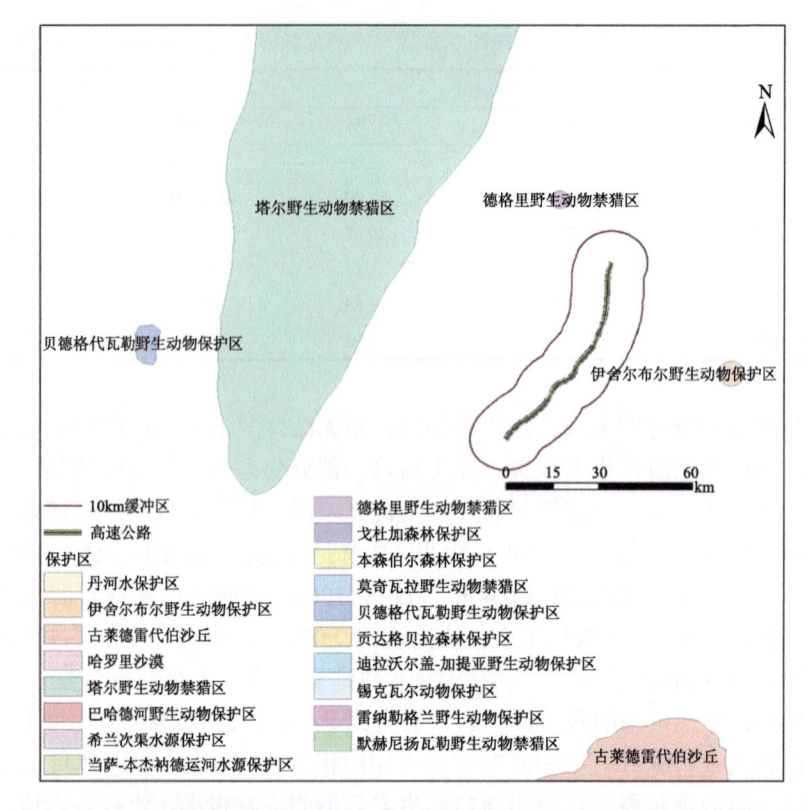

图 3-15　M4 高速公路绍尔果德—哈内瓦尔段沿线的国家自然保护区分布图

通过对比土耳其公司承建的苏库尔—雅各布阿巴德高速公路，中国承建的 M4 高速公路更加注重对生物多样性的保护，更加合理化和人性化。中国公司在修建公路的过程中，通过修建涵洞确保行人和动物安全通过高速公路避免交通事故的发生，而土耳其公司承建苏库尔—雅各布阿巴德高速公路却没有修建管道或涵洞，一定程度上增加了行人和动物的危险(图 3-16)。

3.3.3　对经济的影响

1. M4 高速公路对周边经济的影响

M4 高速公路绍尔果德—哈内瓦尔段的灯光指数普遍较高，如图 3-17 所示增长率大于 90%的区域主要出现在两端的哈内瓦尔市和绍尔果德市和沿线的达尔哈尔市。一般认为灯光指数大于 7 的区域是经济高度发展区。2013 年 1 月 M4 高速公路绍尔果德—哈内瓦尔段 10km 缓冲区内灯光指数高于 7 的面积为 6.40km^2，2018 年 8 月这一面积增加至 9.38km^2，增幅为 46.56%(表 3-4)。而 2013~2018 年

(a) 苏库尔—雅各布阿巴德高速公路　　　　　　(b) M4高速公路

图 3-16　高速公路穿越其他路段示意图

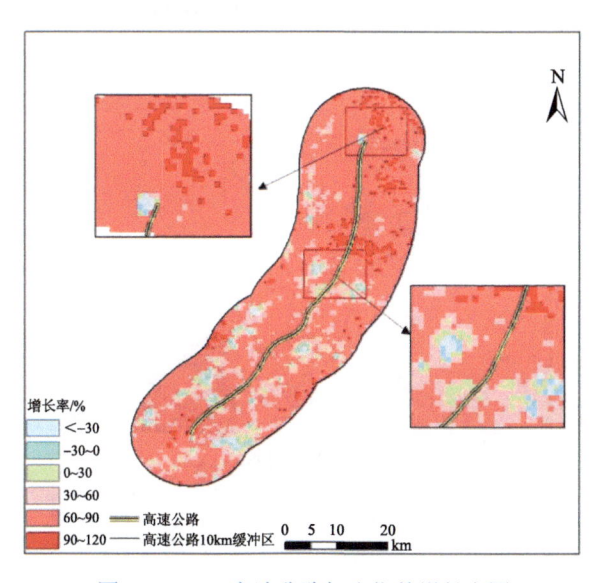

图 3-17　M4 高速公路灯光指数增长率图

的年平均增量为 0.50km²。从灯光指数增长率的角度分析，M4 高速公路绍尔果德—哈内瓦尔段 10km 缓冲区内增长率为负值的区域的面积较小，只有 6.12km²；增长率为正值的总面积为 283.86km²；其中面积最大的增长率区间为 60%～90%，面积为 219.59km²；其次为增长率区间为 30%～60%，面积为 41.94km²。

表 3-4　M4 高速公路绍尔果德—哈内瓦尔段缓冲区内灯光指数增长率及相应面积

项目	灯光指数增长率/%						灯光指数>7 的面积		
	<−30	−30～0	0～30	30～60	60～90	90～120	前期	后期	年均增量
2013～2018 年年均面积/km²	2.54	3.58	10.61	41.94	219.59	11.72	6.40	9.38	0.50

2. M4 高速公路绍尔果德—哈内瓦尔段助力实现 SDG 目标

拆迁和新增住宅面积的统计主要是根据遥感影像的对比发现。通过遥感卫星解译发现，M4 高速公路绍尔果德—哈内瓦尔段的修建促进了当地经济的发展，工程建设后公路 1km 缓冲区内建筑面积明显增加（图 3-18）。2016～2018 年，监测到高速公路 1km 缓冲区两旁新增建筑物面积约为 171811.7m²。同时解译发现截至 2018 年 2 月高速公路 1km 缓冲区内原有建筑物面积约为 3745712.6m²，现有建筑物面积约为 3811819.3m²。此外，农村建筑物面积较大，约为 3224820.6m²，所占比例约为 84.6%，城镇建筑物面积较小，约为 586998.7m²，所占比例约为 15.4%。

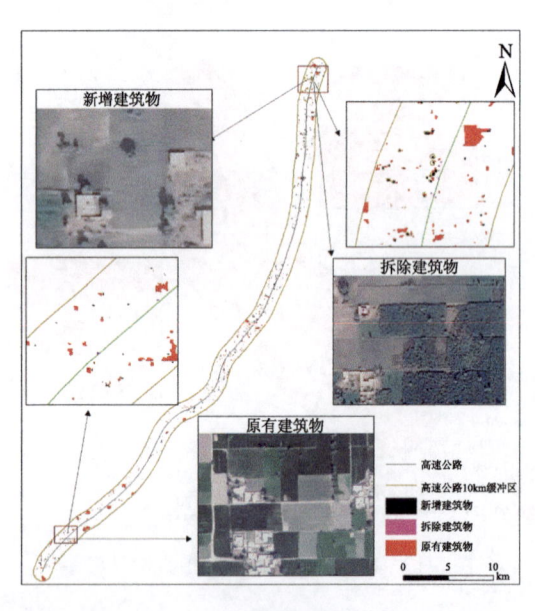

图 3-18　M4 高速公路新增和拆除建筑物分布图

人口数统计采用 Worldpop 人口栅格数据，图 3-19 发现随着年份的增长，人口数也在不断发生变化，其中高速公路附近最大的城市木尔坦，人口增加较为明显。M4 高速公路绍尔果德—哈内瓦尔段 2km 缓冲区 2016～2019 年人口数见表 3-5，道路 2km 缓冲区的人口数从 2016 年（建设前）的 141895 人增加到 2019 年（建设后）的 151381 人，新增居民 9486 人。

表 3-5　M4 高速公路绍尔果德—哈内瓦尔段 2km 缓冲区 2016～2019 年人口统计表

年份	2016	2017	2018	2019
人口数/人	141895	146980	154922	151381

注：人口数为遥感估算

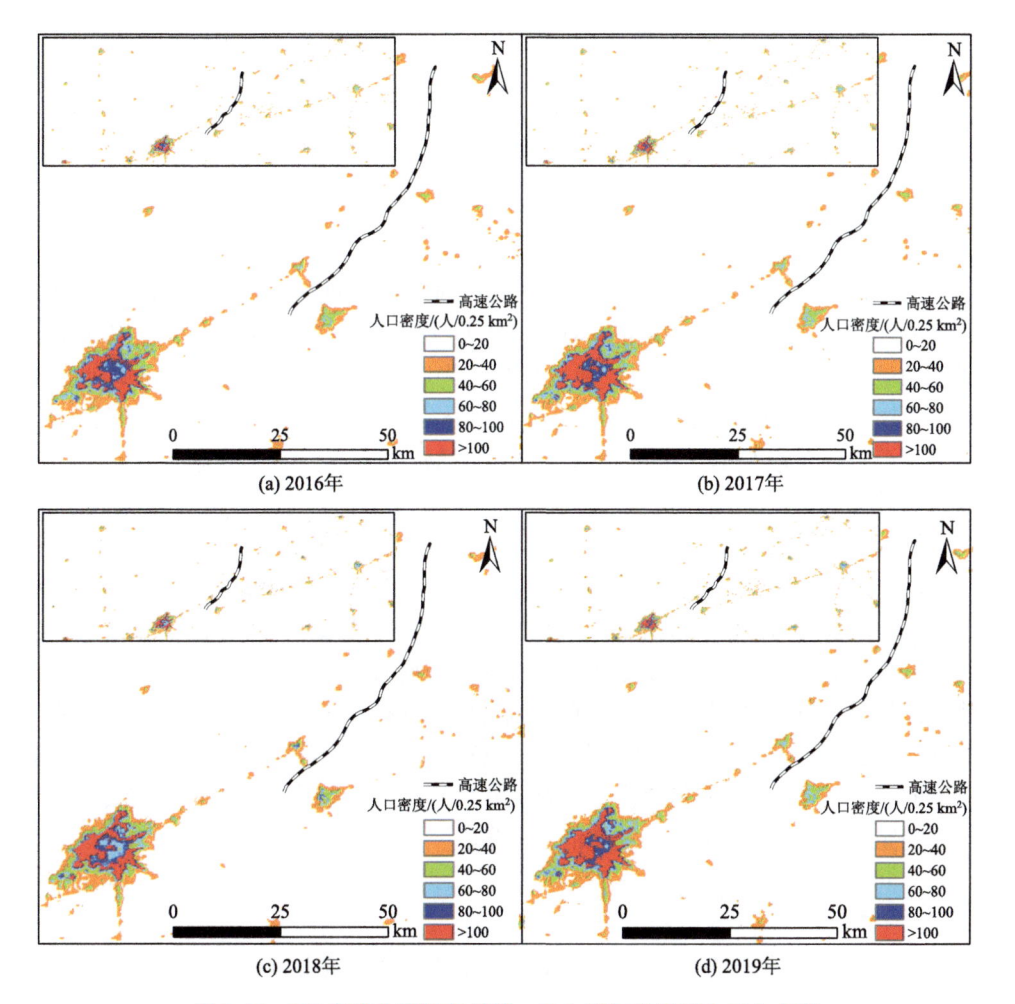

图 3-19　M4 高速公路绍尔果德—哈内瓦尔段周围人口分布图

3.3.4　M4 高速公路绍尔果德—哈内瓦尔段互联互通能力的提升

在中巴铁路沿线框架下开展道路交通网建设，这将有助于把巴基斯坦各个地区的道路与主要道路网络连通起来。巴基斯坦的道路网建设从北部地区开始，最终与南部的卡拉奇及瓜达尔港连接起来。M4 高速公路绍尔果德—哈内瓦尔段项目的重要意义不仅在于其将打通贯穿巴基斯坦南北高速公路的缺失路段、将南北地区连接起来、不断缩小南北地区之间的差距，同时对于畅通从中国喀什到巴基斯坦西南部的瓜达尔港的交通大动脉也至关重要，带动区域和次区域合作，惠及区域内外的其他国家，奠定了中国与南亚互联互通的格局，对区域经济协同发展具有试验和示范作用。

3.4　典型案例——白沙瓦至卡拉奇高速公路

3.4.1　白沙瓦至卡拉奇高速公路概况

白沙瓦至卡拉奇高速公路全长 1152km，项目沿线地区 GDP 占巴基斯坦 GDP 总量 90%以上，人口达 1.38 亿，项目总合同金额 28.9 亿美元，是"中巴铁路沿线"的最大交通基础设施项目，建成后将成为连接巴基斯坦南北的经济大动脉和国防要道，也是中巴铁路沿线的重要组成部分。白沙瓦至卡拉奇高速公路项目中，白沙瓦至拉合尔段与卡拉奇至海德拉巴段为已建成高速公路，其他路段均为规划内路段(图 3-20)。

作为中巴铁路沿线三大旗舰项目之一，白沙瓦至卡拉奇高速公路建成后将连接巴基斯坦最大港口城市卡拉奇和西北边境重镇白沙瓦，并将成为中巴铁路沿线重要组成部分，也将为中巴互联互通发挥积极作用，成为连接中国和中亚国家通往卡拉奇和瓜达尔港的交通干线，促进人口便捷流动。同时，随着今后的延伸拓展，它还能将巴基斯坦与中国、阿富汗、伊朗等周边国家连接起来，从而促进本地区的繁荣与发展。巴基斯坦"2025 发展愿景"指出，交通不畅导致的经济损失占整个国家 GDP 总量的 7%，白沙瓦至卡拉奇高速公路的建成将极大地提升交通效率和区域互联互通，为促进巴基斯坦对外贸易发展铺平道路。

3.4.2　对生态环境的影响

1. 白沙瓦至卡拉奇高速公路沿线生态环境状况影响监测

植被覆盖度是遥感科学领域内具有重要生态指示意义的参数之一，对植被长势以及生物多样性具有显著关联性。基于 Landsat-8 卫星遥感影像，提取白沙瓦至卡拉

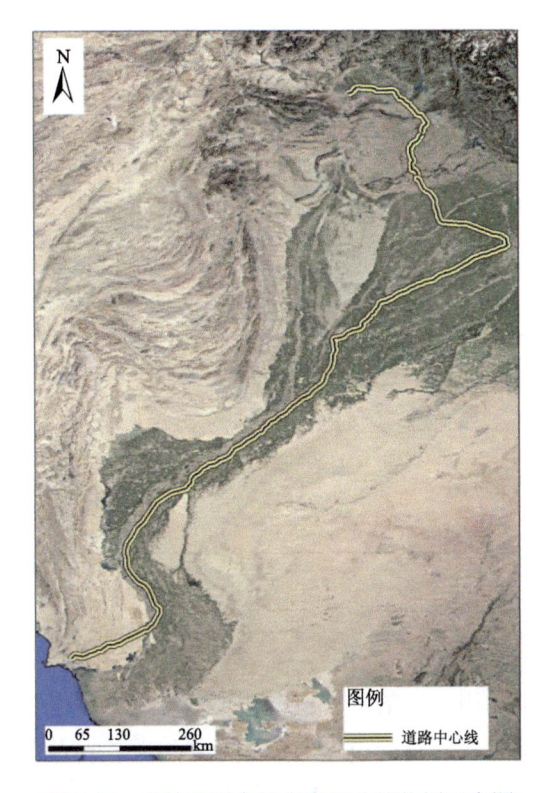

图 3-20 白沙瓦至卡拉奇高速公路位置示意图

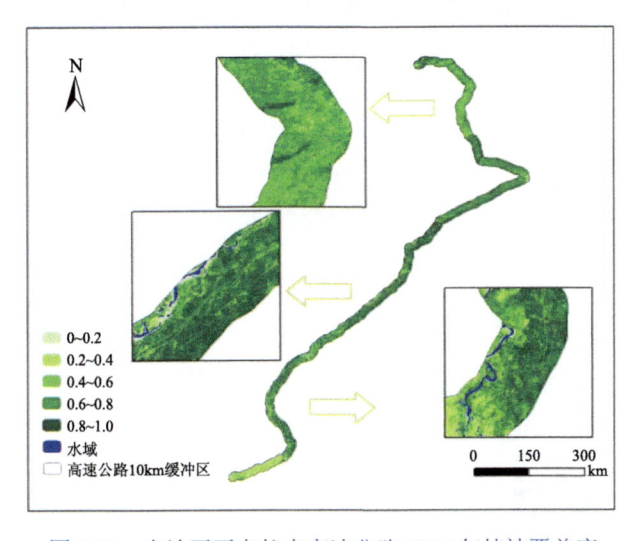

图 3-21 白沙瓦至卡拉奇高速公路 2017 年植被覆盖度

奇高速公路沿线 10km 缓冲区内 2017 年的植被覆盖度，结果表明白沙瓦至卡拉奇高速公路沿线 10km 缓冲区内的自然环境状况基本良好，植被覆盖度数值整体较高（图3-21）。以白沙瓦至卡拉奇高速公路 10km 缓冲区为区域总面积，分析不同植被覆盖度的面积占比，如表 3-6 所示。植被覆盖度占比最大的区间是 0.6~0.8，面积为 20758.91km²，占比为 62.31%；其次是 0.4~0.6，区域面积为 11209.52km²，占比为 33.65%。植被覆盖度大于 0.4 的总面积为 32432.28km²，占比为 97.35%。

表3-6　不同植被覆盖度的面积及其占比

植被覆盖度	面积/km²	占比/%
0~0.2	68.12	0.20
0.2~0.4	813.67	2.44
0.4~0.6	11209.52	33.65
0.6~0.8	20758.91	62.31
0.8~1.0	463.85	1.39

2. 白沙瓦至卡拉奇高速公路沿线生态资源占用与损失

任何工程都难免占用一定的生态资源，造成一定的生态损失。为定量化了解白沙瓦至卡拉奇高速公路建设而占用的当地生态资源，以及造成的直接与间接生态损失，本书根据0.5m 高分辨率卫星影像和 Landsat 遥感影像（空间分辨为 30m），解译白沙瓦至卡拉奇高速公路沿线 10km 缓冲区内的 2015 年（工程开工前）的生态资源分布状况，为便于估算主要生态资源损失，30m 尺度上生态资源类型划分为水域、林地、草地、耕地以及其他用地，解译结果如图 3-22 所示，然后基于白沙

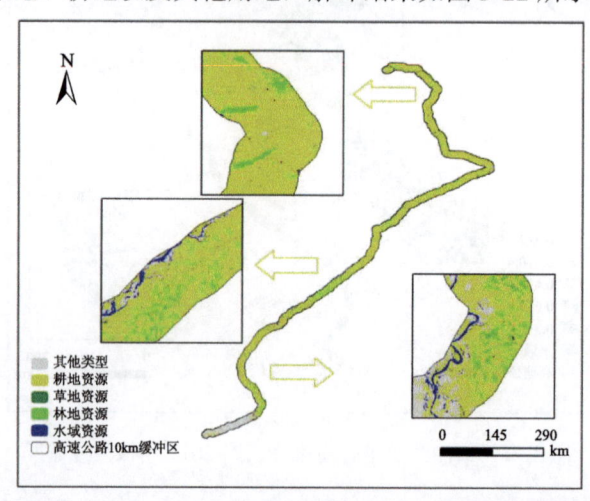

图 3-22　白沙瓦至卡拉奇高速公路 2015 年生态资源分布图

瓦至卡拉奇高速公路路基宽度及施工范围宽度估算白沙瓦至卡拉奇高速公路建设占用的生态资源，以及造成的直接与间接生态损失。

白沙瓦至卡拉奇高速公路开工前，公路沿线主要生态资源类型为耕地，其次为其他用地，位居第三的是林地，三者在空间上呈现交错分布的状态，面积分别为 34625.33km^2、7744.30km^2、1401.66km^2，分别占缓冲区内总面积的 78.89%、17.64% 和 3.19%；草地资源分布较少，面积仅有 120.48km^2，占缓冲区内总面积的 0.27%（表 3-7）。

表 3-7　白沙瓦至卡拉奇高速公路沿线 10km 缓冲区内的 2015 年生态资源面积及其占比

生态资源类型	面积/km^2	占比/%
耕地	34625.33	78.89
林地	1401.66	3.19
草地	120.48	0.27
其他用地	7744.30	17.64

基于 0.5m 高分辨率卫星影像选取 580 个采样点，测得白沙瓦至卡拉奇高速公路平均路基宽度约为 35m，施工范围宽度约为 92m。据此估算白沙瓦至卡拉奇高速公路建设对当地生态资源的占用情况（表 3-8）。路基占用的资源即为永久性生态损失，是无法修复的损失；除路基占用以外的施工占用即为临时性生态损失，完工后这一部分生态损失是可以修复的。因此，白沙瓦至卡拉奇高速公路建设共造成草地资源永久性生态损失面积约 0.48km^2，仅占 10km 缓冲区内草地资源总面积的 0.40%；造成林地资源永久性生态损失面积约 4.65km^2，仅占 10km 缓冲区内林地资源总面积的 0.33%；造成耕地资源永久性生态损失面积约 121.10km^2，仅占 10km 缓冲区内耕地资源总面积的 0.35%。三类资源中，耕地资源的永久性生态损失面积最大，草地资源的永久性生态损失占比最小，但二者的占比均不足 0.5%。因此白沙瓦至卡拉奇高速公路建设对当地自然生态环境的影响极小，没有对当地自然生态环境整体格局造成破坏性扰动。

表 3-8　白沙瓦至卡拉奇高速公路路基和施工占用不同生态资源明细

类型	路基占用情况 面积/km^2	路基占用情况 占比/%	施工占用情况 面积/km^2	施工占用情况 占比/%	临时性生态损失 面积/km^2	临时性生态损失 占比/%
草地资源	0.48	0.40	1.42	1.18	0.94	0.78
林地资源	4.65	0.33	19.10	1.36	14.45	1.01
耕地资源	121.10	0.35	454.78	1.31	336.68	0.96

3. 白沙瓦至卡拉奇高速公路沿线生态环境保护措施监测

白沙瓦至卡拉奇高速公路在方案设计和施工过程中十分注重对动物、植物、水系等方面的生态风险防范。公路沿线附近共有 12 个国家公园/保护区，为减少对其生态环境的影响，在路线选址设计时全部绕开了，仅从其外围通过（图 3-23）。

白沙瓦至卡拉奇高速公路跨越的水系主要是印度河的支流，进而保证了水系的完整性，设计上会修建相应的桥梁和涵洞，保障水系完整畅通及水生动物的自如迁徙。

巴基斯坦苏库尔—雅各布阿巴德公路修复工程，道路长 65km，项目 2011 年开始，由于项目期间道路设计发生变化，原本 2013 年项目完工，推迟到 2014 年 9 月项目结束，由土耳其 Limak Insaat Sanayi Ve Ticaret A.S.等外国合资公司承建。如图 3-24 所示，项目期间经过了塔尔野生动物保护区以及印度河动物保护区等，5km 缓冲区又经过了 Dosu 森林动物保护区。对比中国企业承建公路项目更加注重对野生动植物、保护区的生态防范风险，如 M4 高速公路绍尔果德—哈内瓦尔段和白沙瓦至卡拉奇高速公路在路线设计时全部绕开，没有通过动植物保护区。

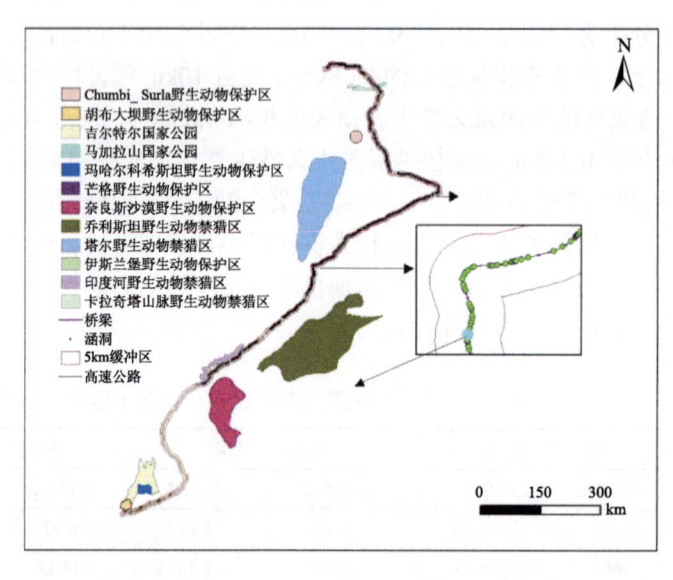

图 3-23　白沙瓦至卡拉奇高速公路沿线的国家公园或保护区

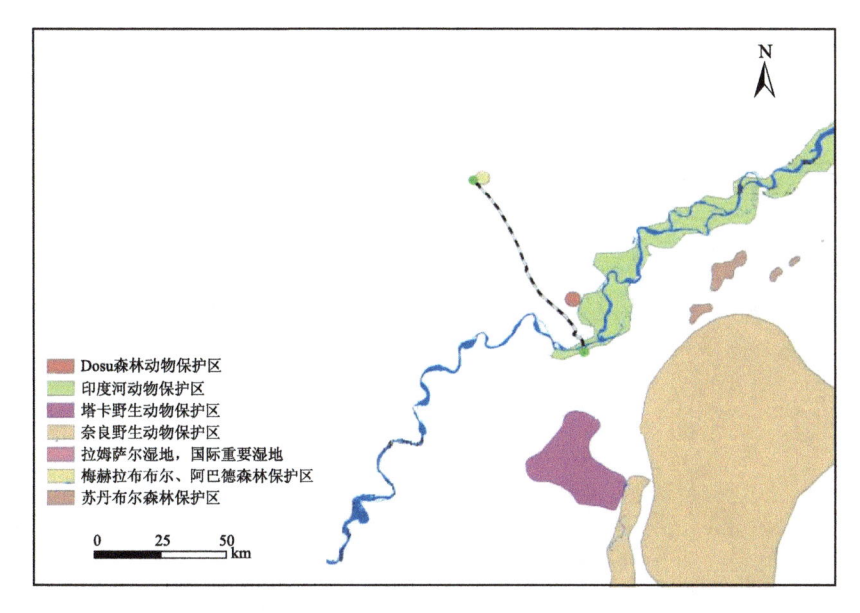

图 3-24　巴基斯坦苏库尔—雅各布阿巴德高速公路沿线的国家公园或保护区

3.4.3　对经济的影响

1. 白沙瓦至卡拉奇高速公路沿线拆迁与新建住宅

基于 0.5m 高分辨率卫星影像解译铁路建设造成的拆迁范围，白沙瓦至卡拉奇高速公路建设共造成住宅用地拆迁面积约 5km^2，拆迁人口不足 2000 人。白沙瓦至卡拉奇高速公路建设前后住宅用地及其周边土地利用变化的对比图直观地表现了高速公路建设对当地居民生活的扰动影响较小（图 3-25）。截至 2017 年 9 月，通过卫星遥感监测手段可知，因高速公路建设而明显拆迁变化的住宅区不明显。由 3.4.2 节也可看出，白沙瓦至卡拉奇高速公路所经大部分是偏远地区，且沿线大部分都是耕地与林地资源，经过居民区时也会尽量绕开，对住宅用地的影响不大。

2. 白沙瓦至卡拉奇高速公路 10km 缓冲区灯光指数

夜间灯光指数和经济发展程度具有极大相关性，是遥感科学领域度量社会经济发展水平的重要指标之一。白沙瓦至卡拉奇高速公路沿线的灯光指数普遍较低，为 0~0.5，灯光指数较高的地区出现在高速公路沿线的 3 个标段首尾：白沙瓦、拉合尔、阿卜杜勒·哈基姆、苏库尔和卡拉奇。一般认为灯光指数大于 7 的区域是经济高度发展区。2015 年 9 月白沙瓦至卡拉奇高速公路 10km 缓冲区内灯光指数高于 7 的面积为 1276.23km^2，2017 年 9 月这一面积增加至 1629.59km^2，增幅为

(a) 建设前(2015年)　　　　　　　　　　(b) 建设后(2017年)

图 3-25　公路建设前后居住用地变化情况

27.69%，平均每年增加 176.68km^2，而 2013～2015 年的年平均增量为 53.63km^2。从灯光指数增率的角度分析，白沙瓦至卡拉奇高速公路 10km 缓冲区，增率大于 0 的区域主要分布在 3 个标段的首尾，如图 3-26 所示；2015～2017 年（白沙瓦至卡拉奇高速公路建设后）灯光指数增率大于 0 的年均面积均大于 2013～2015 年（白沙瓦至卡拉奇高速公路建设前），如表 3-9 所示，说明白沙瓦至卡拉奇高速公路开始建设后，公路沿线的灯光指数增长的规模呈现快速增加的趋势。灯光指数增率小于等于 0 说明该地区的经济发展减速或停滞，2015～2017 年（白沙瓦至卡拉奇高速公路动工后），灯光指数增率小于 0 的地区规模大幅度减少，而灯光指数增率区间在 0～50%内的规模最大，年均面积为 8001.84km^2，占年均灯光指数增加规模的 82.54%；灯光指数增率区间在 50%～100%的规模次之，年均面积为 1144.48 km^2，占年均灯光指数增加规模的 11.8%。以上分析表明该区域的社会经济存在快速发展以及遏制衰退的趋势，且与白沙瓦至卡拉奇高速公路的建设具有密切关系。

表 3-9 白沙瓦至卡拉奇高速公路建设前后不同灯光指数增长率区间的年均面积

年均面积/km²	灯光指数增长率/%						
	<−50	−50～0	0	0～50	50～100	100～150	>150
2015～2017 年	14.17	1187.38	11041.44	8001.84	1144.48	326.44	221.81
2013～2015 年	56.47	3964.90	14035.50	3394.58	316.33	73.06	97.35

3.4.4 互联互通能力的提升

白沙瓦至卡拉奇高速公路沿线地区 GDP 占巴基斯坦总量的 90%以上，人口达 1.38 亿。白沙瓦至卡拉奇高速公路的建设将完善巴基斯坦的高速公路网，加强沿线 20 个巴基斯坦主要城市间的沟通与联系，带动沿线中小城市的经济发展，缓解国道 N55、N5 的交通压力，提高南北向道路的通行能力，公路的建成将大大缩短客运时间，缩短货物运输周期，提高行车安全，节约出行成本。不仅仅是对现有运输体系的弥补，也将成为未来综合运输体系中的主力。

白沙瓦至卡拉奇高速公路的建成，将带动沿线地区经济的发展，增加沿线居民就业机会，增加居民的收入，改善人民的生活，将使数以亿计的人们直接或间接受益。

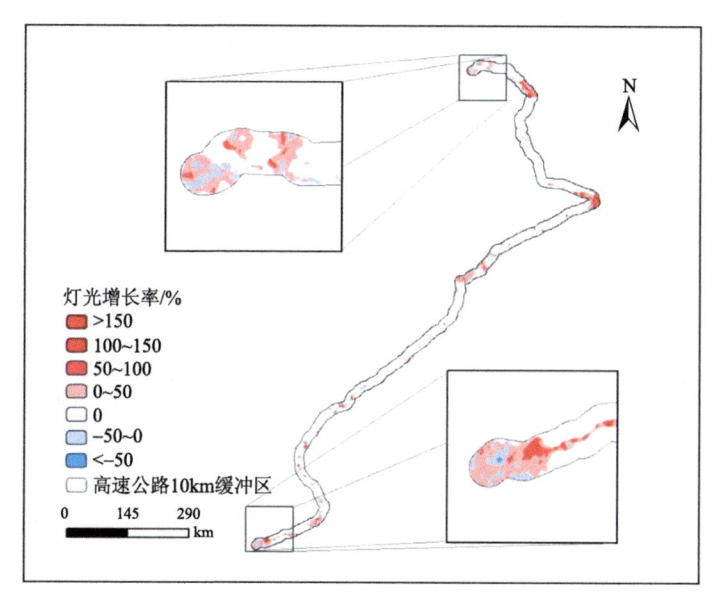

图 3-26 2015 年 9 月至 2017 年 9 月白卡高速公路 10km 缓冲区内灯光指数增量分布

公路建设分为 3 个标段，沿线分别经过海德拉巴、苏库尔、木尔坦、阿卜杜勒·哈基姆和拉合尔 5 个主要城市。卡拉奇到它们的距离分别为 136km、486km、879km、922km、1152km。

白沙瓦至卡拉奇高速公路修建前，卡拉奇到白沙瓦总用时约 8h 44min，中间沿途的 5 个标段城市用时分别为：海德拉巴 51min、苏库尔 2h 51min、木尔坦 5h 58min、阿卜杜勒·哈基姆 6h 23min、拉合尔 7h 55min。建成之后，卡拉奇到白沙瓦总用时约 8h 11min，海德拉巴 51min、苏库尔 2h 36min、木尔坦 4h 55min、阿卜杜勒·哈基姆 5h 23min、拉合尔 6h 55min。虽然从卡拉奇到沿线城市的时间成本降低不多，如到海德拉巴的时间与原来一致，是因为 M9 公路已连接卡拉奇与海德拉巴，并于 2015 年将 4 车道动工扩宽为 6 车道；此外还有 M1、M2 公路连接白沙瓦至拉合尔。白沙瓦至卡拉奇高速公路对区域互联互通主要体现在三个标段的沿线地区，更大大缓解了 N55、N5 国道的交通压力（图 3-27）。

如表 3-10 所示，依据道路等级的时速标准，计算出各级道路相应时间成本，计算卡拉奇到各个城市节点的累积时间成本距离。

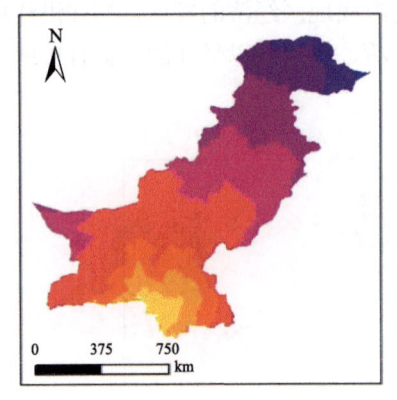

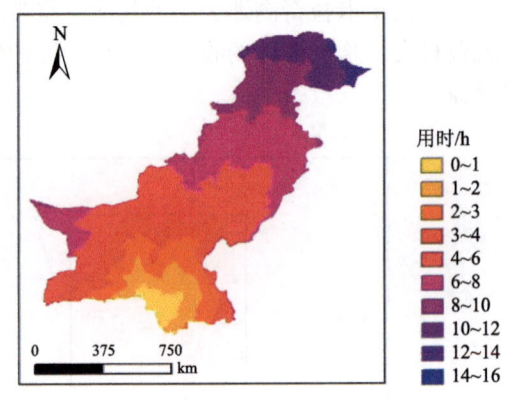

图 3-27　白沙瓦高速公路修通前后卡拉奇到全国各地用时分布图

表 3-10　各级道路时速与时间成本

道路级别	速度/(km/h)	每千米时间成本/min
原普通铁路	80	0.75
高速公路/快速公路	80	0.75
主干道路/城市快速路	80	0.75
主要道路	60	1.0
次要道路	50	1.2
普通街道	40	1.5
其余等级道路	30	2.0

3.4.5 助力巴基斯坦实现联合国 2030 年可持续发展目标

白沙瓦至卡拉奇高速公路建设对大力推动巴基斯坦增加就业、改善民生、发展经济、保护环境等方面具有重大意义，对助力巴基斯坦实现联合国 2030 年可持续发展目标具有重要的现实意义。白沙瓦至卡拉奇高速公路项目共涵盖了联合国可持续发展目标(共 17 项)中的 12 项，下面列举 12 项目标中的 5 项。

1. 消除贫困、消除饥饿、体面工作和经济增长

中巴铁路沿线项目下最大的基础设施项目白沙瓦至卡拉奇高速公路涉及总金额 28.9 亿美元。有关报告显示，中巴铁路沿线预计将为巴基斯坦带来超过 200 万个直接或间接就业机会，间接就业机会主要集中在为中巴铁路沿线提供支持服务的供应链部门和服务部门。之前巴基斯坦经济增长速度较为缓慢，在 2%～3%，但随着中巴铁路沿线的拉动，2016 年巴基斯坦 GDP 增长率已经达到了 4.7%，并将推动巴基斯坦 GDP 增长速度在现有的 5%基础上增长至 7.5%。

巴基斯坦巴中学会和特许公认会计师公会的研究报告指出，自 2015 年中巴铁路沿线正式实施以来，中巴铁路沿线已为巴基斯坦创造了约 6 万个就业岗位，其中白沙瓦至卡拉奇高速公路项目超过 60%的工程师是巴基斯坦人员，中国技术工人和当地人员的比例为 1∶15 左右，苏木段项目就为沿线地区提供 2.2 万个就业岗位。白沙瓦至卡拉奇高速公路沿线有很多农村，以前很多人都没有工作和固定收入，现在附近村子的劳动力大都到白沙瓦至卡拉奇高速公路项目上工作，在中方员工指导下，他们已熟练掌握了不少实用技术。

因此，白沙瓦至卡拉奇高速公路项目在帮助巴基斯坦消除贫困、增加就业、获得体面工作和促进经济增长等联合国 2030 年目标方面具有重要贡献。

2. 良好健康与福祉

白沙瓦至卡拉奇高速公路建设除了为当地提供大量就业岗位、拉动经济快速增长之外，还有效改善了当地人民的生活条件，带来了巨大福祉。

以白沙瓦至卡拉奇高速公路苏库尔至木尔坦段(苏木段)为例，苏木段高速公路建成前，从木尔坦到苏库尔约 400km 的路程需要开车 8 个小时；要是遇到堵车，改走施工便道要花 12 个小时，还要担心山体滑坡等自然灾害。苏木段高速公路建成后，来往两地只需 4 个多小时，不仅两地交通时间成本大大下降，而且人们不用再受颠簸之苦，出行也更为安全；此外还可大幅减少两地物流的时间成本，节约了经济成本，这对降低当地的物价水平具有重要意义，直接造福当地人民。项目对当地民生的辐射效应也在凸显。许多巴基斯坦人在工地附近开起了小店，

每月收入比过去多了一倍。

高速公路沿线地区的治安和社会秩序都有了提升，这使当地居民松了一口气，正是由于整个公路沿线的安保人员时常巡逻，当地的犯罪率极大地减小。

3. 优质教育

白沙瓦至卡拉奇高速公路项目部一直致力于培训和引进巴基斯坦员工，并不断提升巴方管理人员的层次。由于巴基斯坦路面沥青基层摊铺专业工程师、拌和站工作人员及机械操作手等专业人员数量不足且技术能力有限，加上巴基斯坦安全形势严峻，给试验段施工造成了一定的难度。为此，项目部提前做好巴方人员培训工作：一方面及时引进国内专业人才与巴方工程师进行技术交流，同时对拌和站工作人员及机械操作手进行实践和安全方面培训；另一方面提前与军方沟通，做好应急训练，并充分配备试验段现场安保力量，给现场施工的顺利进行和人员安全提供有效保障。此外，针对不同的工作有不同的培训内容，体现了"授人以渔"的共赢理念。

4. 清洁饮水与卫生防护

白沙瓦至卡拉奇高速公路项目部还在当地不断开展各类慈善活动，帮助当地百姓解决实际问题。中国建筑巴基斯坦白沙瓦至卡拉奇高速公路工程建设团队（第2标段）在沿线村落开展了两场义诊活动，为904名巴基斯坦村民送去关怀。2017年9月13日，项目部联合苏库尔市科德吉县政府公立医疗机构，带领医疗团队抵达第一站——Jam Mohammad Ali Lakhan 村。随行医护人员通过悬挂横幅、口头讲解等方式向村民讲解健康常识，为村民们检查了血压、心跳状况等。项目人员逐一登记求医村民信息，并协助发放药物。此次义诊活动为386名村民进行了免费体检，发放约500盒各类药品。9月16日，义诊团队来到第二站——Village Jahanpur 村，为518名村民进行了免费体检，发放超过1000盒各类药品。两次义诊活动惠及巴基斯坦当地904名村民，受到当地政府和普通民众的欢迎。此外，项目不同的分部为当地的村民也建立了免费的医疗营。

5. 产业、创新和基础设施

在白沙瓦至卡拉奇高速公路工程项目设计阶段，项目组综合考虑当地地质水文、自然环境、文化遗迹、农业生产、基础设施等各种因素，同时听取当地百姓的意见建议，确保项目设计的科学性、先进性。

针对当地农业严重依赖灌溉的情况，项目设计时注重保护并改造提升当地的灌溉系统，在全线规划管涵860道，总长超过4万m，切实保障了当地农民的利益和农业用水安全。

针对项目线路位于印度河东岸、水文地质较为复杂的情况，项目组确定了对应的设计规格，即沿线路基平均高度约5m，部分路段高达13m，可抵御印度河百年一遇的洪水，使这条路同时还具备了防洪功能。

第 4 章

港　口

　　港口是水陆交通的集结点和枢纽。港口建设会显著促进地区的社会经济发展，也会对当地生态环境产生一定的影响。本章通过网络爬虫技术收录我国投资、承建和收购的境外港口，分析境外港口的分布格局和发展态势；采用时序遥感技术，监测和分析我国承建的典型境外港口的建设进度、生态环境影响和社会经济影响。主要结果如下：

　　(1) 通过网络爬虫技术，本章收录我国投资、承建和收购的境外港口 101 个，分别位于 64 个国家，大多数属于发展中国家(欠发达国家)，其中沙特阿拉伯与巴拿马数量最多，数量各为 4 个。编制境外港口项目名录。

　　(2) 收录的我国境外港口涵盖承建、收购、投资、援建和租赁五大合作方式，其中承建的港口项目有 55 个，数量最多；收购项目有 14 个；投资建设的港口有 21 个；援建的港口项目 6 个；租赁港口项目有 5 个。

　　(3) 自 2008 年以来，收录的中国境外建设的港口数目增长迅速，并呈现逐年增长的态势。2013 年后，增长速度加快。亚投行助力了港口项目的建设，项目主要集中在亚洲、非洲、欧洲与南美洲地区，以发展中国家与最不发达国家为主。

　　(4) 对典型境外港口汉班托塔港进行遥感监测，结果表明，该港口建设以园地占用为主，未占用大量耕地和住宅用地，对当地人民生活影响较小；港口建设对生态环境影响小，永久生态占用面积小；港口建设极大地提升了当地的道路水平，促进当地的经济发展。

　　港口是海上运输通道中关键的战略性基础设施，是促进国家对外开放、加强各国之间经济贸易往来的重要节点。港口是货物通过水路进出的连接通道和运输方式的转换点，具有资源配置功能，能吸引国内外大型企业在港区后方陆域配置资源，形成国际性、区域性加工基地和物流配送中心。

港口设施的匮乏和落后是限制发展中国家发展的重要因素之一。一方面，由于资金匮乏，广大发展中国家港口数目较少；另一方面，发展中国家的众多港口由于年久失修，港口的年吞吐量、最大可停靠船舶能力等较低，越来越难以满足日益增长的贸易需求。此外，许多港口企业是在传统体制下发展起来的，仍停留在装卸、仓储、运输上，很少有企业能提供综合性的物流服务，物流的精细化组织与管理能力都不足，基础设施相对薄弱，亟须改造升级，并且很多港口面临污染或破坏等问题，推进港口提高综合运输能力、扩大承载量、发展绿色港口成为重点任务(陆梦秋等，2018)。

而中国港口已经领先世界，在2018年全球港口排名前十中，有七个是中国港口。中国港口企业的技术水平过硬，工作效率高，在项目建设中能保证工程质量，提高效率，因而许多国家愿意选择与中国港口企业合作。通过港口项目合作，可以学习其他企业先进的管理模式和经验，促进本国企业的发展和管理水平的提高。例如，瓜达尔港是中巴合作的重点工程，项目分两个阶段完成。建设完成后，成功地将该地区从一个普通的渔村改造成了拥有3个2万吨级泊位的大港口，为该地区引进先进港口技术与管理经验，拉动了当地的就业，并极大地提高了其经济发展水平。并且，该港口的建设从一开始就处理好了发展与环境之间的平衡关系，要求企业通过巴方的环境测评，并在生产全程中按高标准采取减排措施，以保证项目建设不会对该地区环境产生不良影响。

自2013年以来，中国承建与投资了众多的境外港口，使得中国建造走出了国门，也使得中国企业的实力不断地提高。通过发挥我国港口建设的经验优势，推动海上丝绸之路沿线国家港口的基础设施不断完善，帮助东道国发展临港产业和腹地经济，实现港口大型化、现代化的发展。中国港口建设项目有效地拉动了东道国的投资与就业，加强了国家之间的互联互通性，实现了经济共荣与贸易互补，同时树立了中国的大国形象，扩大了中国在该地区的影响力。

4.1 分布格局

4.1.1 各大洲及地区的分布情况

截至2019年12月，本书收录的我国企业参与投资或承建等的境外港口项目已达101个，并且大多数港口类型为商业港口。按照项目合作方式可分为五类，其中承建的港口项目有55个，收购项目有14个，投资建设的港口项目有21个，援建的港口项目6个，租赁港口项目有5个。这些港口分布于全球各大洲及地区，亚洲地区中国建设的境外港口项目最多，高达 37 个，占总数的 36.6%，其中东南亚地区数量较多，项目数量为 16 个。非洲次之，港口项目数量为 33 个，占总数的 32.7%，其中西非地区有 12 个中国建设的港口项目。而东非、中非、南非和北非分别有 11 个、5 个、1 个、4 个，东亚、西亚和南亚地区项目数量分别是 2 个、12 个、7 个，其他地区港口项目数量依次为：欧洲 11 个、南美洲 9 个、北美洲 6 个及大洋洲 5 个。21 世纪海上丝绸之路港口项目在各大洲及地区分布如图 4-1 所示。

4.1.2 不同类型国家的分布情况

本书收录的 101 个中国境外港口项目分别来自世界 64 个国家。其中属于最不发达国家的港口项目数量为 27 个，主要位于安哥拉、缅甸、吉布提、几内亚、柬埔寨、毛里塔尼亚、莫桑比克、坦桑尼亚等 17 个国家；属于新兴经济体的港口项目数量为 18 个，主要位于埃及、巴基斯坦、巴西、菲律宾、俄罗斯、尼日利亚等 12 个国家；属于发展中国家（欠发达国家）的港口项目数量为 43 个，主要位于巴拿马、沙特阿拉伯、阿联酋、马来西亚、斯里兰卡、肯尼亚、巴布亚新几内亚、朝鲜、委内瑞拉、乌克兰等 25 个国家；属于发达国家的港口项目数量为 13 个，主要位于澳大利亚、美国、意大利、法国、比利时等 10 个国家。具体分布情况如图 4-2、图 4-3 所示。

4.1.3 各类型港口项目的分布情况

1. 承建港口项目分布情况

随着海上丝绸之路建设的推进，沿线国家的海上贸易不断扩展，各国之间的合作也日趋频繁。截至 2019 年 12 月，中国承建的境外港口项目已达 55 个，这些港口分布于东南亚（东帝汶、马来西亚、越南、缅甸、菲律宾、柬埔寨），南亚（巴基斯坦、孟加拉国、印度），西亚（以色列、卡塔尔、沙特阿拉伯、也门、阿联酋），东欧（拉脱维亚、乌克兰），北非（埃及、苏丹），东非（马达加斯加、肯尼亚、吉布提、坦桑尼亚、莫桑比克、厄立特里亚），中非（刚果（布）、刚果（金）、赤道几内亚、圣多美和普林西比），南非（纳米比亚），西非（安哥拉、尼日利亚、科特迪瓦、几内亚、加纳），大洋洲（巴布亚新几内亚），北美洲（墨西哥、巴哈马）和南美洲（委内瑞拉、巴拿马、厄瓜多尔、智利、巴拿马）12 个地区，其中东南亚 6 个港口，南亚 3 个、西亚 10 个、北非 2 个、东非 9 个、中非 4 个、南非 1 个、西非 7 个、东欧 3 个、大洋洲 2 个、北美洲 2 个、南美洲 6 个，主要分布在发展中与最不发达等一些基础设施建设相对薄弱的国家。中国承建了众多的境外港口，使得中国

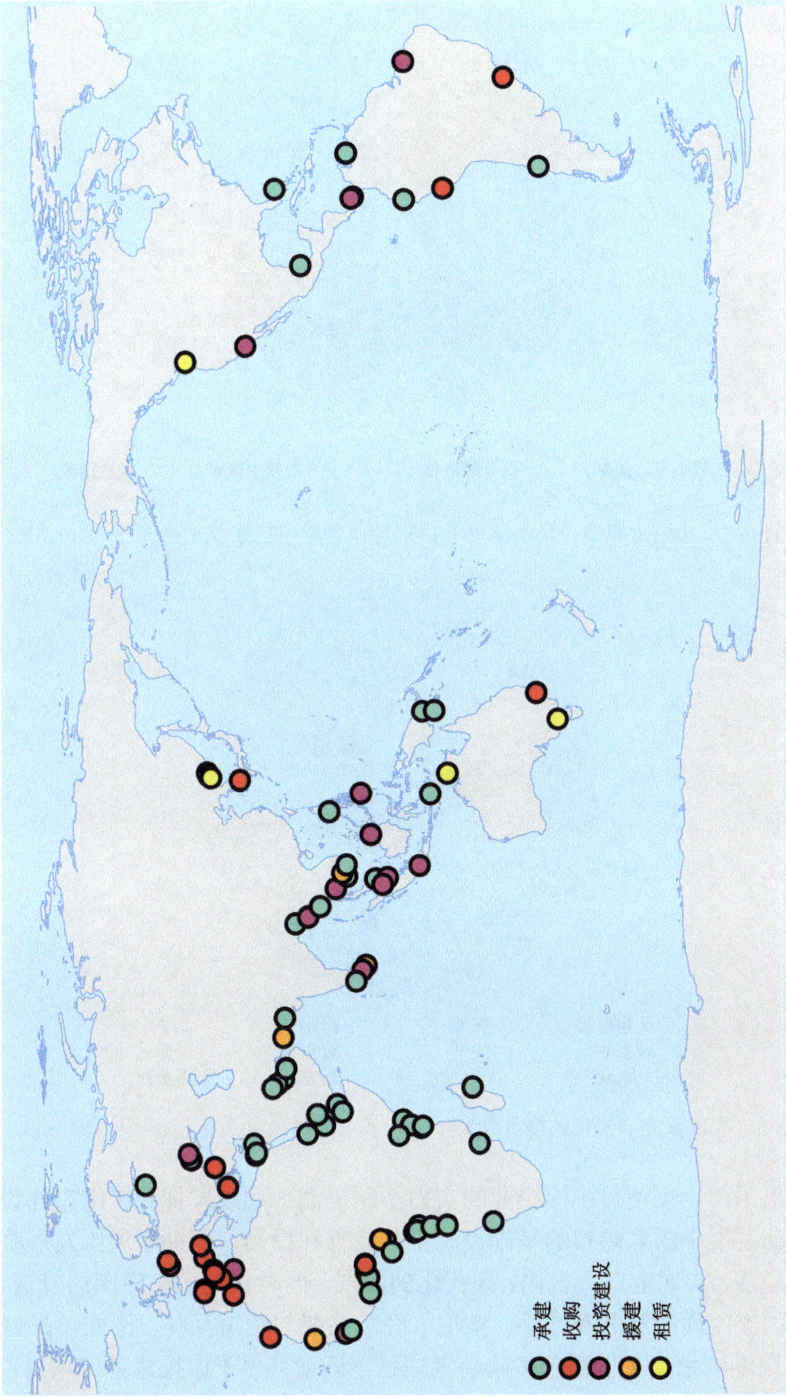

图 4-1 我国 21 世纪海上丝绸之路港口项目在各大洲及地区分布图（数据资料截至 2019 年 12 月 30 日）

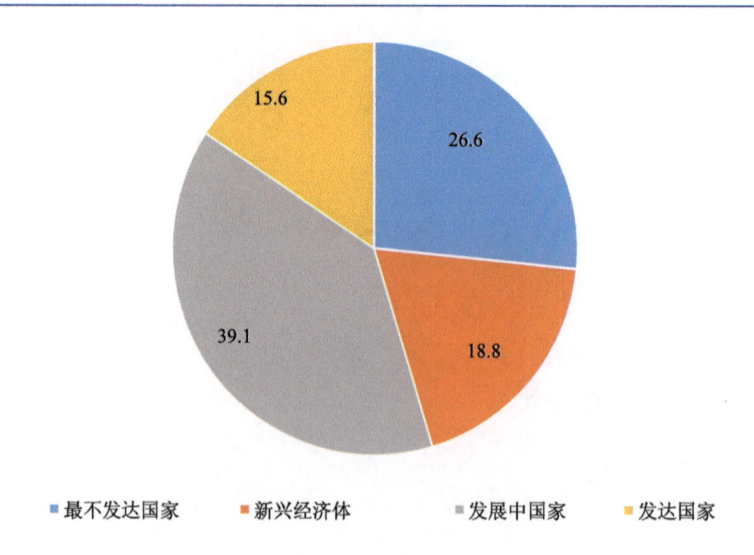

图 4-2 我国承建或投资的境外港口项目在各类型国家分布占比图(单位：%)

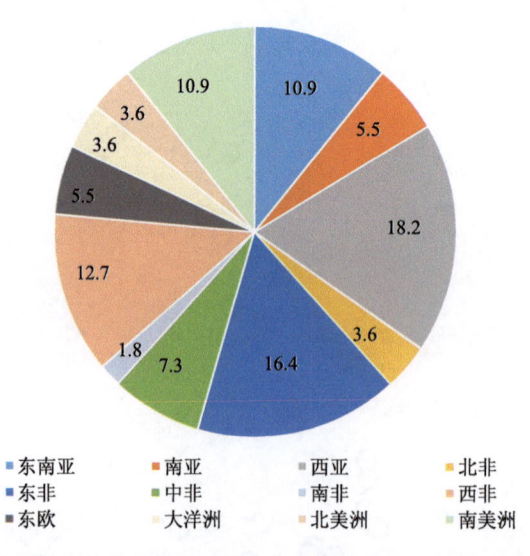

图 4-3 我国承建或投资的境外港口项目在各大洲及地区数量分布占比图(单位：%)

建造走出国门，也使得中国企业的实力不断提高。通过发挥我国港口建设的经验优势推动发展中国家港口的基础设施不断完善和提高，帮助东道国发展临港产业和腹地经济，实现港口大型化、现代化的发展，同时拉动了东道国的投资与就业，加强了国家之间的互联互通性，实现了经济共荣与贸易互补。例如，在 2011 年 1 月，中国港湾承建了卡塔尔多哈新港项目，该项目属于内挖式港口项目，主要包括综合集装箱码头、通用码头、件杂货码头、车辆滚装码头、面粉码头、牲畜码头、海岸警卫队码头和游轮码头等。该项目采用了多项新技术和新工艺，在技术创新和新材料的应用方面取得非凡的成绩，是中卡两国政府开辟经济合作领域具有里程碑意义的特级项目。该工程的建成，对于发展卡塔尔经济、提升当地交通运输能力，以及提高卡塔尔与周边各国的贸易竞争力具有重要意义。

本书收录的 55 个承建型的境外港口项目包括：刚果(布)黑角新港项目、安哥拉洛比托港扩建项目、尼日利亚拉各斯莱基深水港一期项目、马达加斯加塔马塔夫深水港项目、以色列阿什杜德南港口建设项目、东帝汶比亚佐港口项目、科特迪瓦阿比让港扩建项目、卡塔尔多哈新港一期码头项目、几内亚科纳克里港东区扩建项目、安哥拉卡宾达卡约港项目、圣多美岛深水港一期工程、沙特扎瓦尔港土建及机电工程、委内瑞拉卡贝略港新集装箱码头项目一期工程、沙特吉赞 JIGCC 取排水口项目、也门亚丁湾与摩卡集装箱码头扩建项目、肯尼亚拉姆港 1-3 号泊位工程项目、加纳特马港新集装箱码头项目、委内瑞拉莫隆港石化码头项目、吉布提多哈雷多功能港口一期工程、肯尼亚蒙巴萨港新建 KOT 项目、沙特吉赞经济城疏浚回填工程、纳米比亚沃尔维斯湾集装箱码头扩建工程、马来西亚关丹深水港码头项目、赤道几内亚巴塔港改扩建工程项目、巴布亚新几内亚莱城港潮汐码头项目、沙特达曼港第二集装箱码头一期工程、阿布扎比哈里发港二期工程堆场自动化码头总承包项目、巴拿马阿马多尔邮轮码头项目、越南西贡国际码头工程、巴基斯坦卡西姆港 QICT 二号集装箱码头建设项目、坦桑尼亚达累斯萨拉姆港 1-7 号泊位升级改造项目、巴布亚新几内亚莫尔兹比港 BARUNI 道路改造项目、莫桑比克贝拉渔码头重建工程、拉脱维亚里加港煤炭码头项目、厄瓜多尔波索尔哈深水港项目、迪拉瓦港油库 EPC 总承包项目、肯尼亚蒙巴萨港 19 号泊位项目、乌克兰敖德萨州南方港粮食码头航道疏浚工程项目、阿联酋阿布扎比哈里发港场站项目一期工程、刚果(金)马塔迪莫本谷(MBENGU)国际港口一期工程、孟加拉国吉大港新锚地集装箱码头项目、安哥拉渔港项目码头及疏浚工程、墨西哥图斯潘港 LA GUADALUPANA 集装箱码头项目、智利圣安东尼奥码头扩建项目、巴哈马北阿巴科岛优贷新建港口项目、莫桑比克贝拉港疏浚项目、阿联酋阿布扎比卡奈依岛码头及防波堤工程、乌克兰伊利乔夫斯克港进港航道疏浚项目(乌克兰黑海港)、菲律宾马尼拉港集装箱 7 号泊位堆场(南)扩建工程、印度维津詹姆(Vizhinjam)港自动化码头总承包项目、塞德东港集装箱码头二期项目、厄立特里亚马萨瓦新海港项目、苏丹港牲畜码头一期工程、巴拿马巴尔博亚港集装箱三期-码头面板及疏浚项目、柬埔寨贡布港 20000t 码头港池及航道疏浚项目。

2. 收购港口项目分布情况

中资企业通过兼并收购、特许经营、合资合作等多种形式加强了对境外港口

境外工程地球大数据监测与分析

的投资布局,为促进全球设施的互联互通做出了贡献。截至2019年年底,本书收录的我国在境外收购的港口项目数量为14个,这些港口分布于西亚(土耳其)、东亚(韩国)、东非(吉布提)、西非(尼日利亚)、南欧(希腊、西班牙、意大利)、西欧(法国、荷兰、比利时)、大洋洲(澳大利亚)和南美洲地区(巴拿马、巴西、秘鲁)8个地区,其中西亚1个、东亚1个、东非1个、西非1个、南欧3个、西欧3个、大洋洲1个和南美洲3个,主要分布在欧洲的一些发达国家。中国并购一些西方现代化港口,有利于与发达国家加强合作,实现强强联合,同时开拓境外新航线;有利于中国企业学习其他国家企业的优点,提升中企建设境外港口的质量,为企业发展创造良好的前景(图4-4)。例如,2017年9月11日,中远海运港口以最高总代价(包括现有股东贷款再融资)3500万欧元购买了APMTZ(经营比利时泽布吕赫港)约76%的已发行股本。泽布吕赫港是比利时第二大港口,地理位置优越。作为通往各个方向的交通枢纽,泽布吕赫港拥有良好的公路及铁路网络,连接欧洲大陆各个国家及西北欧、中欧地区、东欧地区等沿海港口。而且,泽布吕赫港是天然深水良港,能够满足大型船舶挂靠的要求。此项收购完成后,泽布吕赫码头将成为中远海运港口在西北欧地区的第一个控股码头,将促进其重要门户港及全球战略支点的建设。

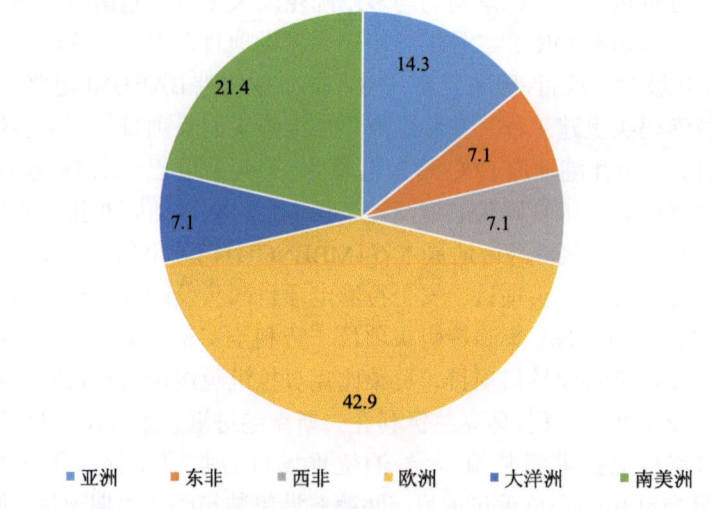

图4-4 中国收购的境外港口项目在各大洲及地区数量分布占比图(单位:%)

本书收录的14个收购型的境外港口项目包括:巴拿马玛岛港100%收购项目、土耳其伊斯坦布尔昆波特(Kumport)码头65%股权收购项目、巴西巴拉那瓜港(TCP)90%股权收购项目、法国马赛Terminal Link 49%股权收购项目、澳大利亚纽卡斯尔港 50%股权收购项目、希腊比雷埃夫斯港67%股权收购项目、西班牙Noatum港口51%股权收购项目、秘鲁钱凯码头60%股权收购项目、吉布提港23.5%股份收购项目、尼日利亚拉各斯庭堪岛港 B 码头 47.5%股权收购项目、荷兰鹿特丹 EUROMAX 集装箱码头 47.5%股权收购项目、意大利利古里亚瓦多码头 40%股权收购项目、比利时泽布吕赫码头约 76%股权收购项目、韩国釜山 KBCT 码头20%股权收购项目。

3. 投资建设港口项目分布情况

随着全球贸易的发展，中国越来越多地参与到境外港口项目建设中。通过对境外港口码头进行投资建设，使中国有了保障海上运输航线的基地，摆脱对单一港口的依赖，增大了海上贸易的安全性和稳定性。本章收录的我国在境外投资建设的港口项目数量为 21 个，这些港口分布于东南亚(马来西亚、印度尼西亚、缅甸、菲律宾、泰国、文莱、新加坡)，南亚(斯里兰卡)，东欧(俄罗斯)，东非(坦桑尼亚)，北非(阿尔及利亚、埃及)，西非(多哥、几内亚)，北美洲(美国)和拉丁美洲(巴西、巴拿马)8 个地区，其中东南亚 9 个、南亚 2 个、东欧 2 个、东非 1 个、北非 2 个、西非 2 个、北美洲 1 个和拉丁美洲 2 个，主要分布于东南亚与非洲等地区。中国在此投资建设港口有利于降低建设成本，同时拉动该地区就业；有利于改善该地区的基础设施建设，提高港口的吞吐能力；靠近中国的港口，还有利于我国临港地区经济发展，加强我国海上通道的建设(图 4-5)。例如，在 2014年 11 月，招商局港口将投资 10 亿美元建设俄罗斯扎鲁比诺万能海港，项目包括

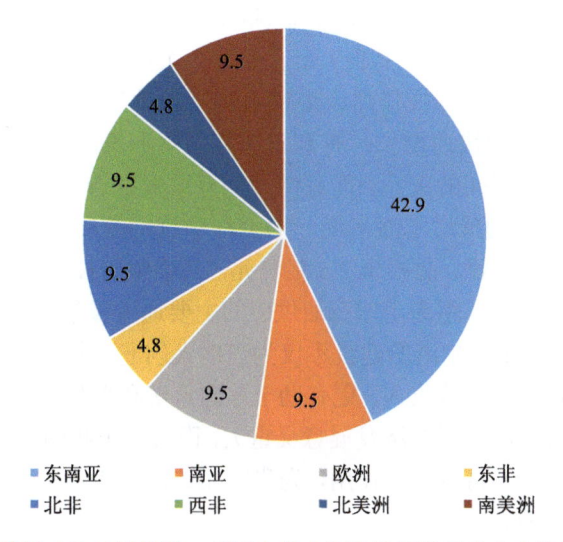

图 4-5　中国投资建设的境外港口项目在各大洲及地区数量分布占比图(单位：%)

建设专用粮食码头、集装箱码头、专用氧化铝码头以及通用海运码头，建成后港口年吞吐能力将达到6000万t。扎鲁比诺港位于俄罗斯滨海边疆区哈桑区特罗伊察海湾西南岸，是天然不冻港。这里距离吉林省珲春市仅有60km，连接中俄两国，不仅有助于吉林省乃至中国东北地区的开发开放，也有利于促进中国东北老工业基地振兴与俄罗斯远东大开发的融合联动，从而促进图们江开发与东北亚地区的经贸合作。

本书收录的21个投资建设型的境外港口项目包括：坦桑尼亚巴加莫约港口及经济特区项目工程、马来西亚马六甲皇京港项目、印度尼西亚丹戎不碌港卡里布鲁扩建项目、阿尔及利亚舍尔沙勒新港口项目——哈姆达尼耶港、马来西亚马六甲州瓜拉宁宜国际港、斯里兰卡科伦坡港口城一期项目、斯里兰卡科伦坡港南集装箱码头项目、缅甸皎漂特别经济区深水港一期工程、俄罗斯扎鲁比诺万能海港项目、菲律宾达沃市海港208hm^{2}填海造地项目、巴西圣路易斯港项目、巴拿马科隆集装箱港口（PCCP）项目、多哥洛美港集装箱码头成旗舰项目、埃及达米埃塔国际集装箱码头参股20%项目、泰国和黄兰查邦港D区码头项目、美国加利福尼亚洛杉矶港扩建项目、俄罗斯乌克兰尼古拉耶夫码头项目、缅甸马德岛深水港原油管道工程、文莱摩拉港集装箱码头项目、新加坡巴西班让港区新泊位项目、几内亚博凯内港码头工程项目。

4. 援建港口项目分布情况

本书收录的我国在境外援建的港口项目有6个，这些港口分布于东南亚（柬埔寨）、南亚（巴基斯塔、斯里兰卡）、中非（喀麦隆）、西非（毛里塔尼亚）4个地区，其中东南亚1个、南亚2个、中非1个、西非2个；主要分布在最不发达国家与发展中国家（图4-6）。中国投资建设港口有利于拉动当地的经济增长，且增加就业，实现地区间经济的快速增长；有利于树立大国形象，扩大中国在该地区的影响力；有利于提升两国间的关系，促进两国间互助友好合作。例如，2002年3月，中国在巴基斯坦援建的瓜达尔深水港一期工程项目，主要包括对3个泊位兼顾滚装的多用途码头进行建设，总投资2.5亿美元，其中中国投资1.98亿美元。瓜达尔深水港紧扼波斯湾咽喉，距离全球石油供应的主要通道霍尔木兹海峡只有400km，地理位置极其重要。瓜达尔港的建设不仅为当地人创造了数以千计的就业机会，还将为巴基斯坦贡献大量财政收入，更有助于该国重塑和平与稳定。瓜达尔港和中巴铁路沿线不仅仅对中巴两国经济发展意义重大，而且对于我国在中东和中亚地区发挥影响力方面起到了不可替代的作用，为我国在该地区树立负责任、有作为的大国形象提供了物质保障。

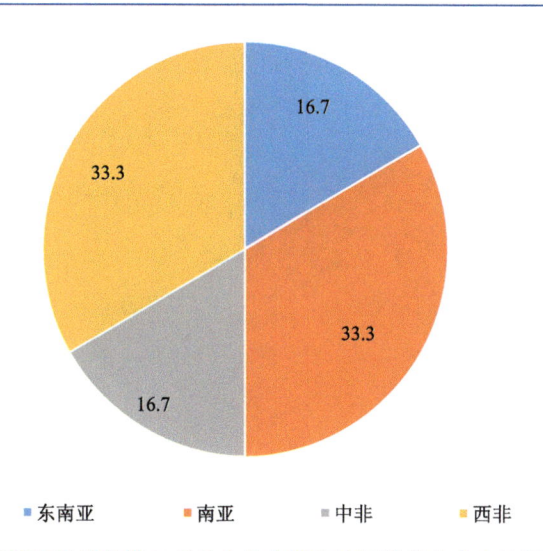

图 4-6　中国援建的境外港口项目在各大洲及地区数量分布占比图(单位：%)

本书收录的 6 个援建型的境外港口项目包括：喀麦隆克里比深水港一期工程项目，斯里兰卡汉班托塔港项目，毛里塔尼亚努瓦克肖特港 4、5 号泊位扩建工程，巴基斯坦瓜达尔深水港一期项目，毛里塔尼亚努瓦克肖特港(友谊港)，柬埔寨金边港新建集装箱码头项目。

5. 租赁港口项目分布情况

本书收录的我国在境外租赁的港口项目有 5 个，这些港口分布于东亚(朝鲜)、北美洲(美国)、大洋洲(澳大利亚)3 个地区，其中东亚 2 个、北美洲 1 个、大洋洲 2 个，主要分布在发达国家与发展中国家。中国在境外租用港口，有利于保障中国的海运航线安全；有利于促进东道国港口周边城市的建设发展，同时有助于我国的运输行业收入增加；有利于保障中国物资进出口，同时增加两国间的经贸合作(图 4-7)。例如，在 2015 年 10 月，中国岚桥集团以 5.06 亿澳元(约 23.4 亿人民币)租用达尔文港土地、附属 East Arm 码头设施(包括达尔文海事供应基地)以及 Fort Hill 码头，租期为 99 年。岚桥集团计划未来 25 年向达尔文港投资 2 亿澳元，促进澳大利亚与中国的贸易和旅游联系。

本书收录的 5 个租赁型的境外港口项目包括：澳大利亚墨尔本港 50 年租赁项目，朝鲜罗先特区 4~6 号码头 50 年使用权项目，澳大利亚达尔文港 99 年租赁项目，朝鲜清津港 3、4 号码头 30 年租赁项目和美国西雅图集装箱 25、28、30 号码头租赁项目。

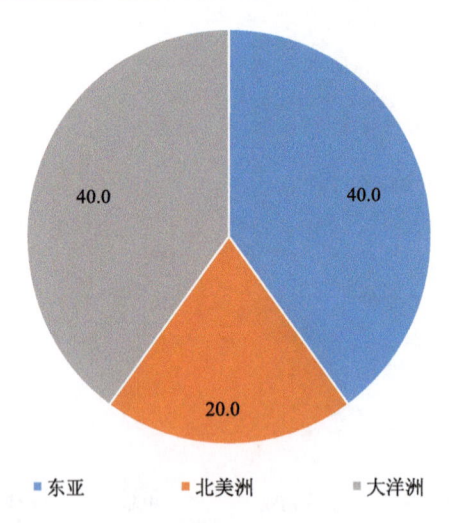

图 4-7　中国租赁的境外港口项目数量在各大洲及地区分布占比图(单位：%)

4.2　发 展 态 势

4.2.1　港口历年开工项目数变化

自 1979 年，中国就开始了对境外港口项目的建设。在 2008 年之前，收录的港口项目有 5 个：毛里塔尼亚努瓦克肖特港(友谊港)、巴基斯坦瓜达尔深水港一期项目、孟加拉国吉大港新锚地集装箱码头项目、斯里兰卡汉班托塔港项目和埃及达米埃塔国际集装箱码头参股 20%项目。5 个项目中有 3 个是中国对外援建的项目，以新兴经济体和最不发达国家为主，主要分布在南亚与非洲地区。

2008 年以后，中国开始在国外大量兴建或扩建港口。本书收录的中国境外港口项目在 2008 年增加 5 个港口，2009 年增加 5 个港口，2010 年增加 3 个港口，2011 年增加 5 个港口，2012 年增加 7 个港口，2013 年增加 6 个港口。2008～2013年平均每年增长 5 个港口，6 年共计增加了 31 个港口，主要集中在亚洲与非洲地区，以发展中国家与最不发达国家为主，承建项目居多。

2013 年以后，港口每年增加速度加快。本书收录的中国境外港口项目在 2014年增加 11 个港口，2015 年增加 11 个港口，2016 年增加 16 个港口，2017 年增加13 个港口，2018 年增加 9 个港口，2019 年增加 5 个港口。2014～2019 年平均每年约增加 11 个，6 年共计增加了 65 个，主要集中在亚洲、非洲、欧洲与南美洲地区，以发展中国家与最不发达国家为主，新兴经济体与发达国家也增加到一定比例，其中承建与投资建设项目居多。

2014年开始，承建项目数量显著增多，主要是由于中国进一步推动走出去战略，各国积极响应并与中国合作，建设港口项目。港口将各国沿海地区与腹地城市相连，促进本国的物流产业，同时又加强了与其他国家的往来与运输事业的发展，有效提高了国家间的海上互联互通性。2019年，由于面临复杂的国际形势，中国对外项目投资额有所下降，港口建设项目数量有所减少，数量相对之前也有明显的下降趋势(图4-8)。

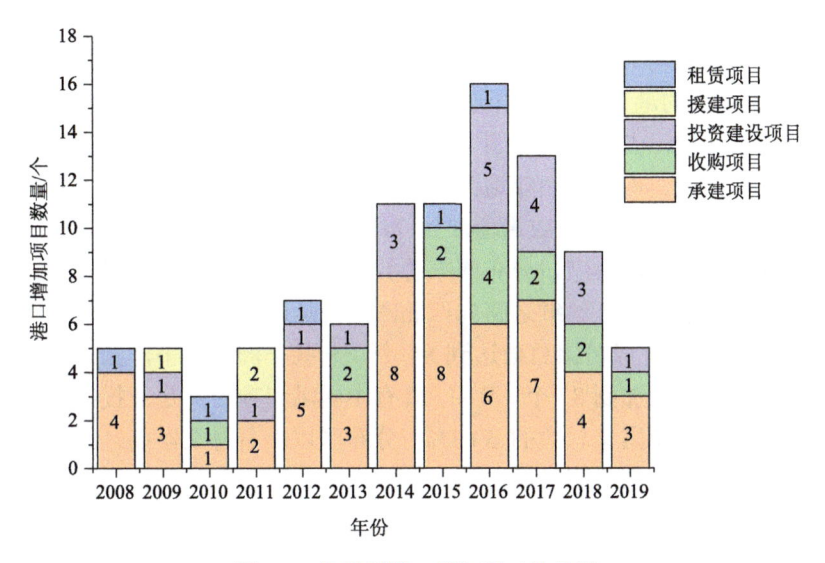

图4-8　各类型港口历年开工数量图

4.2.2 亚投行成员国与港口建设的相互关系

亚投行的设立原则是在丝绸之路经济带内，为各国实现充分交流与合作提供强有力的金融支撑。2014～2019年，本书统计到的既有中国港口项目又是亚投行成员国的国家数量占中国境外港口分布国家总数的比例逐渐上升。随着加入亚投行国家数量的不断增长，港口建设数量也在增多，反映出亚投行发展能推动港口项目建设，同时港口的建设对该国加入亚投行有积极的促进作用，说明亚投行和港口建设之间是相互促进的关系。

自2008年以来，中国在境外建设港口的数量逐年增多，据网络信息数据统计，2008年以前，我国建有5个境外港口，主要分布于南亚和非洲等地区，且主要是以援建型港口为主，多数属于新兴经济体与最不发达国家。2008年，统计到的境外港口数量增加到10个，港口类型开始由援建型向承建型转换。2008～2013年，平均每年增长5个港口，建设类型呈现多样化趋势。

2013年，统计到的港口数量增加到36个，分布区域开始向各大洲扩展，并且南亚和非洲等地区港口数量相较于2008年也有一定的增加，整体上沿着海上丝绸之路开始布局，增长速度加快。

2014年，中国、卡塔尔、斯里兰卡、巴基斯坦等21国共同决定成立亚投行，截至当年年底，意向创始成员国达到23个。统计到的港口数量增加到47个。其中，既有中国港口项目又是亚投行成员国的国家，数量占港口分布国家总数的21.9%，东南亚与南亚成为港口最为集中的地区。

2015年，亚投行正式成立，西亚和欧洲等一些国家加入，意向创始成员国达到57个，统计到的港口数量增加到58个。其中，既有中国港口项目又是亚投行成员国的国家数量，占港口分布国家总数的40.5%，以承建与投资建设型港口为主，分布在东南亚、南亚与西亚地区。

2016年，统计到的港口数量增加到74个，其中既有中国港口项目又是亚投行成员国的国家数量，占港口分布国家总数的40.4%，以承建与投资建设型港口为主，分布区域沿着海上丝绸之路向西北欧洲发达国家扩展。

2017年，亚投行成员国总数达到84个，一些非洲和太平洋国家相继加入，统计到的港口数量增加到87个。其中，既有中国港口项目又是亚投行成员国的国家数量，占港口分布国家总数的53.3%，分布区域沿着海上丝绸之路从亚洲和欧洲向非洲、大洋洲和南美洲扩展。

图4-9 亚投行成员国与港口项目建设关系图

2018 年，亚投行成员国达到 93 个，统计到的港口数量增加到 96 个。其中，既有中国港口项目又是亚投行成员国的国家数量，占港口分布国家总数的 62.3%，以承建、投资建设与收购型为主的港口占总数比例的 58.4%，港口主要分布于东南亚、西亚、南亚、南美洲和大洋洲。

2019 年 4 月，亚投行成员国达到 97 个，统计到的港口数量高达 101 个。其中，既有中国港口项目同时又是亚投行成员国的国家数量，占港口分布国家总数的 67.2%，承建、投资建设与收购型为主的港口占总数的比例达 61.4%，港口主要分布于东南亚、西亚、南亚、南美洲、西非和大洋洲地区(图 4-9)。

4.3 典型案例——汉班托塔港

4.3.1 汉班托塔港概况

汉班托塔港位于斯里兰卡最南端，是中国与斯里兰卡两国在"21 世纪海上丝绸之路"框架下互利合作的重点区域。汉班托塔港是全方位深水港口，能够停泊超大型船舶，具备世界航运中心的潜力。目前，全球 1/2 以上的集装箱货运、1/3 的散货海运和 2/3 的石油运输都要取道印度洋，而汉班托塔港距离印度洋国际主航运线最近的地方只有 12n mile(1n mile≈1852m)，地理位置非常优越(图 4-10)。

图 4-10 汉班托塔港位置示意图

境外工程地球大数据监测与分析

汉班托塔港是中国对外援建的重要工程之一，由中国港湾 EPC 总承包，共分为两期。一期工程于 2008 年 1 月开工建设，2011 年 4 月完工，一期工程已建有 2 个 10 万吨级集装箱码头，2 个 10 万吨级油码头及 2 个 1 万吨级驳船泊位，以及 1km 的航道。二期工程于 2012 年 11 月开工建设，2016 年 8 月完工，二期工程包括对 5 个 10 万吨级码头和 2 个 1 万吨级码头的建设。二期和一期不同，二期全部的资金是从中国进出口银行进行贷款的，也就是斯里兰卡方向中国政府贷款。两期项目的总投资额共计 13.16 亿美元。

汉班托塔港的发展为当地人民带来大量就业机会，弥补了印度次大陆和东非港口生产能力不足的局面，通过发展散杂货、集装箱、滚装货物、油气等货物在印度次大陆和东非的中转业务，着力打造成世界级的航运枢纽港口。该项目的建成，也是汉班托塔港成为国际枢纽港的关键一步，带动了汉班托塔港区及船坞、燃气电站、工业园等众多项目的后续实施，极大地推动了汉班托塔港口-工业-城市(PIC)生态圈的建设，助力了斯里兰卡经济的腾飞。

4.3.2 对生态环境的影响

汉班托塔港的建设对该地区的生态影响较小。该港口于 2008 年 1 月正式开始开工建设，其中图 4-11(a) 是汉班托塔港建设前(2005 年)的港址及其周边的土地利用状况，图 4-11(b)是汉班托塔港建设后(2017 年)的港址及其周边的土地利用状况。经过 9 年多的工程建设，港址及其周边的土地利用类型发生了巨大变化，具体转移量详见表 4-1 和表 4-2。

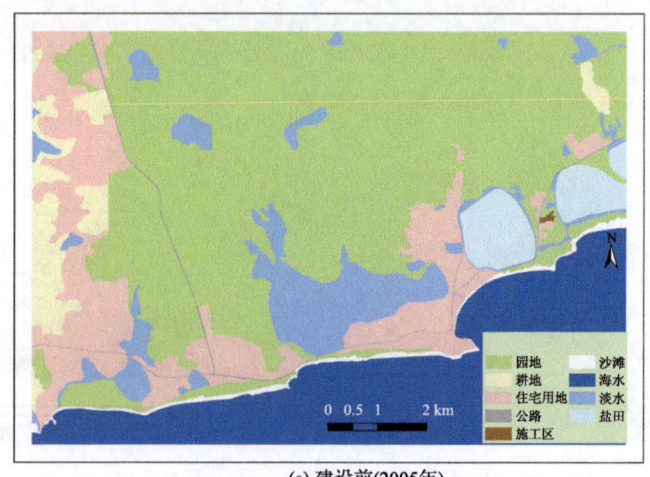

(a) 建设前(2005年)

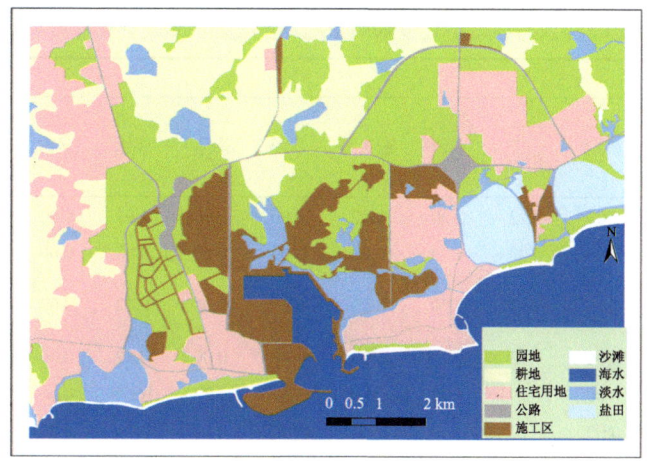

(b) 建设后(2017年)

图 4-11　汉班托塔港口建设前(a)和建设后(b)其周边土地利用状况

表 4-1　2005～2017 年汉班托塔港建设前后土地利用类型面积变化转移矩阵　（单位：km²）

转入	转出									其他类转入量	2017年总量	2005～2017年变量
	园地	耕地	住宅用地	公路	施工区	沙滩	海水	淡水	盐田			
园地	22.26	0.00	0.02	0.00	0.00	0.00	0.00	0.16	0.00	0.17	22.43	−24.21
耕地	9.60	3.56	0.00	0.00	0.00	0.00	0.00	0.00	0.00	9.60	13.16	9.44
住宅用地	5.16	0.16	13.25	0.00	0.00	0.00	0.02	0.03	0.00	5.37	18.62	4.91
公路	1.65	0.00	0.13	0.38	0.00	0.00	0.00	0.05	0.00	1.83	2.21	1.81
施工区	6.57	0.00	0.27	0.02	0.00	0.05	0.61	1.36	0.00	8.88	8.88	8.88
沙滩	0.01	0.00	0.00	0.00	0.00	0.78	0.04	0.02	0.00	0.07	0.84	−0.06
海水	0.29	0.00	0.00	0.01	0.00	0.08	21.40	1.29	0.00	1.65	23.06	0.99
淡水	1.06	0.00	0.04	0.00	0.00	0.00	0.00	5.16	0.00	1.10	6.27	−1.84
盐田	0.04	0.00	0.00	0.00	0.00	0.00	0.00	0.04	3.20	0.08	3.28	0.08
转出量	−24.39	−0.16	−0.46	−0.02	0.00	−0.13	−0.67	−2.94	0.00	—	—	—
2005年总量	46.64	3.72	13.71	0.40	0.04	0.90	22.07	8.11	3.20	—	—	—

注：—表示无数据

表 4-2　2005～2017 年汉班托塔港建设前后土地利用类型比例变化转移矩阵　　（单位：%）

转入	转出									2017年总量	2005～2017年变量
	园地	耕地	住宅用地	公路	施工区	沙滩	海水	淡水	盐田		
园地	47.72	0.00	0.12	0.00	0.00	0.00	0.00	1.93	0.00	48.09	−51.91
耕地	20.57	95.81	0.00	0.00	0.00	0.00	0.00	0.00	0.00	353.90	253.90
住宅用地	11.07	4.19	96.66	0.00	0.00	0.07	0.08	0.42	0.00	135.85	35.85
公路	3.54	0.00	0.95	94.55	0.00	0.00	0.00	0.62	0.00	552.71	452.71
施工区	14.09	0.00	1.99	4.05	100.00	5.49	2.77	16.79	0.00	—	—
沙滩	0.02	0.00	0.00	0.00	0.00	85.87	0.18	0.23	0.00	93.40	−6.60
海水	0.62	0.00	0.00	1.41	0.00	8.38	96.97	15.86	0.00	104.47	4.47
淡水	2.28	0.00	0.27	0.00	0.00	0.19	0.01	63.69	0.00	77.29	−22.71
盐田	0.09	0.00	0.00	0.00	0.00	0.00	0.00	0.46	100.00	102.52	2.52
2005年总量	100.00	100.00	100.00	100.00	100.00	100.00	100.00	100.00	100.00	—	—

注：2017 年总量表示 2017 年土地利用类型面积占 2005 年土地利用类型面积的比例；表中数据表示各类土地利用类型的变量占 2005 年总量的比例

根据相关标准和本书的实际情况，将汉班托塔港及其周边的土地利用类型划分为 9 类：园地、耕地、住宅用地、公路、施工区、沙滩、海水、淡水、盐田。根据表 4-1 和表 4-2 分析得：截至 2017 年 1 月，汉班托塔港及周边地区的施工区总面积为 8.8km^2，其中占用园地 6.57km^2（是施工区总面积的 74.66%），占用淡水区 1.36km^2（是施工区总面积的 15.45%），占用海水 0.61km^2（是施工区总面积的 6.93%），占用住宅用地 0.27km^2（是施工区总面积的 3.07%）。港口施工建设以占用园地为主导，其次是自然水域，造成的住宅拆迁面积极少，对当地居民的生活扰动影响极低。

截至 2017 年 1 月，除园地、沙滩、淡水用地外，其余用地类型的面积均有新增的现象。其中耕地的增量最大，新增面积 9.60km^2，属于当地农业用地内部转移，和港口建设的关系不大。其次是住宅用地，新增面积 5.37km^2，相较于 2005 年，2017 年住宅面积增加 39%。经其他数据辅助分析，新增住宅主要是受港口建设的影响，说明港口建设对促进当地社会经济发展以及人口增长发挥了重大作用。

4.3.3　建设进度监测

汉班托塔港的建设极大地改善和促进了当地的公路建设。港口施工之前，汉班托塔地区只有 2 条双车道等级的公路，研究区内总里程为 26.07km。港口施工后(截至 2017 年 1 月)，汉班托塔公路建设得到飞速发展(图 4-12、表 4-3)：新建六车道等级公路 2.81km；新建四车道等级公路 36.11km，其中改建升级双车道为四车道公路 10.27km；新建双车道等级公路 10.04km。公路建设总体呈现"三纵两横"的格局，为提升四车道等级公路在交叉口处的通行能力，新建设高等级立交桥两座。根据遥感影像分析，还有大批公路设施正在施工建设，如港口西侧区域和北侧区域，根据影像上公路施工宽度分析，北侧公路应为四车道等级公路。截至 2017 年 1 月，汉班托塔公路总里程为 51.08km，以港口建设前的双车道等级为基准折算高等级公路里程，总里程可达 99km，约是 2005 年公路总里程的 4 倍。

图 4-12　汉班托塔港 2017 年道路分布状况

表 4-3　汉班托塔研究区内各等级道路新建里程(2017 年 1 月)

项目	公路等级				合计
	六车道	四车道	双车道	单车道	
里程/km	2.81	36.11	10.04	2.12	51.08

4.3.4　保护区监测

港口东侧毗邻本达拉国家公园(图 4-13)。本达拉国家公园成立于 1993 年，其前身是本达拉野生动物自然保护区(成立于 1969 年，当年面积为 62.16km^2)，于 2005 年被联合国教科文组织指定为斯里兰卡第 4 个人与生物圈自然保护区。本达拉国家公园 2004 年的占地面积约 36.98km^2，包括 5 个浅水湖泊，其中 3 个湖泊为盐厂。已经查明的植物种类有 383 种；脊椎动物 324 种，包括鱼类 32 种、两栖类 15 种、爬行类 48 种、鸟类 197 种、哺乳类 32 种；水鸟有 100 多种，大多属于迁徙类，其中鸟类的优势种是火烈鸟。近年来，由于过度灌溉和盐厂生产，本达拉国家公园内的水质受到严重威胁；受外来物种(墨西哥合欢、仙人掌)入侵的影响，以灌木丛为栖息地的野生动物受到了巨大威胁。

图 4-13　汉班托塔港口周边保护区分布

汉班托塔森林保护区位于港口东北侧。截至 2017 年 1 月，保护区内约 1/3 的土地被转化为住宅用地或交通建设用地。根据交通网络的格局和居民地分布状况分析，未来一段时期内还将有大量的保护区土地转化为其他用地(以住宅用地为主)。

4.3.5　对经济的影响

1. 灯光变化监测

汉班托塔港区域的经济发展快于周边地区。汉班托塔 2012 年最大灯光亮度值为 14，集中在港口建设区内，光亮度值大于 10 的面积约为 1.49km^2。随着港口建设的不断推进以及社会经济的不断发展，汉班托塔 2017 年最大灯光亮度值达到 59，约是 2012 年的 4 倍。2017 年灯光亮度值大于 10 的面积约为 4.04km^2，是 2012 年的 2.7 倍(图 4-14)。

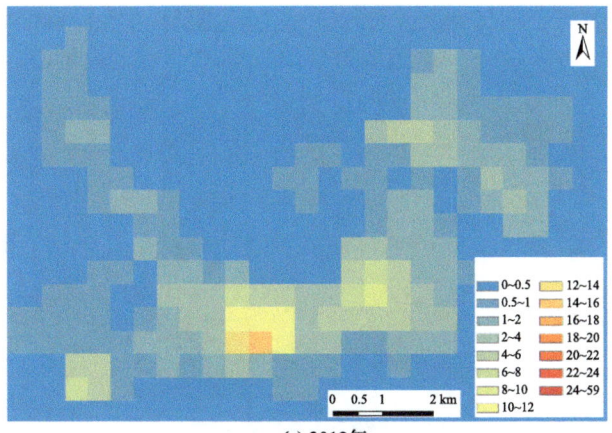

(a) 2012年

(b) 2017年

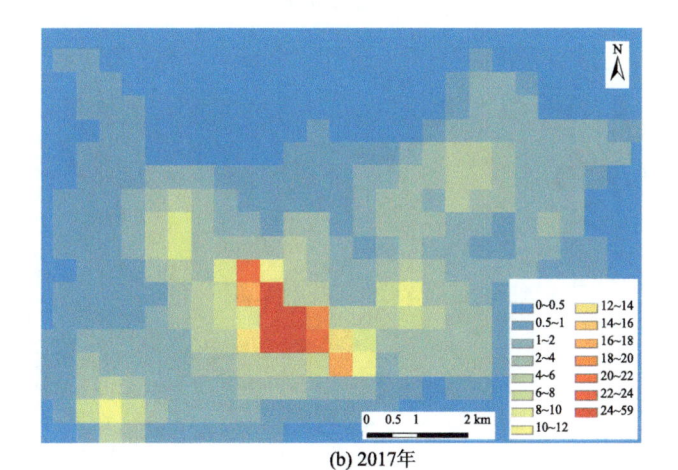

图 4-14　汉班托塔 2012 年和 2017 年灯光亮度图

通过与港口附近的新建镇对比可知，港口的灯光增长十分明显，增长范围为 24～59；而港口附近被圈出的 Koholankala 村，灯光变化不是十分明显，略有增长，增长范围为 8～10，说明港口区域经济发展快于其他地区。

2. 人口变化监测

2005 年，研究区内汉班托塔港人口约为 56000 人，而 2017 年约为 81000 人，新增人口数量 25000 人，年平均人口增长率为 37%，且新增人口集中分布在港口东北部的新城区（图 4-15）。

境外工程地球大数据监测与分析

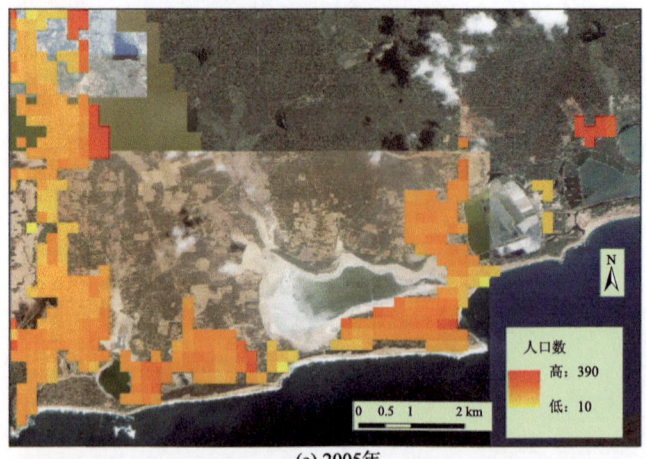

(a) 2005年

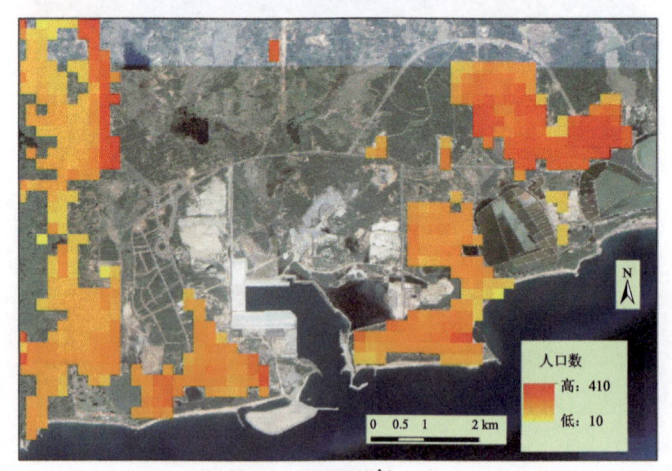

(b) 2017年

图 4-15　汉班托塔 2005 年和 2017 年人口分布图

通过人口分布图可知，在港口附近的人口变化不大，略有增长；但在港口西北处的 Koholankala、Rumanpura 与 Mayurapura 三个村镇的人口增加明显，尤其是 Mayurapura，增长最快。说明港口的建设吸引了许多人口的流入，据相关资料表明主要为外来人口迁入。

第 5 章

机　　场

机场是全球互联互通的重要基础设施，也是"一带一路"互联互通工作的重要内容，我国在境外承建的机场工程在改善当地互联互通水平、促进当地经济发展方面同样发挥了重要作用。本章采用地球大数据技术，分析我国境外机场重大工程项目的分布情况和发展态势；评价亚投行对境外重大工程的影响；采用 RS 和 GIS 数据分析方法，评价和分析境外典型机场工程项目的生态环境和社会经济影响。主要结果如下：

(1) 采用网络爬虫技术，收录了我国投资、承建的境外机场项目 81 个，已遍布全球各大洲。其中位于非洲地区的机场数量最多，达到 40 座，约占到所搜集到的机场项目总量的一半；其次为亚洲和欧洲地区，机场数量分别达到 24 座和 10 座，占所搜集到的机场项目总数量的 29.6% 和 12.3%；主要分布在非洲的最不发达国家，以及亚洲的发展中国家、最不发达国家。项目合作方式由承建、援建逐渐拓展至投资建设、收购。

(2) 2014 年和 2018 年，既是项目所在国又是亚投行成员国的国家数量占机场分布国家的比例分别为 24.1% 和 57.4%。

(3) 境外典型境外机场工程项目遥感监测发现，我国境外机场建设采用了绿色施工方法，有效降低了工程的永久生态占用量，并加快了施工期间临时生态占用的恢复。机场扩建工程有效利用了土地资源，空间利用率由扩建前的 31.0% 提升至 60.9%；机场建设有力地促进了当地经济发展，特别是旅游业的发展。

随着全球交通基础设施建设的发展，多种交通运输方式之间互联互通和智能化综合交通枢纽建设开始成为发展新趋势，机场作为现代综合交通枢纽首选节点功能也将会更加凸显。在推动全球基础设施互联互通、搭建空中丝绸之路中扮演重要角色。目前我国境外机场建设、投资项目主要分布在非洲部分国家和亚洲部分国家,而这些国家中有大部分为最不发达国家和发展中国家,具有国内经济实力薄弱、基础设施建设滞后等特点。而机场、铁路、公路、港口等基础设施的落后,是制约非洲发展最大的瓶颈之一。非洲开发银行的研究结果估测,基础设施的不足至少使非洲的经济年增长减缓了2%。相反,如果有充足的基础设施,非洲的企业可以实现高达40%的生产率增长。

近几年,非洲经济呈现快速发展态势,这背后,基础设施发挥了极为重要的作用。在非洲的基础设施投资和建设上,中国承担了极为重要的角色。根据麦肯锡咨询公司2017年6月发布的报告,中国是撒哈拉以南非洲第一大基建投资境外融资国。中国向非洲基础设施投资的金额累计已达210亿美元,远高于非洲基础设施集团(成员包括世界银行、国际金融公司、欧洲执行委员会、欧洲投资银行、非洲开发银行和八大工业国组织)的投资总额,也远高于排名第二的法国(30亿美元)以及排名第三的日本(20亿美元)。

虽然部分发展中国家已建有机场,但已有的机场普遍存在基础设施老旧或者现营运机场不满足旅客吞吐量快速增长等情况。例如,由于现营运机场航站楼面积过小,中国港湾工程有限责任公司于2012年和2016年先后承担了缅甸内比都国际机场和缅甸仰光国际机场的重建、扩建。

与此同时,国内相关企业也相继承接境外项目,企业之间通力合作,优势互补,将中国技术、中国制造切切实实地带到国外。从历年签约/开工的项目数量上来看:2013~2019年开工/签约项目数量占项目总量的78.4%。承接的项目重心也从非洲地区逐渐转向亚洲、大洋洲及欧洲地区。主要原因有以下两点:①加强与全球各国之间的国际关系;②有助于国内与国际新航线的开通。

而今,尽管国内仍然需要大规模有效投资和技术改造升级,但我们已经具备了要素输出的能力。境外工程建设恰好顺应了中国要素流动新趋势。通过政策沟通、道路联通、贸易畅通、货币流通、民心相通这"五通",将中国的生产要素输出到海外,使发展中国家和地区共享中国发展的成果。

5.1 分布格局

5.1.1 各大洲及地区的分布情况

截至2019年12月,我国企业参与投资、承建、援建或收购的境外机场已达

81座，相关合作项目达87个(个别机场由于施工时间段及承建方不同在这里算作不同项目)。在已建成处于营运状态的机场中，按其服务对象作为分类依据共包括4种类型机场，依次为民用机场、军民合用机场、商用机场及军用机场。这些机场分布于全球各大洲及地区，其中位于非洲地区的机场项目数量最多，有40个；位于亚洲的次之，有24个；位于欧洲的机场有10个；位于大洋洲的机场有5个；位于北美洲和南美洲各1个，总体占比情况依次为49.4%、29.6%、12.3%、6.2%、1.2%和1.2%。将机场所在位置进行进一步划分发现：①位于非洲区域的机场分布较为分散，25个国家中相关项目达40个；位于北非的机场项目有2个、南非13个、中非地区6个、东非地区8个以及西非地区11个。②位于亚洲区域的机场相关合作项目达24个，分布于17个国家及地区；位于东亚地区的机场项目1个、西亚地区4个、南亚地区10个以及东南亚地区9个。③位于欧洲地区的机场合作项目达10个，分布于8个国家；位于北欧地区的机场项目1个、西欧地区5个、南欧地区4个。④位于大洋洲地区的机场项目有5个，其中位于巴布亚新几内亚的机场项目有3个、位于新西兰和瓦努阿图的机场项目各1个。⑤位于北美洲和南美洲的机场各1座，分别位于安提瓜和巴布达、格林纳达。各类型机场项目具体分布情况如图5-1所示。

5.1.2 不同性质国家的分布情况

此次收录的81个境外机场项目，分别位于55个国家。将这55个国家按最不发达国家、发展中国家、新兴经济体以及发达国家划分，发现其中位于最不发达国家的机场项目有27个，主要位于柬埔寨、坦桑尼亚、莫桑比克、缅甸等19个国家；位于发展中国家(欠发达国家)的机场项目数量为33个，主要位于刚果布、纳米比亚、津巴布韦、赞比亚等24个国家；位于新兴经济体的机场项目数量11个，其中有6个位于尼日利亚、3个位于巴基斯坦、1个位于印度以及1个位于印度尼西亚；位于发达国家的机场项目数量为10个，分别位于德国(3个)、斯洛文尼亚、意大利、英国、法国、新西兰、挪威以及新加坡8国。通过进一步数据对比发现其中位于最不发达国家、发展中国家的机场数量占据主体，分别占总数的33.3%和40.7%；位于新兴经济体和发达国家的机场数量分别占总量的13.6%和12.3%(图5-2)。

境外工程地球大数据监测与分析

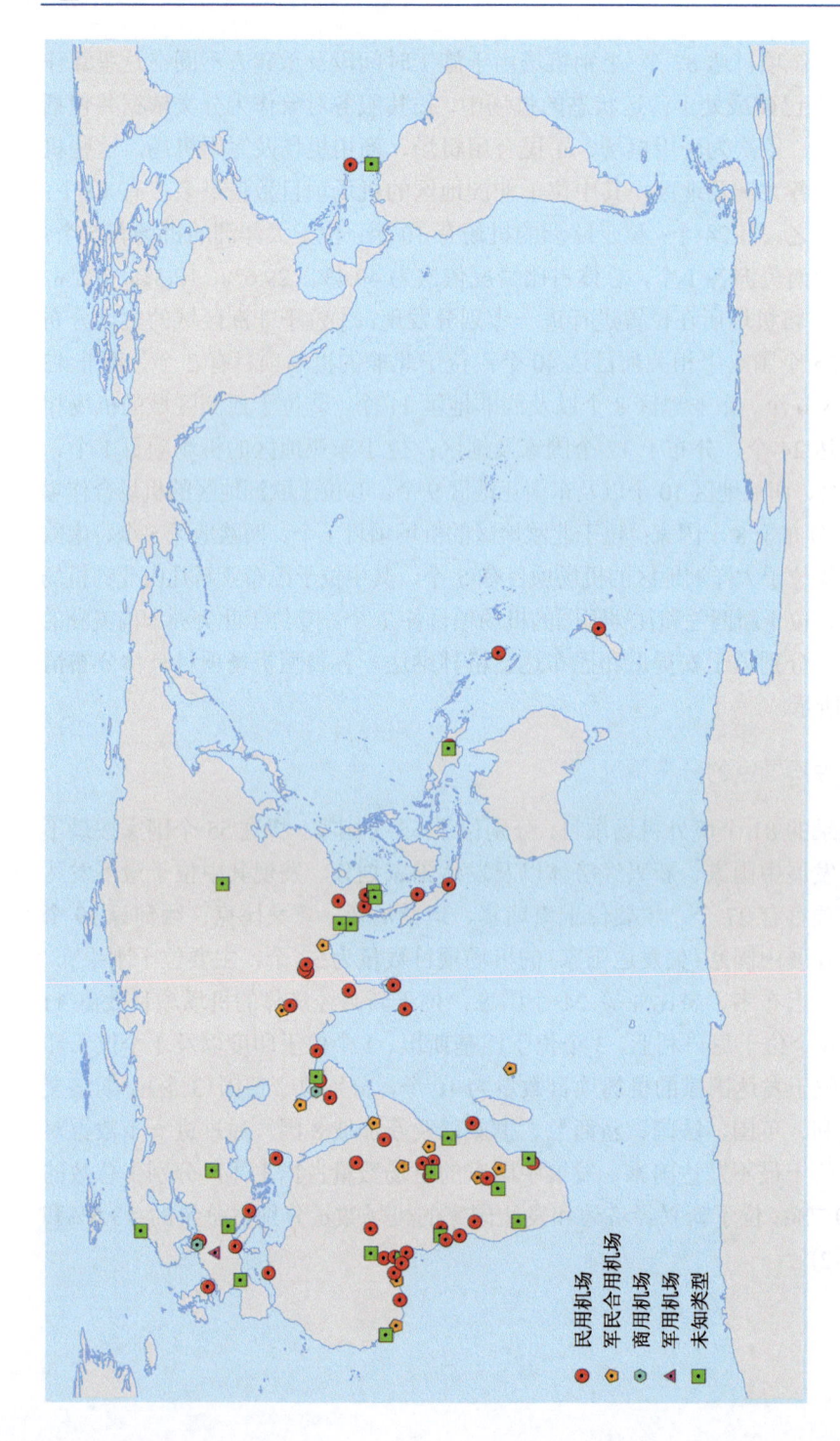

图 5-1 我国境外机场项目在各大洲及地区数量分布图（数据资料截至 2019 年 12 月 30 日）

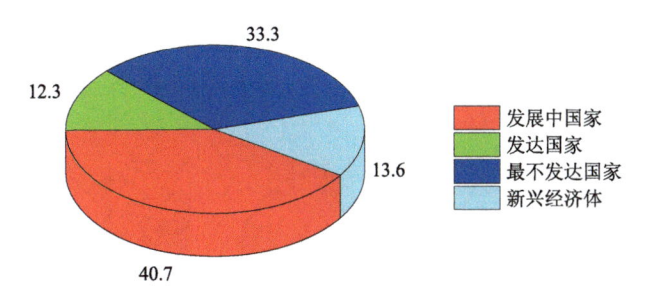

图 5-2 我国承建或投资的境外机场项目在各类型国家分布占比图(单位：%)

5.1.3 各类型机场项目的分布情况

1. 民用机场项目分布情况

自 2013 年以来，境外机场项目数量也越来越多。承接的项目中，民用机场占据主体，共有 50 个，占收录机场总量的 61.7%。50 个境外机场项目中，非洲地区：中非地区有 5 个、东非地区 3 个、南非地区 8 个、西非地区 5 个、北非地区 3 个；亚洲地区：南亚地区 11 个、西亚地区 1 个、东南亚地区 5 个；欧洲地区：南欧地区 2 个、西欧地区 3 个；大洋洲 3 个；北美洲 1 个。除欧洲地区全部为收购项目外，其他大洲(区域)的机场合作方式基本为承建(援建)方式(图 5-3)。

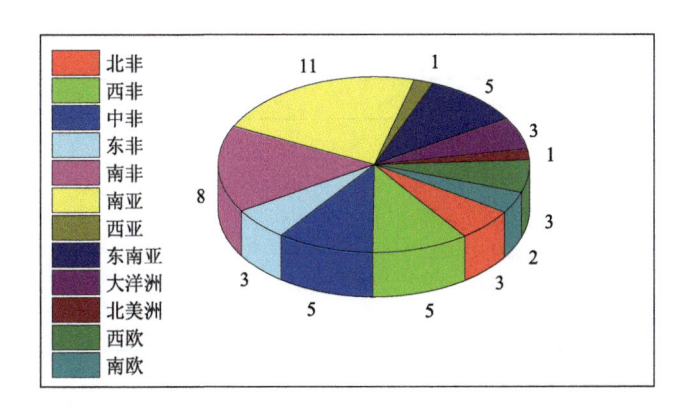

图 5-3 我国承建或投资的境外民用机场项目在各大洲及地区数量分布图(单位：个)

2. 军民合用机场项目分布情况

军民合用机场是促进民航发展的重要力量，是拉动地方经济发展的有力引擎，是巩固国防建设的有益补充(图5-4)。此次名录中收集到境外机场项目中，类型为军民合用机场项目共 15 个。其中，亚洲地区有 5 个、非洲地区有 10 个，分别位于非洲的东非(肯尼亚、南苏丹、吉布提)，南非(毛里求斯、津巴布韦、赞比亚)，以及西非(多哥、塞拉利昂、利比里亚、尼日利亚)地区；亚洲的南亚(巴基斯坦、斯里兰卡、孟加拉国)、东南亚(柬埔寨)以及西亚(科威特)地区。

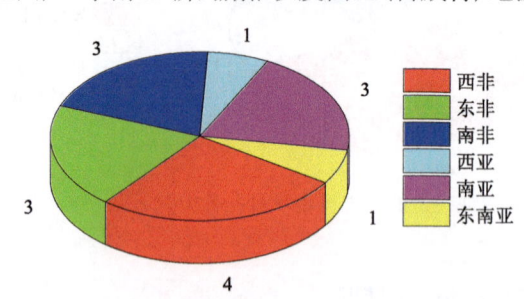

图 5-4　我国承建或投资的境外军民合用机场项目在各大洲及地区分布图(单位：个)

5.1.4　主要经济走廊上的境外机场项目分布情况

互联互通是时代潮流，是世界各国的共同需要。而机场项目作为空中走廊的后起之秀，正逐渐从传统的铁路、公路、港口、能源等建设项目逐步渗透到机场领域。此次收录的 81 个境外机场项目、87 个机场相关项目中，位于主要经济走廊途经国的机场项目数量为 28 个，占总数量的 34.5%。每条经济走廊均包含相关项目，具体数量情况及分布情况如表 5-1、图 5-5 和图 5-6 所示。

表 5-1　各经济走廊机场项目数量情况

经济走廊	机场项目数量/个
中蒙俄经济走廊	1
新亚欧大陆桥经济走廊	7
中国—中亚—西亚经济走廊	4
中国—中南半岛经济走廊	9
中巴铁路沿线	3
孟中印缅经济走廊	4

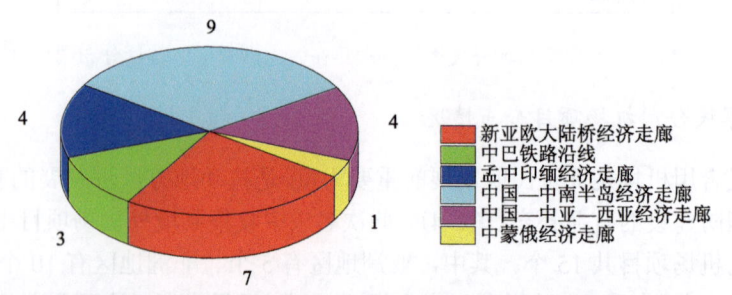

图 5-5　我国承建或投资的境外机场项目在主要经济走廊的数量分布(单位：个)

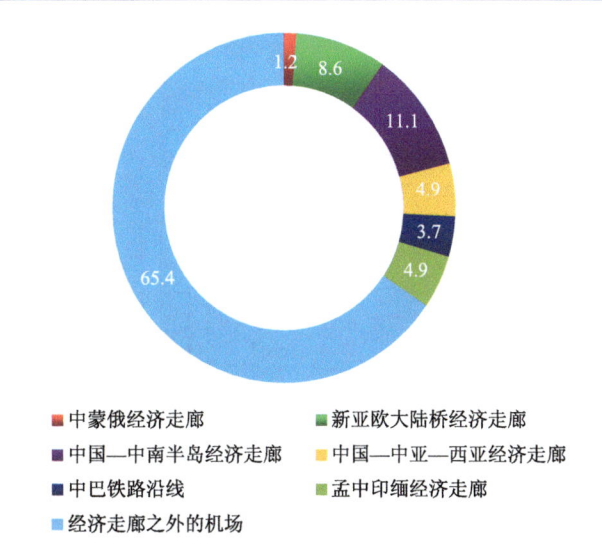

图 5-6 我国承建或投资的境外机场项目在主要经济走廊内外的占比图(单位：%)

5.2 发展态势

5.2.1 历年开工/签约工程数目变化

从机场名录中收集到的历年项目(数量)来看，我国承包的境外机场项目可追溯到 2004 年，是由中国国际基金有限公司于 2004 年动工建设的安哥拉—罗安达新国际机场项目。而后是于 2007 年由威海国际经济技术合作股份有限公司承建的刚果(布)玛雅—玛雅国际机场项目和由中国林德国际物流集团收购的德国—帕希姆国际机场项目。2 个承建项目均位于非洲的发展中国家安哥拉和刚果(布)。

2008 年后，中国企业开始在国外大量扩建、投资机场，2008 年签约(开工)机场项目 1 个、2009 年 3 个、2010 年 5 个、2011 年 3 个、2012 年 4 个、2013 年 7 个、2014 年 9 个、2015 年 10 个、2016 年 10 个、2017 年 13 个、2018 年 13 个以及 2019 年 7 个。项目主要以承建、投资、援建、参建、投资建设以及收购等合作方式进行(图 5-7)。

从历年签约/开工的项目数量上来看，2013~2019 年开工/签约项目数量占项目总量的 78.4%，亦可说接近 80% 的项目是在近 10 年才开始大量签约、开工建设。

境外工程地球大数据监测与分析

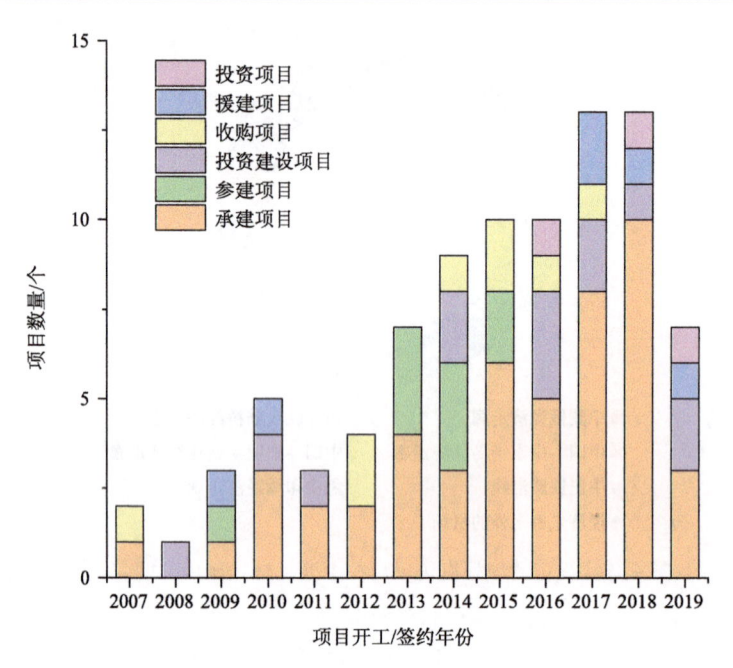

图 5-7 历年开工/签约项目数量图

2007~2012年签约(开工)的机场项目数量维持在1~5个,平均每年签约(开工)项目数为3个;而2013~2019年签约(开工)的机场项目数量维持在7~13个,平均每年签约(开工)项目数为10个。前后项目数量相差2倍多。

产业转型升级的成功将改善贸易合作环境,符合当今时代的发展需求和各国所需。从合作方式来看,2013年之前大都为承建、援建、参建以及收购(持股)项目;2013年之后则将投资建设项目纳入重点合作范畴。2013~2018年,中国企业对境外重点地区直接投资超过900亿美元,在重点国家完成对外承包工程营业额超过4000亿美元。境外工程的建设主要通过基础设施、互联互通来促进投资的增长、消费的增长和创造更多的就业机会,为重点国家提供更多的财政收入,刺激全球经济增长,特别是发展中国家的经济增长,为发展中国家的经济腾飞提供新动力,为世界经济增长提供一种新动能。

"中国技术"和"中国标准"越来越受到国外的认可。从中国企业所承接的项目所在国来看,如某一家企业拥有良好的口碑,将可获得贸易合作的先机。例如,中国铁建中国土木工程集团凭借其良好的口碑先后承包了位于尼日利亚的哈科特港国际机场、阿布贾国际机场、拉各斯穆尔塔拉·穆罕默德国际机场、马拉姆阿米努·卡诺国际机场、恩努固州机场和巴耶尔萨州机场等6个机场项目。

5.2.2 亚投行成员国与机场建设的相互关系

亚投行的宗旨是为推进亚洲基础设施建设提供强有力的金融支持。此外，亚投行在推进基础设施建设完成过程中，也将会带动沿线国家相关产业的转型升级、促进各国间的金融合作。亚投行的成立对于我国经济实力的进一步增强，乃至在世界范围内实现新的经济增长都将起到重要的推动作用（图 5-8）。

图 5-8 亚投行成员国与机场建设关系图

自 2010 年以来，我国承接的境外机场相关项目数量提升明显，截至 2014 年，我国承建、投资的境外机场项目已达 50 个。这些项目分布于境外 29 个国家，其中有 7 个国家为当时的亚投行成员国，占当时所有项目所在国的 24.1%。其中近 50%的机场项目位于非洲地区，机场类型包括民用（运输）机场、军民合用机场。

2015 年，新增机场项目（包括该年施工）10 个，其中有 7 个项目位于非洲地区、2 个项目位于欧洲地区（收购法国图卢兹机场和德国吕贝克机场项目）、1 个项目位于亚洲地区。拥有境外机场项目国家已增加至 36 个，其中亚投行成员国数量增至 13 个，占当时所有项目国的 36.1%。

2016 年，新增机场项目 10 个，分布于 6 个国家，其中有 4 个项目位于非洲地区、5 个位于亚洲地区、1 个位于欧洲地区。此时，境外机场项目已分布于 42 个国家，其中亚投行成员国数量增至 16 个，占当时所有项目国的 38.1%。

2017 年，机场项目数量增加到 70 个，分布于境外 49 个国家，其中 22 个国家属于亚投行成员国，占 44.9%，机场项目也已经遍布全球各个大洲。最为突出的特点就是：从最初非洲地区的投资（援建、承建）机场项目逐渐渗透到亚洲地区，合作方式也打开了新的局面。例如，我国私营企业截止到 2017 年年末，收购境外机场项目已达 8 个，全部位于欧洲地区。

2018 年，亚投行成员国达到 93 个，境外机场项目数量达到 79 个，其中既属于亚投行成员国又拥有机场相关项目的国家数量占总的机场分布国家的比例为 57.4%；机场主要分布于非洲的南非及东非地区、亚洲的南亚及东南亚地区。详细分布及数量情况如表 5-2 所示。

表 5-2　时间序列下境外机场项目在各大洲的数量增加情况

时间	分布情况	机场项目数量/个
2014 年及以前	非洲(南非、东非、西非、中非、北非) 亚洲(南亚、东南亚、西亚) 欧洲(西欧、北欧、南欧)	46
2015 年	非洲(东非、西非、南非、中非、北非) 亚洲(南亚、东南亚、西亚) 欧洲(西欧、北欧、南欧)	56
2016 年	非洲(东非、西非、南非、中非、北非) 亚洲(南亚、东南亚、西亚、东亚) 欧洲(西欧、北欧、南欧)	66
2017 年	非洲(东非、西非、南非、中非、北非) 亚洲(南亚、东南亚、西亚、东亚) 欧洲(西欧、北欧、南欧)	70
2018 年	非洲(东非、西非、南非、中非、北非) 亚洲(南亚、东南亚、西亚、东亚) 欧洲(西欧、北欧、南欧) 南美洲、大洋洲	79

5.2.3　经济走廊内机场建设平均用时情况

通过对机场项目进一步整理发现，位于经济走廊内的机场，建设周期要相对短于廊道外的机场，整个工期要缩短半年至 1 年时间(整体情况)，故廊道内的机场建设进展相对较快(建设项目需同为航站楼建设或跑道建设项目)；其中，位于非洲地区的机场，建设工期主要集中在 3～5 年；亚洲地区机场建设项目工期则在 3～4 年；其他大洲及地区由于机场项目数量较少这里不做列举。

位于经济走廊内机场项目的建设进度较快(可能)主要受以下几点因素所驱使：①区位优势。经济走廊是依托于一定的交通运输干线、地理位置和自然资源形成的带状地域经济单元。廊道内，众多大城市之间通过发达的交通和通信相互联通，辐射带动周边小城市及乡镇的发展，故对位于该范围内的机场项目提出更高的需求。②主要经济走廊的发展现状。总体而言，中巴铁路沿线起步早进展快；中国—中亚—西亚地区承接项目在数量方面发展迅猛以及新亚欧大陆桥经济走廊历史最久，故相应廊道内机场建设项目也进展较快；而位于孟中印缅经济走廊推进相对处于正常，但通过项目数据发现，"人字形"中缅经济走廊有"后来赶上"的发展势头，项目数量方面也超过其他经济走廊，如中国—中南半岛、中巴铁路沿线和孟中印缅经济走廊经过亚洲东部和南部这一全球人口最稠密地区，故在项目承包数量方面具有相应优势。③国际关系形势。良好的国与国之间的关系是使项目得以顺利进展的前提条件。例如，位于中巴铁路沿线内的重点项目——瓜达尔新国际机场修建(改扩建)项目，受到两国政府的高度重视，项目于 2019 年 5 月 5 日成功中标，原计划于 2019 年 6 月开工。施工范围包括：新建机场飞行区工程(含跑道长度 3658m)，航站区工程(含航站楼面积 1.4 万 m^2)，配备必需的生产辅助用房、公用配套设施及必要的空管工程，并建设相应医院、学校、家属区等设施。工程项目难度大且复杂，计划工期为 3 年。首先该项目从中标到计划开建时间短，在工作难度巨大、工作量巨大的前提下对工期的压缩无异于要求施工加快进度。该项目中标金额 14.2416 亿人民币，是迄今为止中国政府最大规模的援外项目。

5.3 典型案例——普莱桑斯国际机场

5.3.1 普莱桑斯国际机场概况

普莱桑斯国际机场也称西沃萨古尔·拉姆古兰爵士国际机场，是毛里求斯共和国首都路易港的国际机场，也是毛里求斯航空的基地和枢纽机场，距市中心 48km，是该国最大的机场，由中国援建。该机场由中国建筑集团有限公司于 2010 年开始援建，施工范围主要包括：新建航站楼、扩建停机坪、停车场、冷却站、应急发电站等配套设施的设计、采购等。新航站楼于 2013 年 9 月落成；项目合同金额逾约 3.05 亿美元，该工程项目共计耗时约 4 年时间。该机场扩建工作的完成对于促进当地旅游业发展起到了至关重要的作用。

2006 年 10 月，中建八局副总经理王少峰应邀在北京拜会了前来参加中非论坛峰会的毛里求斯总理拉姆古兰，双方第一次谈到建设毛里求斯新机场项目的事情。自 2007 年 3 月开始，王少峰会同法国巴黎机场管理公司总裁弗兰和当地律师罗伯特等一起组成了项目策划团队，先后多次前往毛里求斯，与当地政府所属的各有关部门不断研讨如何实施毛里求斯新机场项目。近两年的不断研讨，使毛里求斯政府各方终于认识到了实现当地人"百年梦想"的现实性，他们终

境外工程地球大数据监测与分析

于决定启动新机场的建设，并成立了新机场项目建设与运营管理公司 ATOL。2009 年 2 月，时任中国国家主席胡锦涛在对毛里求斯进行正式国事访问期间，与毛里求斯总理拉姆古兰共同见证了中国进出口银行为毛里求斯新机场建设提供优惠买方信贷协议的签署。此后近一年的时间里，毛里求斯政府又严格按照当地的采购法，通过国际招标的方式正式选中了中建股份作为该项目的 EPC 总承包商，并

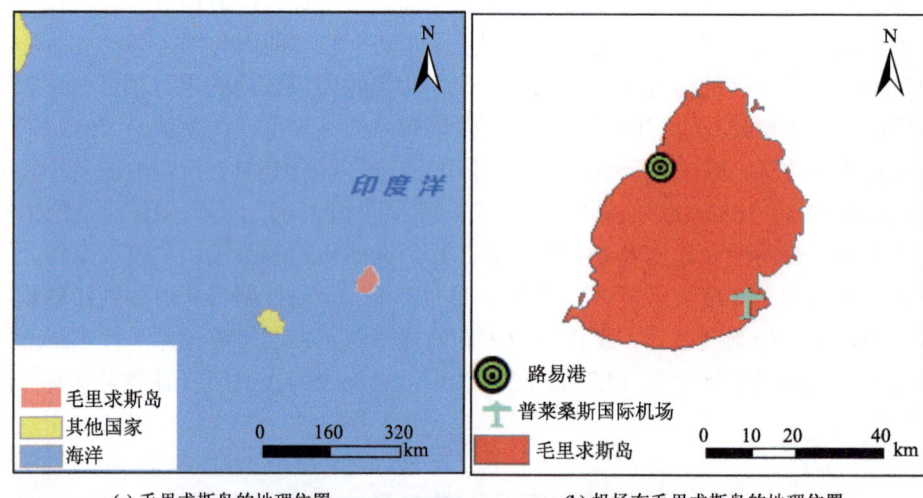

(a) 毛里求斯岛的地理位置

(b) 机场在毛里求斯岛的地理位置

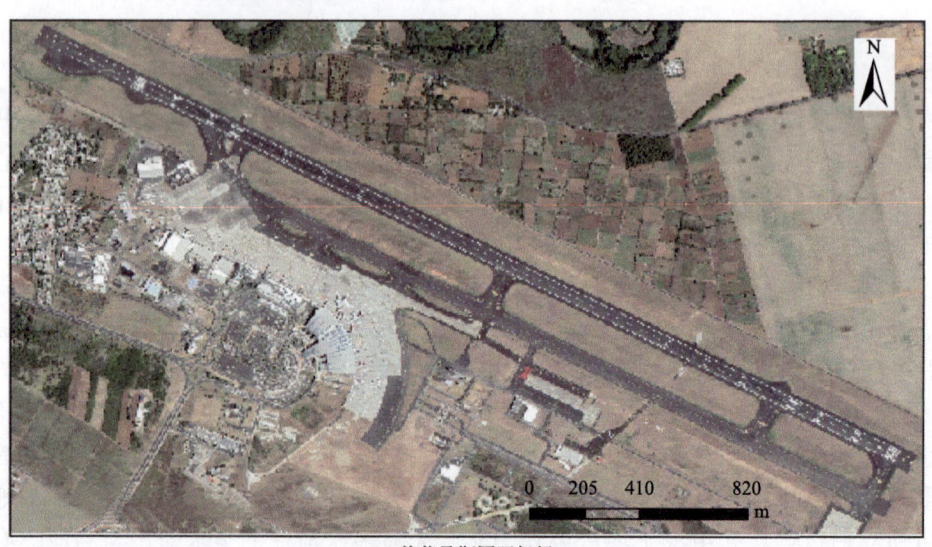

(c) 普莱桑斯国际机场

图 5-9　普莱桑斯国际机场位置图

聘请了美国的 LBG 公司作为项目管理方，法国的 ADPI 公司作为项目监理方，要求完全按照英国标准来建设一座高水平的现代化国际机场。直到 2010 年 11 月底，毛里求斯机场项目最为关键的里程碑——"60%图纸设计审批"顺利通过。

截至目前，普莱桑斯国际机场是毛里求斯唯一的一座国际机场，该机场的扩建是毛里求斯航空工业发展壮大的标志，旅游产业作为该国重要支柱型产业，其在改善当地互联互通水平、促进当地经济发展方面也发挥了重要作用。旅游业外汇收入占 GDP 的比例由 2013 年的 10.91%增长到了 2018 年的 13.26%，共增长了 2.35 个百分点（图 5-9）。

5.3.2 对生态环境的影响

1. 机场周边土地利用变化

使用 30m 分辨率 Landsat-8 数据以及 Landsat-5 数据以机场为中心，边长约 10km 的方形区域进行土地利用变化监测。监测范围内土地主要为耕地、林地、草地、裸地、水域（水体）及建设用地。扩建前后面积变化差异较大的土地类型为草地、林地及裸地，其中草地面积从 30.45km^2 缩减至 13.87km^2；林地面积从 14.98km^2 缩减至 8.76km^2；裸地面积从 8.75km^2 增加至 28.79km^2。其他类型占地面积变化不大（表 5-3、图 5-10）。

表 5-3 机场周边土地利用类型现状表

土地利用类型	2009 年 10 月 5 日 面积/km^2	占比/%	2014 年 8 月 30 日 面积/km^2	占比/%
耕地	14.12	13.38	15.41	14.60
林地	14.98	14.19	8.76	8.30
草地	30.45	28.86	13.87	13.14
建设用地	22.08	20.92	23.73	22.49
水域	13.77	13.06	13.84	13.12
裸地	8.75	8.48	28.79	27.28

2. 机场内部土地利用变化监测

普莱桑斯国际机场从 2010 年开工建设，并于 2013 年完工营运。整个机场占地面积由扩建前的 2.73km^2 增加到扩建后的 3.43km^2，增加了 0.7km^2；机场扩建施工过程中，生态占用土地类型主要为耕地、草地，分别为 0.22km^2 和 0.48km^2，主要供机场新建第二条跑道、新增建筑及周围绿化使用；机场扩建工程对周围生态环境影响较小，生态占用(损失)面积仅占 2013 年耕地/草地资源监测总面积($15.41km^2$、$13.81km^2$)的 1.4%和 3.4%；机场内部建筑布局合理，该机场扩建前的永久性生态占用(损失)面积为 $0.85km^2$，扩建后为 $2.09km^2$，机场建筑面积分别占当时机场总面积的 31.0%和 60.9%；机场扩建前后周围土地利用状况变化最为明显的是草地、耕地、裸地间面积的相互变化，但 3 种土地资源总占地面积并无明显变化，水域及林地面积几乎保持不变(表 5-4、图 5-11)。

(a) 2009年10月　　　　　　　　　(b) 2014年8月

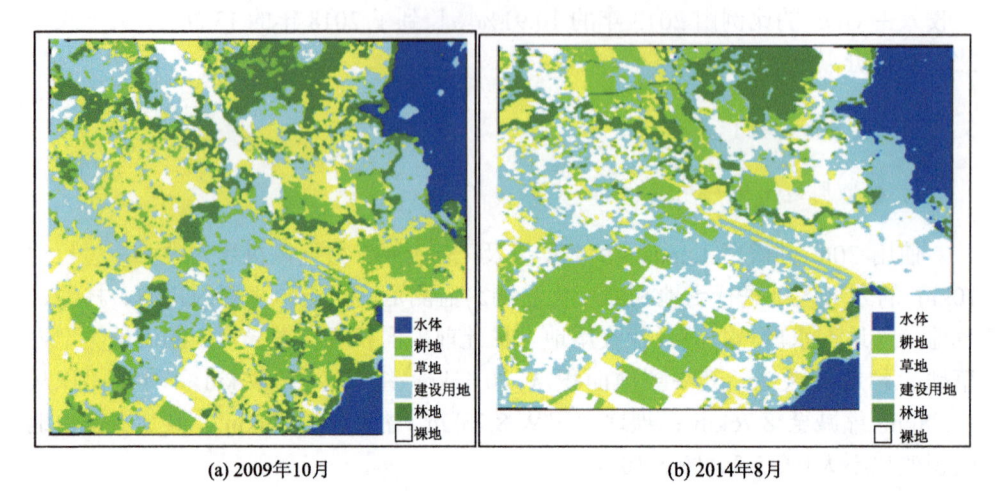

图 5-10　普莱桑斯国际机场周边土地利用变化图

表 5-4　扩建前后机场内部生态资源占用变化情况

土地利用类型	2009 年 6 月 6 日		2013 年 11 月 23 日	
	面积/km²	占比/%	面积/km²	占比/%
耕地	0.35	12.8	0.08	2.3
林地	0.31	11.3	0.14	4.1
草地	1.22	44.9	1.05	30.6
建设用地	0.85	31.0	2.09	60.9
裸地	0	0	0.07	2.1
总计	2.73	100	3.43	100

5.3.3　建设进度监测

如图 5-12(a)中所示的跑道为机场原有跑道 1 影像图(跑道长度为 3370m；宽度约为 75m)；图 5-12(c)中的影像为新增跑道 2 后的机场跑道影像图，主要施工期在 2011 年 10 月至 2013 年年初；新建的航站楼面积约为 32000m²，主要施工期在 2010 年年末至 2013 年 5 月。通过监测发现：该项目建设初期进度较快，后期进度放缓，历时 3 年完工。图 5-13 中新增公路为 M2 高速公路的一部分，由于 2015 年为施工准备阶段，该段公路无明显施工，故于 2016 年开始监测，监测时间分别为施工中的 2016 年 11 月 28 日和处于完工阶段的 2018 年 11 月 4 日。该公路将机场(位于毛里求斯岛南部地区)与位于西部的首都路易港，以及最北端城市大海湾有机地连接起来，纵贯南北。该条公路也是毛里求斯唯一一条高速公路，对促进当地交通环境具有重要意义。机场建设进度监测具体数据结果如表 5-5 所示。

(a) 扩建前(2009年6月6日)　　　　(b) 扩建后(2013年11月23日)

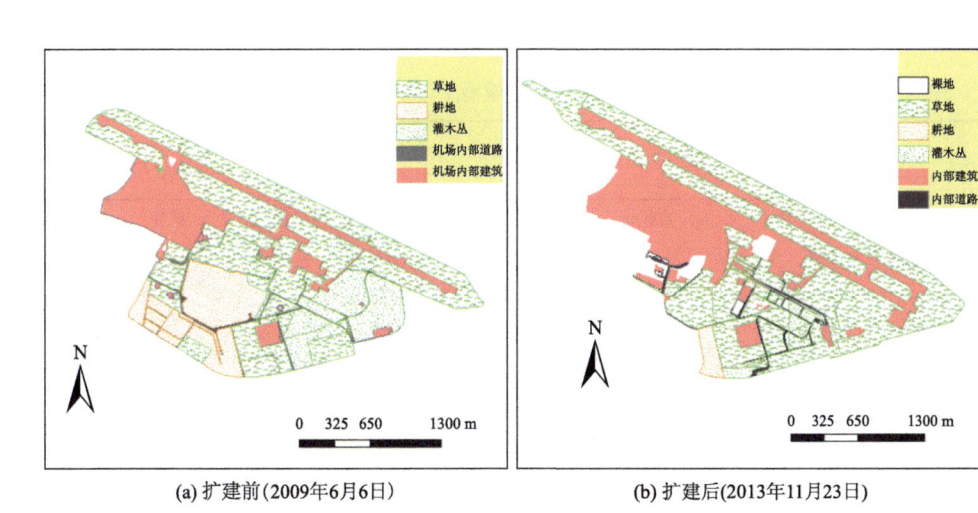

图 5-11　普莱桑斯国际机场扩建前后机场内部土地利用构造图

(a) 扩建前　　　(b) 施工中　　　(c) 竣工后

图 5-12　普莱桑斯国际机场内部跑道及建筑施工进度监测

境外工程地球大数据监测与分析

(a) 2016年11月28日　　　　(b) 2018年11月4日

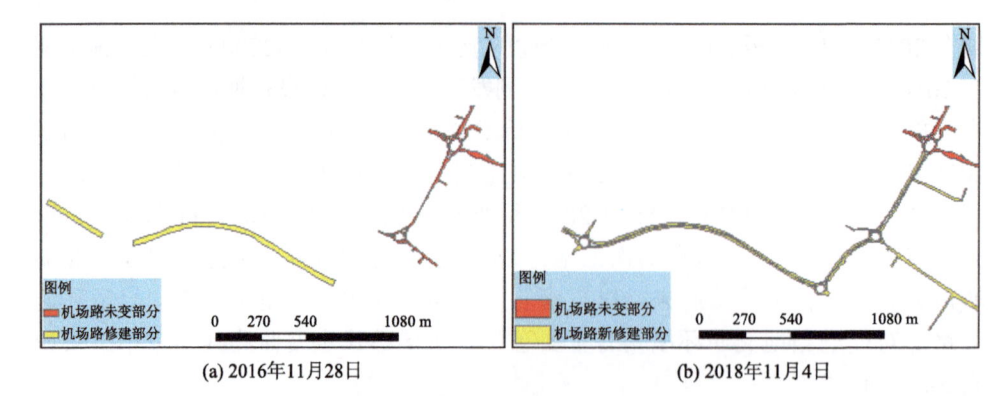

图 5-13　普莱桑斯国际机场周围道路变化

表 5-5　普莱桑斯国际机场建设进度监测具体数据表

监测指标	2009 年 6 月	2012 年 7~10 月	2014 年 5 月
新航站楼建设情况	未开始建设	建设中，工程进度达总工程量的约 2/3	已完工，营运中
机场跑道数目/条	1	1（另一条在建）	2
航站楼建筑面积/m²	—	26369.23（建设中）	约 32000
跑道 2 建设进度情况/m	—	1652	2500
机场吞吐量变化/万人次	250.9（2010 年）	269.7（2013 年）	311.8（2015 年）
景区接待游客量/万人次	93.5（2010 年）	99.3（2013 年）	115.2（2015 年）
入境游客量/万人次	96.5（2010 年）	101.5（2013 年）	117.3（2015 年）

5.3.4　社会经济影响监测

1. 社会经济影响灯光指数监测

夜间灯光数据在一定程度上也反映了经济活跃程度，而今灯光已经成为一座城市繁华程度的风向标。夜间灯光数据有灯光面积和强度两方面特征。以 2012 年、2015 年及 2018 年夜间灯光数据为例，2012 年最大灯光亮度值为 54，主要集中在路易港城区部分、威廉平原区部分以及机场周围，表明该部分区域相关人类活动强度较高（图 5-14）；灯光亮度（DN 值）大于 6 的部分面积为 89.41km²。2018 年最大灯光亮度值达到了 89，是 2012 年的 1.65 倍；灯光亮度大于 6 的部分面积增加到了 119.27km²，是 2012 年的 1.33 倍。2012~2018 年年平均灯光增长率为 8.7%；灯光总量由 2012 年的 6130.87 增加到 8700.86；平均灯光强度由 11.90 增加到 12.66（表 5-6）。这表明该国经济正处于稳中有增的良好发展态势。

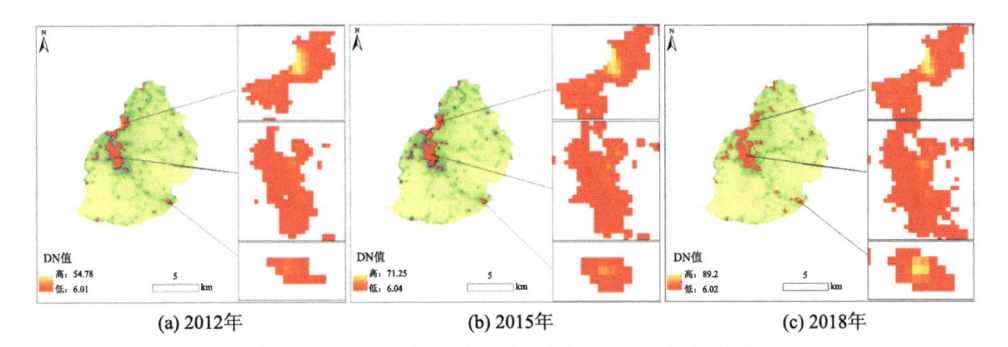

(a) 2012年　　　　　　　　　(b) 2015年　　　　　　　　　(c) 2018年

图 5-14　毛里求斯(岛)历年夜间灯光亮度变化图

(a)(b)(c)图中右侧 3 个小图从上到下依次为路易港城区、威廉平原区和机场周围

表 5-6　毛里求斯(岛)DN 值>6 区域的特征

年份	平均灯光强度	灯光总量	面积/km^2
2012	11.90	6130.87	89.41
2015	12.22	6198.04	88.02
2018	12.66	8700.86	119.27

2. 机场建设对当地旅游业的影响分析

旅游资源丰富的毛里求斯，立足自身优势，并对外实行免签政策及一系列优惠政策，不仅将机场作为交通基础设施，而且作为旅游门户进一步与旅游城镇功能相融合，使得旅游城镇实现快速的客流、物流、信息流、资金流的规模聚集，从而促进城镇化提速与提质，是毛里求斯实现新型城镇化目标的重要抓手。

统计数据表明(表 5-7)，毛里求斯旅游业在航空业的带动下实现了飞速发展，2010~2018 年，旅游业外汇收入由 395 亿卢比增长到 640 亿卢比，年均增长率达到 6.2%。每年赴毛里求斯游客总人数由 93.5 万人次增长到 139.8 万人次，年均增长率达到 5.2%。旅游业是毛里求斯稳固的支柱型产业，旅游业收入占 GDP 比例始终超过 10%且份额还在逐年加大。近年来，旅游业经济一直呈现快速发展的态势，成为带动地方经济发展的强劲动力。

表 5-7　2010~2018 年毛里求斯旅游业及相关行业数据统计表

指标	2010 年	2011 年	2012 年	2013 年	2014 年	2015 年	2016 年	2017 年	2018 年
旅游业外汇收入/亿卢比	395	428	436	406	442	500	559	603	640
入境游客量/万人次	95.6	98.2	98.4	101.5	106.5	117.3	130.6	137.0	140.0

境外工程地球大数据监测与分析

续表

指标	2010 年	2011 年	2012 年	2013 年	2014 年	2015 年	2016 年	2017 年	2018 年
以旅游为目的的游客/万人次	86.5	89.7	89.6	92.3	96.9	107.6	119.8	125.9	130.7
年接待游客量/万人次	93.5	96.5	96.5	99.3	103.9	115.2	127.5	134.2	139.8
机场吞吐量/万人次	250.9	261.1	261.3	269.7	284.4	311.8	343.1	364.9	—
GDP/亿美元	100.04	115.18	116.69	121.30	128.03	116.92	122.32	133.38	142.20
旅游业从业人数/人(包括餐饮、住宿等)	27716	28542	29120	29324	29577	29683	30750	30919	31019
外汇收入占GDP 比例/%	12.83	12.95	12.43	10.91	11.28	12.20	12.86	13.11	13.26
酒店数量/家	112	109	117	107	112	115	111	111	113
房间数量/间	12075	11925	12527	12376	12799	13617	13547	13511	13523
酒店年平均入住率/%	66	65	65	63	65	70	73	77	75

数据来源：2017 年、2018 年毛里求斯国际旅游统计局官网和中国驻毛里求斯共和国大使馆经济商务处，占比经计算得出，汇率情况以当年实际兑换汇率为主

1）旅游业对该国经济的重要性

毛里求斯作为一个名副其实的旅游型岛国，机场对该国的重要性也就不言而喻。岛内景区众多，据不完全统计可达上百处，随着经济及旅游业的发展，旅游业外汇收入占 GDP 比例也在逐年增加。以 2013 年及以后数据为例，旅游业外汇收入占 GDP 的比例由 2013 年的 10.91%增长到了 2018 年的 13.26%，共增长了 2.35%，相较于 2013 年之前具有很大改观(图 5-15)。

2）机场通行能力显著提升

机场硬件设施的提升使得机场通行能力大幅提升。一方面机场历年吞吐量逐年提升，与 2010 年相比，2017 年机场吞吐量增加了 45%；另一方面机场直航航线和城市显著增加。根据毛里求斯统计局公布的数据显示，2019 年普莱桑斯国际机场营运航空公司有 16 家，航线数量达 34 条，联通了 23 个国家和地区、31 个城市、33 个机场；国际航线量及通航城市较扩建前(2009 年)增长显著，分别增加了 49%和 35%。具体数量情况及分布如表 5-8 所示。

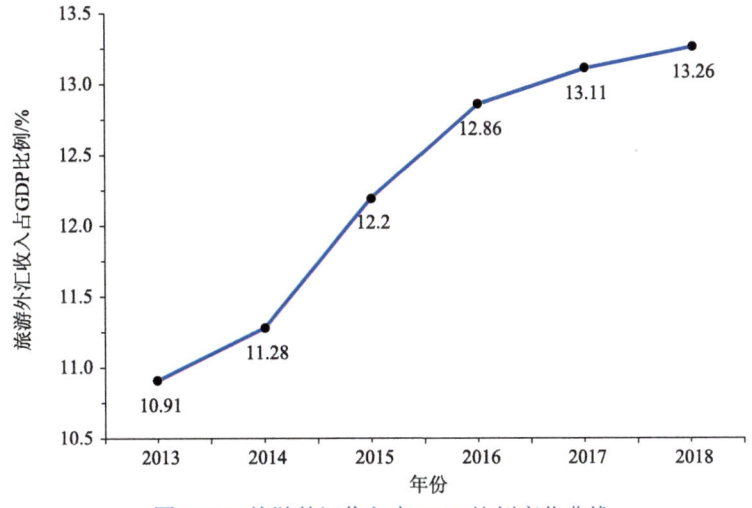

图 5-15 旅游外汇收入占 GDP 比例变化曲线

表 5-8 毛里求斯国际机场航班数据

年份	航线数量/条	直航城市数量/个	营运航司量/个	联通国家及地区数量/个
2009	23	23	15	16
2013	29	29	15	16
2016	32	30	15	16
2019	34	31	16	23

3) 机场年吞吐量与旅游业年接待游客量

如图 5-16 所示,2010~2017 年,普莱桑斯国际机场吞吐量逐年增长,旅游区年接待人数也不断增长。其中,2014~2016 年旅游接待人数增长较快,分别较上一年(2015 年较 2014 年、2016 年较 2015 年)增长了 11.2 万人次和 12.4 万人次;2011~2012 年接待游客数量基本持平;2015~2016 年机场吞吐量增幅较大,增长了 31.5 万人次。2014~2018 年航空业与旅游业发展趋于一致。

4) 旅游业接待人数与旅游业外汇收入

随着旅游业接待人数的增长,旅游业外汇收入增加迅速,与 2010 年相比,2017 年旅游业从业人数增加了 3203 人,外汇收入增加了 208 亿卢比(图 5-17)。

5) 机场建设促进了当地星级酒店的增长

旅游业是以旅游者为对象,为其旅游活动创造条件并提供所需商品和服务的综合性产业。故旅游业在发展的同时也会一定程度上促进相关行业发展,如酒店客源数量、餐馆客流量增加等,称为产业效应。通过对毛里求斯(岛)上的三至五星级酒店数量统计表明,游客数量的增加也促进了当地星级酒店的发展,与 2011

年相比，2019年五星级酒店、四星级酒店和三星级酒店数量分别增加了35%、7%和29%。与2010年相比，2017年旅客数量和酒店入住率分别增加了46%和11%。通过图5-18可以看出，相关从业人数自2010～2018年共增加了3303人，呈逐年增长态势；酒店数量方面，虽历年起伏变化差异较大，但2018年酒店房间数量、年平均入住率较2010年相比分别增加(提升)了1448间和9%。

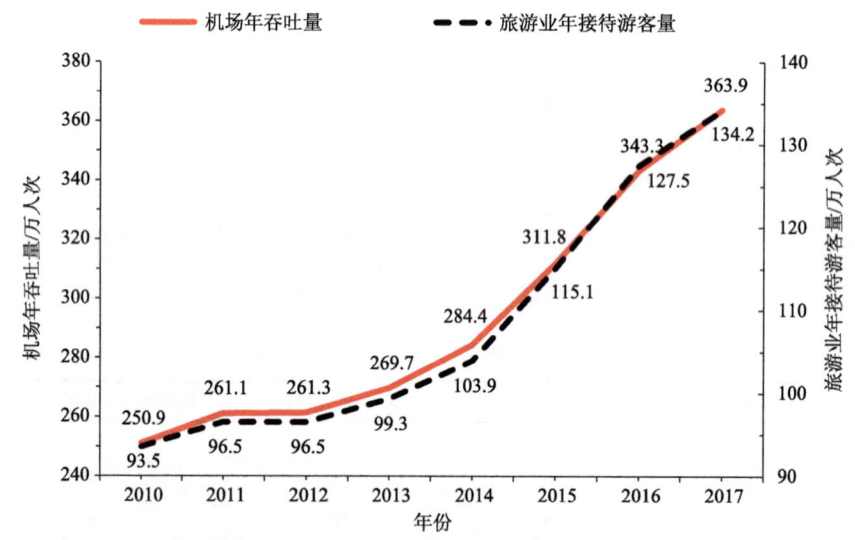

图5-16　毛里求斯2010～2017年机场吞吐量与旅游业接待人数的变化情况

图5-17　2010～2018年外汇收入同旅游业接待游客数量增长情况

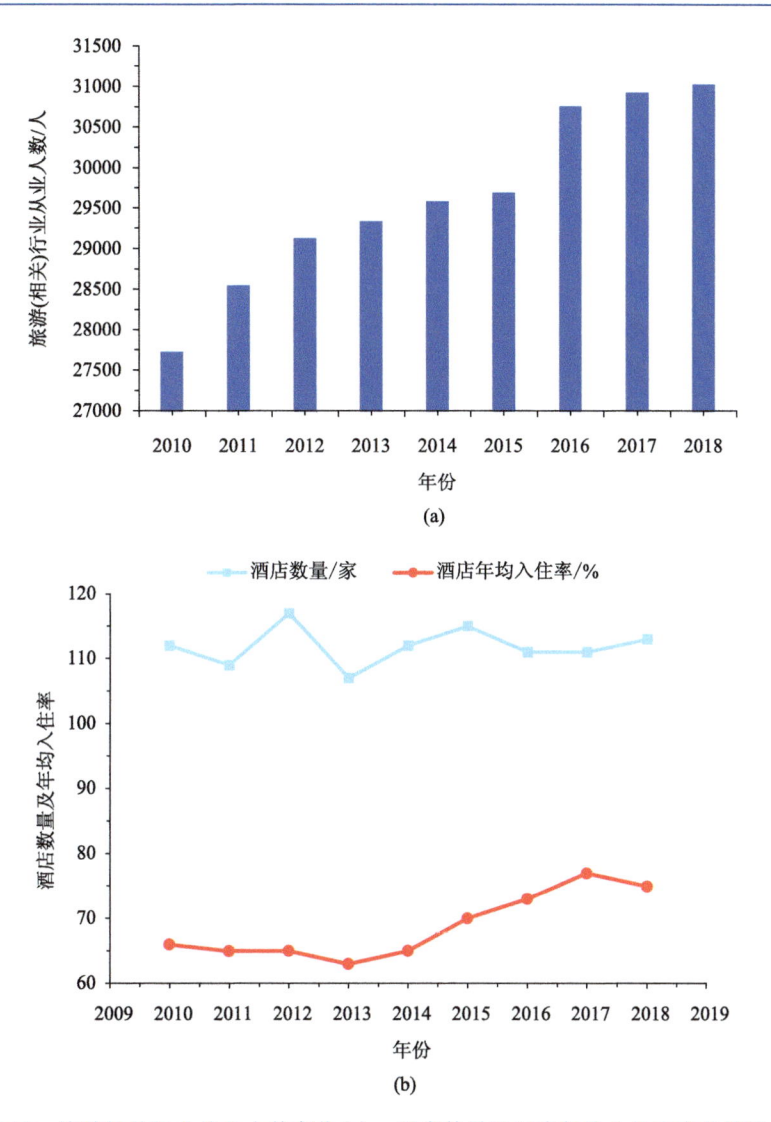

图 5-18 旅游相关行业从业人数变化(a)、酒店数量及酒店年均入住率变化情况(b)

6) 航班数据可视化——旅游人口流向图

为直观展现机场扩建前后赴毛里求斯旅游人口数量变化趋势,本书用 Arcmap 制作旅游出行人口流向图。通过图 5-19、表 5-9 可看出,自 2009~2014 年再到 2018 年,通航国家(地区)以及世界各国赴毛里求斯旅游人次均有不同程度的变化,2009 年、2014 年、2018 年普莱桑斯国际机场联通国家及地区数量分别为 17 个、19 个、21 个;赴毛里求斯旅游人数分别为 87.1 万人次、103.9 万人次、139.8 万人次。人数区间方面:虽然该三年旅游人数均集中在 0~5 万人次(>0),但 2014

境外工程地球大数据监测与分析

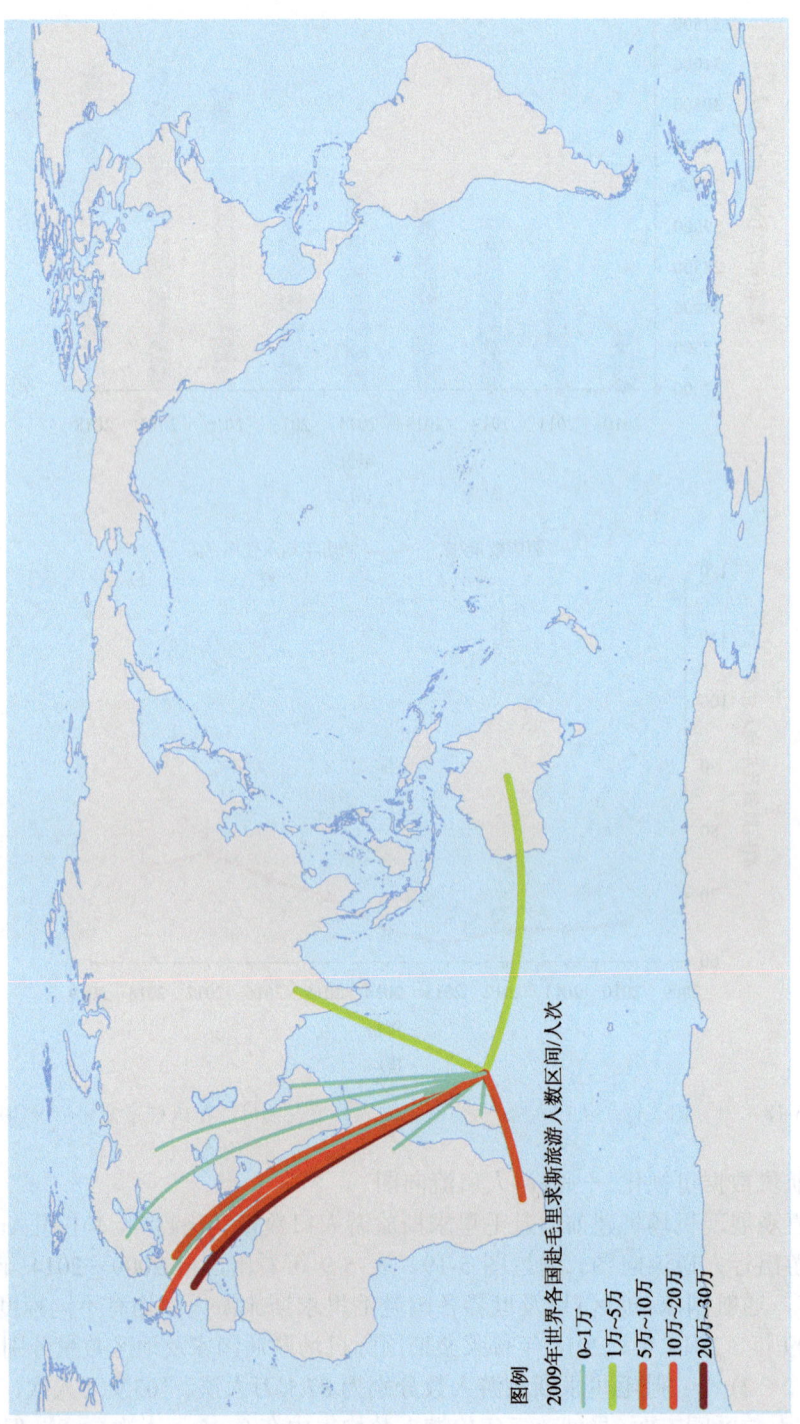

(a) 2009年赴毛里求斯旅游客量

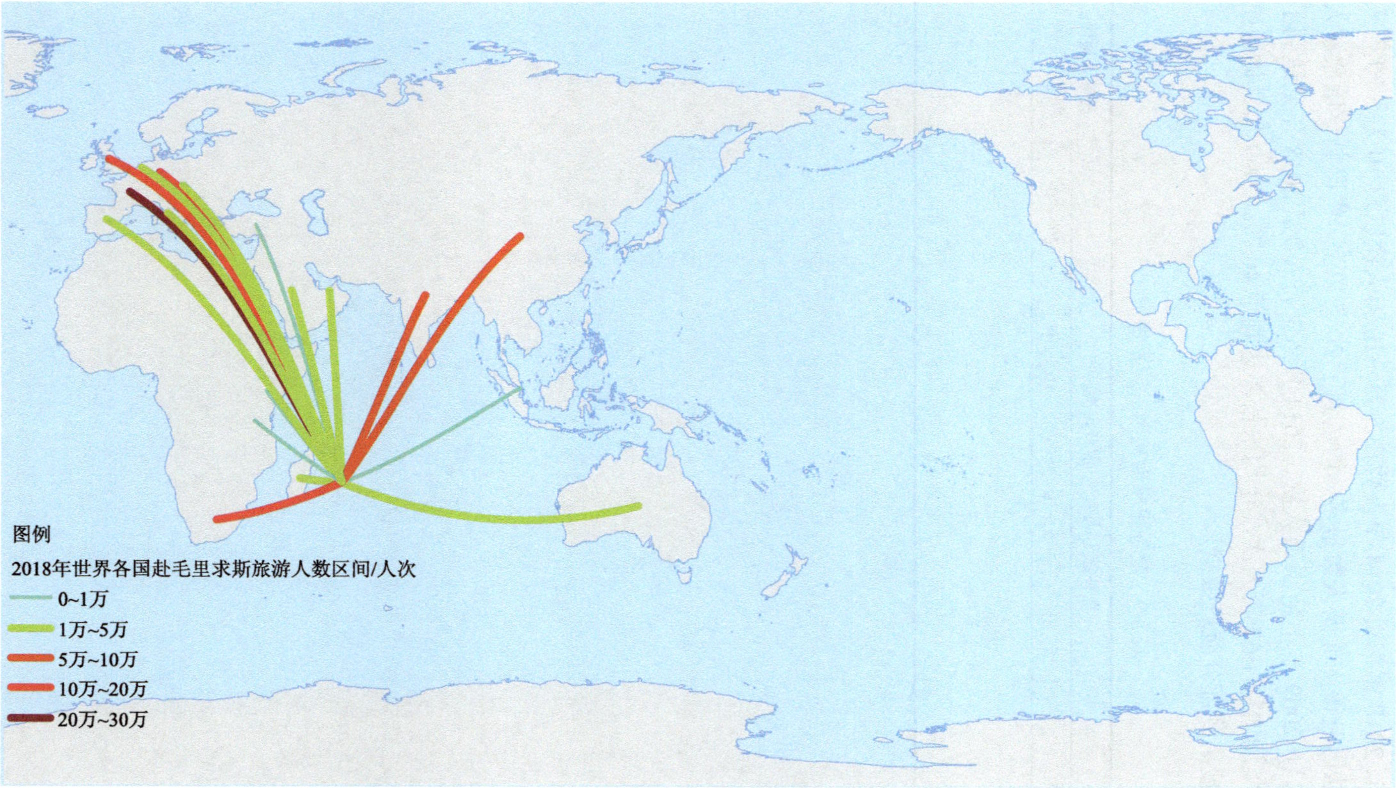

(b) 2018年赴毛里求斯旅游客量

图 5-19　2009 年和 2018 年赴毛里求斯旅游客量

年相较2009年、2018年相较2014年人数在5万～10万人次以及10万～20万人次明显增多，法国赴该国旅游人数最多，均达到了20万以上。中国赴该国旅游人数增长最为明显，2009年不足1万人次，2014年6.3万人次，2018年则达到了15.1万人次，年均增加1.67万人次，年均增长率达到了40.7%（2009年具体通航国家待定，仅搜集到部分航班数据）。

表 5-9 赴毛里求斯旅游的国家情况

年份	前往旅游人数区间/万人次					国家及地区数量总计/个
	0～1	1～5	5～10	10～20	20～30	
2009	7	4	3	2	1	17
2014	7	5	4	2	1	19
2018	5	9	1	5	1	21

第 6 章

产业园区

产业园区是我国对外投资的重要平台，我国 1/3 的对外投资都集中在各国产业园区，对提升当地的工业化水平、促进当地就业具有重要的意义。本章采用地球大数据技术，收集整理我国参与投资、承建或收购的境外产业园区名录，分析我国参与投资、承建或收购的境外产业园区的发展态势和分布格局，并选取典型案例，监测我国参与投资、承建或收购的园区的建设进度、生态环境影响和社会经济影响。主要结果如下：

(1) 通过收集境外园区建设状况的报道材料，汇总各方面与园区建设相关的信息，编制了 182 个境外产业园区名录。分别位于 52 个国家，其中俄罗斯的产业园区数量为 44 个，占比最大，高达 24.2%；其次是东南亚产业园区有 39 个，占总数的 21.4%。

(2) 根据园区主体产业进行分类，将本书统计到的园区分为六类。其中，农业产业园区 53 个，轻工业园区 31 个，重工业园区 21 个，高新技术园区 13 个，物流合作园区 11 个，综合产业园区 53 个。其中，有 96 个境外园区分布在主要经济走廊，中蒙俄经济走廊的园区最多，以农业产业园区为主。

(3) 自 2006 年以来，中国境外产业园区发展迅猛，并呈现逐年增长的态势。2013 年以后，增长速度加快。随着亚投行的成立，园区数量不断增长，园区的类型从劳动密集型和资源密集型转向资本和技术密集型，分布区域从中国周边国家向非洲、欧洲和南美洲扩散。

(4) 以西哈努克港经济特区为例，遥感监测了园区内外土地利用变化、园区内部道路变化情况、内部建筑面积变化和对周边经济的影响，发现西哈努克港经济特区建设进度较快，周边生态环境影响较小，园区经济发展速度明显高于周边其他地区。

发展中国家，特别是最不发达国家普遍未实现工业化或工业化水平较低，发展相对落后，人民生活水平较低，城镇化建设相对缓慢。虽然21世纪以后，世界上最贫穷的49个最不发达国家普遍经历了较快的经济增长，但这些国家的经济增长大多由初级产品的出口所拉动，工业化水平并未得到显著提升。中国是全球唯一拥有联合国产业分类目录中所有工业门类的国家，不仅门类齐全，而且工业化水平较高。通过建设产业园区，吸引大量中国企业入驻，可以将中国先进的工业技术与管理经验带到该国，从而提高该国的工业化水平，拉动该地区就业，促进该国的经济发展。

工业化是联合国2030年可持续发展议程的重要目标之一。境外产业园区作为推动发展中国家实现工业化的重要抓手，是我国对外投资的重要平台，我国1/3的对外投资集中在各国产业园区，在改善区域投资环境、引进资金、促进产业转型升级、发展地区经济等方面发挥着积极的示范和带动作用，也因此被称为"城市经济腾飞的助推器"。境外产业园区正在成为我国实现产业结构调整和全球产业布局的重要承接平台，是国际产能合作的重要载体。

2013年以来，我国境外产业园区建设扎实推进、成果丰硕。通过收集境外园区建设状况的报道材料发现，我国在境外参与投资、承建或收购的182个境外产业园区涵盖农业产业园区、轻工业园区、重工业园区、物流合作园区、高新技术园区与综合产业园区等六大类别。通过境外产业园区的建设，有利于对外介绍、推广"中国经验"，充分体现了人类命运共同体和全球发展倡议理念，将成为中国向发展中国家经济发展和人类命运共同体贡献中国智慧的重要平台。

6.1 分布格局

6.1.1 各大洲及地区的分布情况

本章收录的我国企业参与投资、承建或收购的境外园区182个，分布在亚洲的园区有34个，其中南亚、中亚、西亚、东亚的数量分别为10个、12个、11个、1个，占比分别为5.5%、6.6%、6.0%、0.6%；分布在非洲各地区的园区有45个，其中北非、东非、西非、南非的数量依次为4个、20个、8个、13个，占比分别为2.2%、11.0%、4.4%、7.1%；分布在欧洲(不含俄罗斯)的境外园区有15个，占比为8.2%；北美洲、南美洲和大洋洲分布园区较少，园区数量分别为2个、2个、1个，占比分别为1.1%、1.1%、0.6%。境外产业园区在各大洲及地区数量分布图如图6-1所示。

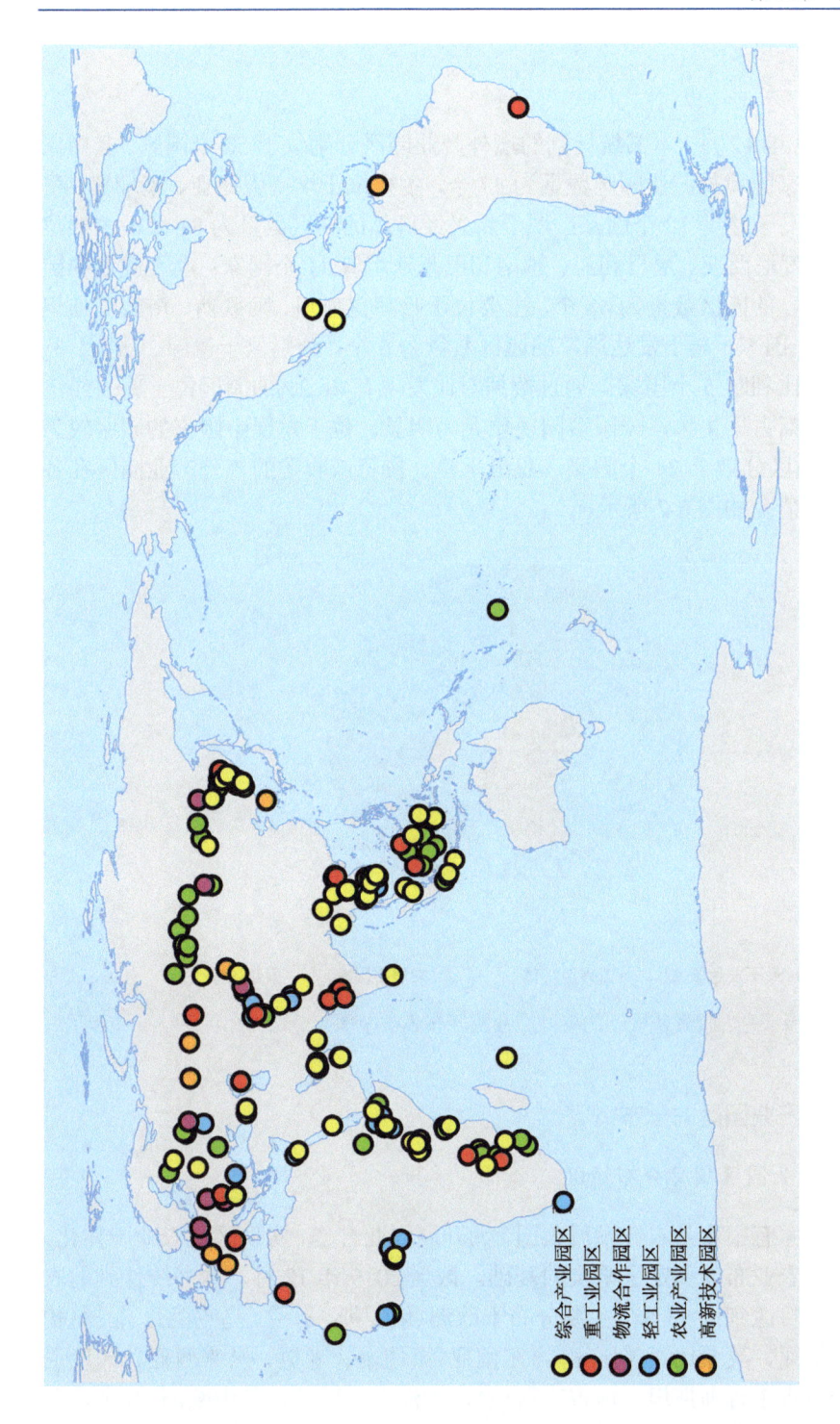

图 6-1 境外产业园区在各大洲及地区数量分布图（数据资料截至 2019 年 12 月 30 日）

— 123 —

6.1.2 在不同类型国家的分布情况

截至 2019 年 12 月,本书统计到的境外产业园区分别位于 52 个国家。其中属于最不发达国家的境外产业园区数量为 47 个,主要位于埃塞俄比亚、柬埔寨、赞比亚、老挝和乌干达等 12 个国家;属于新兴经济体的园区数量为 81 个,主要位于俄罗斯、印度尼西亚、尼日利亚、越南和巴基斯坦等 11 个国家;属于发展中国家(欠发达国家)的园区数量为 48 个,主要位于哈萨克斯坦、阿联酋、塔吉克斯坦和阿曼等 24 个国家;属于发达国家的园区数量为 6 个,分别位于德国、法国、芬兰、意大利和比利时 5 个国家。通过数据对比发现有 46.2%的园区位于新兴经济体,其中俄罗斯占据主体,一国多园现象尤为明显。位于发展中国家的园区较为分散,48 个园区分散于 24 个国家。我国承建、投资或收购的境外产业园区在各类型国家分布情况如图 6-2 所示。

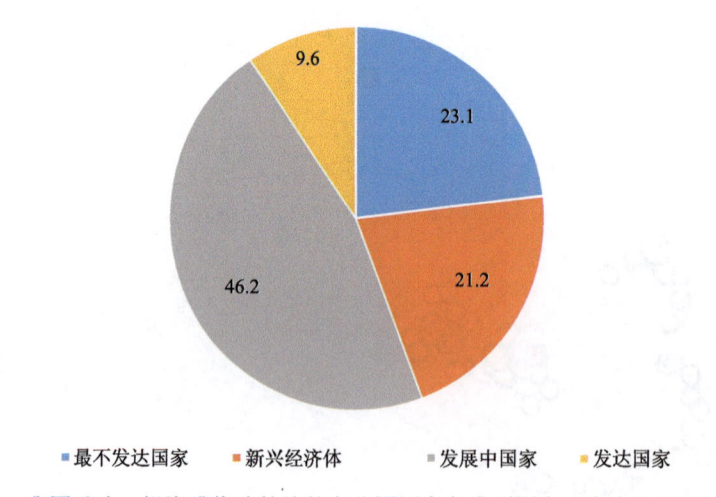

图 6-2 我国承建、投资或收购的境外产业园区在各类型国家分布占比图(单位:%)

6.1.3 各类型产业园区的分布情况

1. 农业产业园区项目分布情况

发展中国家有很多是农业发展大国,为开展农业合作、实现区域农业一体化,完成我国境外农业布局奠定了坚实的基础。截至 2019 年 12 月,本书统计到的农业产业园区项目达到了 53 个,主要分布于欧洲(俄罗斯、芬兰、乌克兰),非洲(赞比亚、坦桑尼亚、莫桑比克等国家),东南亚(柬埔寨、老挝、马来西亚、印度尼西亚),中亚(吉尔吉斯斯坦、塔吉克斯坦),大洋洲(斐济),其中欧洲 28 个,非

— 124 —

洲 13 个，东南亚 7 个，中亚 4 个，大洋洲 1 个，主要分布在俄罗斯、赞比亚、塔吉克斯坦等地区(图 6-3)。这些园区多位于河流中下游平原，自然资源丰富，水量充沛，地理位置优越，交通便利，当地的基础设施完善，并且依附于大城市，市场对于农产品的需求量大，给园区的建设创造了优良的条件。例如，苏丹的中苏农业开发区，就位于苏丹第二大灌溉区，紧邻青尼罗河，加上中苏两国农业发展需求的互补性，苏丹政府的重视，辅之优惠政策，使得该合作区成为中苏农业合作平台的典范；中俄远东经贸合作区位于亚欧大陆桥、俄罗斯远东地区，该地区木材资源丰富，而中国对木材需求较大，可直接与中国进行原材料贸易，园区的建设有利于两国之间的优势资源互补。

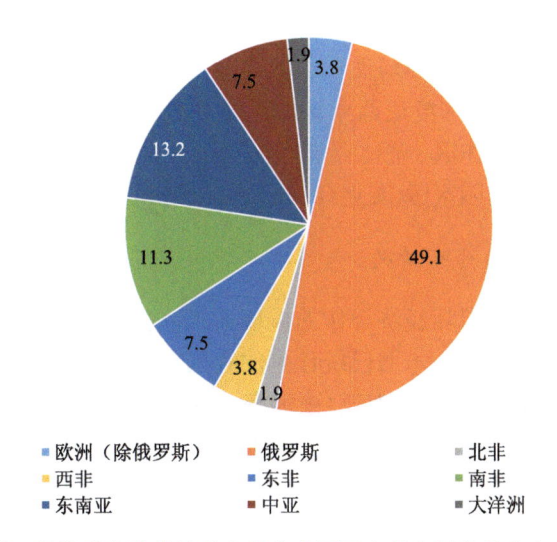

图 6-3　我国承建、投资或收购的境外农业产业园区在各大洲数量分布占比图(单位：%)

农业产业园区主要以第一产业为主，主要包括农业、林业、牧业、副业与渔业，同时包括其所涉及的加工类园区，主要为劳动密集型加工园区。截至 2019 年 12 月，本书统计到的农业产业园区有中非现代畜牧业循环经济工业区、东宁华洋境外绿色农业合作园区、俄罗斯阿玛扎尔林浆一体化项目(园区)、俄罗斯巴什科沃木材加工园区、俄罗斯北极星林业经贸合作区、俄罗斯春天农业产业经贸合作区、俄罗斯格城新北方木材加工园区、俄罗斯华泰林业木材加工园区、俄罗斯克拉斯诺亚尔斯克东方木业列索园区、俄罗斯龙跃林业经贸合作区、俄罗斯耐力木材园区、俄罗斯尚圣龙木材合作园区、俄罗斯泰源农业与牧业产业园区、俄罗斯下列宁斯科耶木材加工园区、俄罗斯钰森克拉斯诺亚尔斯克林业合作区、俄中托木斯克木材工贸合作区、黑河北丰中俄阿穆尔农业(畜牧)产业园区、金穗境外农业合作区、鹏瑞境外林业采伐加工区、伊尔库茨克新吉马资源利用园区、中俄(滨海边疆)现代农业经济合作区、中俄林业坎斯克森林资源经贸合作园区、中俄林业坎斯克园区、中俄农牧业产业示范园区、中俄-托森斯克工贸合作区、中俄伊曼木材加工经贸工业园区、中俄远东经贸合作区、斐济-中国渔业综合产业园、北欧湖南农业产业园、吉尔吉斯斯坦亚洲之星农业产业合作区、华岳柬埔寨绿色农业产业园、柬埔寨-中国热带生态农业合作示范区、中津经贸合作区、老挝云橡产业园、老挝-中国现代农业科技示范园、江西(马来西亚)现代农业科技产业园、中毛(宏东)海洋经济合作园、莫桑比克万宝产业园、莫桑比克-中国农业技术示范中心、塞拉利昂农业产业园、中苏农业开发区、塔吉克斯坦-中国农业合作示范园、中塔(河南)农业产业科技示范园区、中泰新丝路塔吉克斯坦农业纺织产业园、江苏-新阳嘎农工贸现代产业园、中坦现代农业产业园、乌干达-中国农业合作产业园、中乌农业科技示范园区、印度尼西亚东加里曼丹岛农工贸经济合作区、中国-印度尼西亚聚龙农业产业合作区、赞比亚农产品加工合作园区[奇帕塔(Chipata)园区]、赞比亚农产品加工合作园区[佩陶克(Petauke)园区]、赞比亚中垦非洲农业产业园。

2. 轻工业园区项目分布情况

国际产能合作既是国际经济合作的重要形式，也是发展中国家工业化建设的重要领域。自2013年以来，本书已统计到的我国在境外建设的轻工业园区项目数量为31个，这些园区分布于东南亚(柬埔寨、越南、泰国)，南亚(巴基斯坦)，中亚(乌兹别克斯坦)，非洲(埃塞俄比亚、尼日利亚等国家)和欧洲(罗马尼亚、俄罗斯)，其中东南亚8个，南亚2个，中亚2个，西亚2个，非洲13个，欧洲4个(图6-4)，主要分布于埃塞俄比亚、柬埔寨、越南等一些具有大量廉价劳动力的地区，如巴基斯坦工银-如意费萨拉巴德纺织服装工业园项目位于巴基斯坦旁遮普省费萨拉巴德市，是中巴铁路沿线项目之一。巴基斯坦是全球重要纺织大国，其棉纺与棉布出口量居世界前列。该国是世界上为数不多的拥有全产业链生产能力的纺织大国，可以为纺织产业园提供坚实的基础与技术支持。巴基斯坦政府对纺织产业提供了资金支持与各种优惠政策，这些都为轻工业园区在当地的发展提供了有力的保障。

轻工业园区主要以第二产业中的制造业为主，主要包括纺织类、食品类、家用电器类等。截至2019年12月，本书统计到的轻工业园区有中国-阿联酋(迪拜)食品工业园、中国-阿曼(杜库姆)产业园(轻工业综合区)、中国埃及曼凯纺织产业园、埃塞俄比亚阿达玛(Adama)轻工业园区、埃塞俄比亚哈瓦萨(Hawassa)工业园、埃塞俄比亚德雷达瓦(Dire Dawa)轻工业园区、埃塞俄比亚克林图工业园、埃塞俄比亚孔博勒查(Kombolcha)轻工业园区、埃塞中交工业园区(中交埃塞ARERTI工业园)、华坚埃塞俄比亚轻工业城、巴基斯坦工银-如意费萨拉巴德纺织服装工业园、巴基斯坦海尔-鲁巴经济区、俄罗斯利佩茨克州"东方工业"生产创新型产业园、俄罗斯米哈工业园、俄罗斯乌苏里斯克经贸合作区、福隆盛中柬工业园、柬埔寨曼哈顿经济特区、柬埔寨齐鲁经济特区、柬埔寨山东桑莎(柴桢)经济特区、柬埔寨西哈努克港经济特区、罗马尼亚麦道工业园区、海信南非亚特兰蒂斯工业园区、尼日利亚卡拉巴汇鸿开发区、越美尼日利亚纺织工业园、塞拉利昂国基工贸园区、泰国湖南工业园、非洲(乌干达)山东工业园、乌兹别克斯坦"鹏盛"工业园、乌兹别克斯坦安集延纺织园区、百隆东方越南宁波园中园、越南中国(海防深圳)经贸合作区。

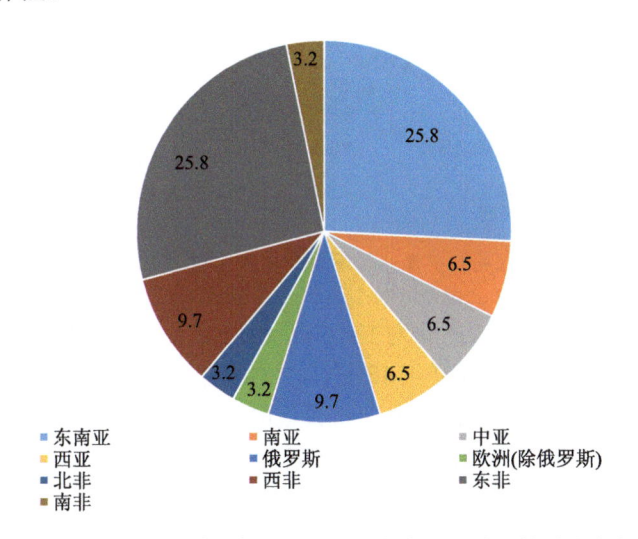

图 6-4 我国承建、投资或收购的境外轻工业园区在各大洲及地区数量分布占比图(单位:%)

3. 重工业园区项目分布情况

截至 2019 年 12 月,本书统计到的中国在境外建设的重工业园区项目数量已经达 21 个,这些园区分布于东南亚(印度尼西亚、文莱、越南),南亚(印度),中亚(哈萨克斯坦),西亚(阿曼),非洲(赞比亚、阿尔及利亚、津巴布韦、尼日利亚),南美洲(巴西)以及欧洲(俄罗斯、匈牙利、意大利)。其中,东南亚 5 个,南亚 3 个,中亚 3 个,西亚 1 个,非洲 5 个,南美洲 1 个,欧洲 3 个,主要分布于印度、印度尼西亚等产能资源丰富、劳动力充沛、交通便利、经济发展水平较高的地区。紧邻矿产资源等原材料产地建设产业园区,不仅可以解决我国资源短缺问题,也可以节约原材料进口过程中的运输成本,如中哈阿克套能源资源深加工园区和印

境外工程地球大数据监测与分析

度尼西亚苏拉威西镍铁工业园就建立在资源密集的地区，采取就近取材的原则，节约成本，实现利益最大化(图6-5)。

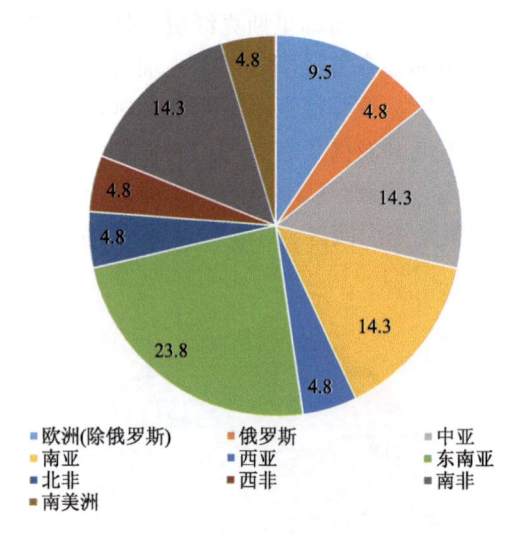

图6-5 我国承建、投资或收购的境外重工业园区在各大洲及地区数量分布占比图(单位：%)

重工业园区主要以第二产业为主，主要包括石油类、电子类、化学等，主要为能源资源加工区。截至2019年12月，本书统计到的重工业园区有中国江铃经济贸易合作区、中国-阿曼(杜库姆)产业园(重工业区)、奇瑞巴西工业园区(奇瑞汽车产业园)、俄罗斯阿穆尔州别列佐夫卡石化建材加工园区、哈萨克斯坦汽车工业产业园、哈萨克斯坦中国工业园(中哈阿克套能源资源深加工园区)、华锦矿业经贸园区、尼日利亚宁波工业园区、塔吉克斯坦中塔工业园区、文莱大摩拉岛石油炼化工业园区、中匈宝思德经贸合作区、浙减中意工业园区、特变电工(印度)绿色能源产业园、印度马哈拉施特拉邦汽车产业园(北汽福田汽车工业园)、印度蒲那中国三一重工产业园、印度尼西亚苏拉威西镍铁工业园、印度尼西亚西加里曼丹铝加工园区、中国印度尼西亚综合产业园区青山园区、圣力(越南)经贸合作区、赞比亚-中国经济贸易合作区(谦比希园区)、中材赞比亚建材工业园。

4. 物流合作园区项目分布情况

本书统计到的我国在境外建设的物流合作园区项目数量为11个。这些园区分布于西亚(阿联酋)，中亚(哈萨克斯坦)和欧洲(俄罗斯、匈牙利、德国等国家)；其中西亚1个，中亚1个，俄罗斯3个，欧洲(除俄罗斯)6个，主要分布于亚洲、欧洲等一些经济贸易发达的地区，如中欧商贸物流合作园区，依托于匈牙利的区位、交通和商贸优势,以及中国与欧盟各国良好的国际关系和贸易往来,商品进入匈牙利后,能有效辐射整个欧盟地区,拓展贸易发展空间(图6-6)。

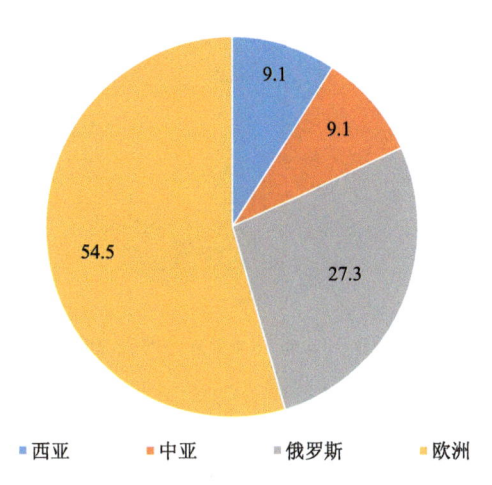

图6-6 我国承建、投资或收购的境外物流合作园区在各大洲及地区数量分布占比图(单位:%)

物流合作园区主要是以物流贸易为主,通过物流将商品运输到其他国家进行贸易合作。截至2019年12月,本书统计到的物流合作园区有阿联酋中阿(富吉拉)商贸物流园区、波兰(罗兹)中欧国际物流产业合作园区、德国帕西姆中欧空港产业园区、不莱梅港物流园、阿穆尔州和兴商贸物流园区、俄罗斯弗拉基米尔宏达物流工业园区、俄罗斯伊尔库茨克诚林农产品商贸物流园区、哈萨克斯坦(阿拉木图)中国商贸物流园区、塞尔维亚贝尔麦克商贸物流园区、中欧商贸物流合作园区(布达佩斯中国商品交易展示中心)、中欧商贸物流合作园区(切佩尔港物流园)。

5. 高新技术园区项目分布情况

截至2019年12月,本书统计到的我国在境外建设的高新技术园区项目数量为13个,这些园区位于东南亚(泰国、越南),中亚(哈萨克斯坦),南亚(印度),东亚(韩国),欧洲核心地带(比利时、法国),俄罗斯科教文化中心,南美洲(委内瑞拉);其中东南亚2个,中亚1个,南亚1个,东亚1个,俄罗斯5个,欧洲(除俄罗斯)2个,南美洲1个,主要分布于科技发达、科教水平突出以及创新能力强的国家或地区(图 6-7)。该类型园区多建设于地理位置优越、环境优美、交通便利、基础设施齐全且具备政策优势的地区。例如,中国-比利时科技园毗邻比利时首都布鲁塞尔,作为欧盟总部所在地,布鲁塞尔地理位置优越,投资环境良好,并且园区依托于新鲁汶大学及大学科技园,科研创新能力位于世界前沿。除此之外,政府鼓励创新,对于研发人员,可得到个人所得税65%的退税。

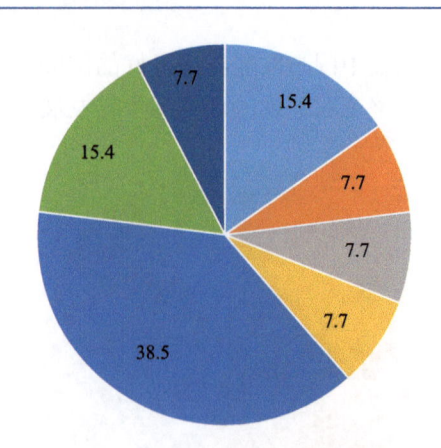

境外工程地球大数据监测与分析

图6-7 我国承建、投资或收购的境外高新技术园区在各大洲及地区分布占比图(单位：%)

高新技术园区主要是以高新技术为基础且能够生产出前沿高科技产品的经贸合作园区。截至2019年12月，本书统计到的高新技术园区有中国-比利时科技园、阿拉布加哈尔滨工业园区、俄罗斯车里雅宾斯克州创新工业园、俄罗斯远东中俄合作高新技术产业园、俄罗斯跃进高科技产业园、莫斯科(杜布纳)高新技术产业合作园区、中法经济贸易合作区、中哈金土地高科技产业园区、中韩科技创新经济园区、中国-东盟北斗科技城、委内瑞拉中国科技工贸区、印度美的科技园、越南北江省云中工业园区。

6. 综合产业园区项目分布情况

截至2019年12月，本书统计到的中国境外建设的综合产业园区项目数量达53个，这些园区分布于东南亚(印度尼西亚、老挝、越南、缅甸等国家)，南亚(巴基斯坦、斯里兰卡、印度)，中亚(哈萨克斯坦)，西亚(阿联酋、格鲁吉亚、沙特阿拉伯、阿曼)，非洲(乌干达、尼日利亚等国家)，欧洲(白俄罗斯、塞尔维亚等国家)以及北美洲(墨西哥)，其中东南亚17个，南亚4个，中亚1个，西亚7个，非洲14个，俄罗斯6个，欧洲(除俄罗斯)2个，北美洲2个，主要分布于亚洲、非洲等一些发展中国家(图6-8)。通过建设综合产业园区，形成完整的产业链、完善的物流和商业生活配套设施，提高当地基础设施建设和工业化水平，如墨西哥北美华富山工业园，就整合了当地的资源优势与区位优势，建立一个以工业为基础，配套物流、商业、娱乐等为一体的综合性工业园区。而华夏幸福印度尼西亚卡拉旺产业园以工业为基础，以产业新城为载体，发挥产业集群优势，建设成了一个现代化产业园。

第6章 产业园区

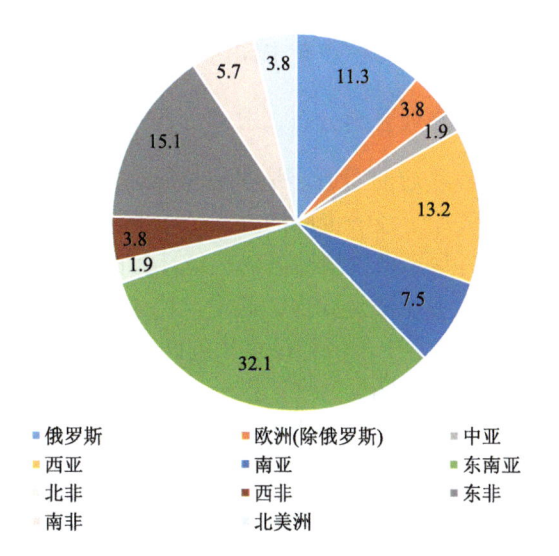

图 6-8 我国承建、投资或收购的境外综合产业园区在各大洲及地区数量占比图(单位：%)

我国承建、投资或收购的境外综合产业园区涵盖了以上两种或多种类型的园区，一般是集多类型多功能产业为一体的园区。截至 2019 年 12 月，本书统计到的综合产业园有中阿(联酋)产能合作示范园、阿治曼中国城、中国-阿曼(杜古姆)产业园(旅游区)、埃及苏伊士经贸合作区、埃塞俄比亚东方工业园、埃塞俄比亚-湖南工业园、巴基斯坦瓜达尔港自贸区、巴基斯坦开普省拉沙卡伊特别经济区、中国-白俄罗斯工业园、俄罗斯阿穆尔综合园区、俄罗斯滨海华宇经济贸易合作区、俄罗斯莫戈伊图伊(毛盖图)工业区、俄罗斯圣彼得堡波罗的海经济贸易合作区、俄罗斯中俄国际商贸城、黑河-俄罗斯布市跨境经济合作区、格鲁吉亚华凌国际经济特区、格鲁吉亚华凌自由工业园、中哈霍尔果斯国际边境合作中心、吉布提国际自贸区、柬埔寨桔井省斯努经济特区、柬埔寨斯努经济特区、肯尼亚珠江经济特区、中国-肯尼亚(东非)经济贸易合作区、老挝磨丁经济开发专区、老挝万象赛色塔综合开发区、老中甘蒙钾盐综合开发区、马来西亚皇京港临海工业园、马来西亚马中关丹产业园、毛里求斯晋非经贸合作区、缅甸皎漂特区工业园、中缅边境经济合作区、莫桑比克贝拉经贸合作区、墨西哥北美华富山工业园、中国交建墨西哥工业园、尼日利亚广东经贸合作区、尼日利亚莱基自由贸易区、塞尔维亚中国工业园、沙特吉达中国龙大市场、中国沙特(吉赞)产业园、斯里兰卡科伦坡港口城、泰中罗勇工业园、坦桑尼亚巴加莫约经济特区、乌干达辽沈工业园、中乌姆巴莱工业园区、万达印度产业园、中国广西-印度尼西亚沃诺吉利经贸合作区、罕王-富域产业园、华夏幸福印度尼西亚卡拉旺产业园、中国-印度尼西亚经贸合作区、中民投印度尼西亚产业园、越南铃中加工出口区和工业区、越南龙江工业

— 131 —

园、赞比亚-中国经济贸易合作区(卢萨卡园区)。

6.1.4 主要经济走廊上的产业园区分布情况

经济走廊是我国对外联通的通道,是我国与周边国家经济协同发展的重点建设区域。境外产业园区依托于经济走廊的发展,逐步壮大。本书以10km为半径,做出了主要经济走廊缓冲区。根据缓冲区内已统计到的园区数量进行分析,有94个境外园区项目分布在主要经济走廊内。其中,位于新亚欧大陆桥经济走廊的园区有12个,占比6.6%;位于中蒙俄经济走廊的园区有36个,占比19.9%;位于中国—中亚—西亚经济走廊的园区有14个,占比7.7%;位于中国—中南半岛经济走廊的有17个,占比9.3%;位于中巴铁路沿线的园区有11个,占比6.1%;位于孟中印缅经济走廊上的园区有4个,占比2.20%。位于海上丝绸之路蓝色经济通道上和经济走廊之外的园区分别有48个和40个,分别占比26.4%和22.0%(图6-9)。

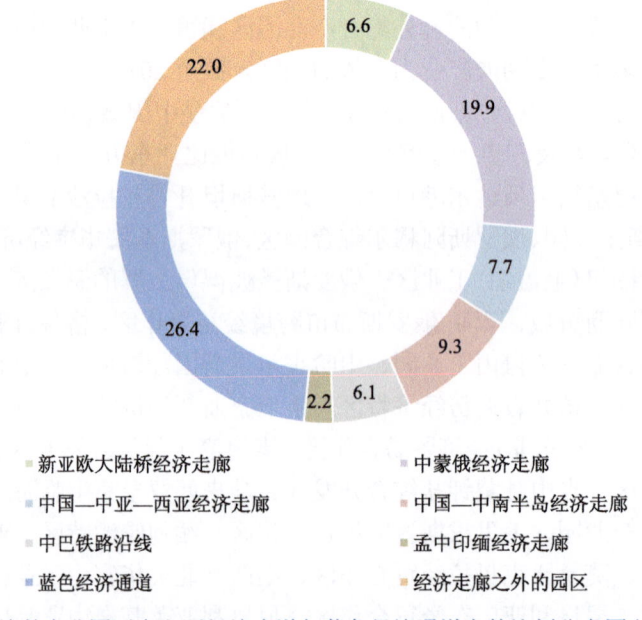

图6-9 境外产业园区在主要经济廊道与蓝色经济通道上的比例分布图(单位:%)

从宏观上看,我国不仅在主要经济走廊和海上经济通道上建设园区,廊道之外也有很大一部分园区。它们与邻近经济走廊以及走廊节点城市交相呼应,形成一种良好的裙带关系,携手共同发展,实现不同层次区域规划的融合与发展。

位于新亚欧大陆桥经济走廊上的园区，大多为高新技术园区。欧洲绝大多数为发达国家，经济发展水平处于一个很高的层次，在世界经济中占重要地位。欧洲国家文化教育水平普遍较高，国际名校众多，在科学技术的众多领域中也处于较为领先的国际地位，因此高新技术园区在此经济走廊可以得到源源不断的人才与技术支撑。

中蒙俄经济走廊上大多数境外园区位于俄罗斯境内，而且多为农业产业园区。俄罗斯面积广阔，是世界森林资源面积最大的国家，适宜发展林业出口加工产业。在俄罗斯的温带地区，地形平坦，气候温和，降水充足，牧草茂盛，适宜发展农牧业，因此中蒙俄经济走廊上农业产业园区占比较大。

中国—中亚—西亚经济走廊上的境外园区进展较慢，科技含量不足，高科技产业园区较少。中亚和西亚之间交通运输线路较少，交通基础设施落后，贸易额较小。中亚和西亚国家经济发展水平普遍较低，苏联解体之后，中亚五国虽然实行改革开放政策，积极发展对外贸易，但是短时间内中亚和西亚之间的贸易很难有重大突破。同时西亚地区持续动荡的局势，也给中国—中亚—西亚经济走廊上园区的发展带来一定的困难。

位于中巴铁路沿线的园区，大多位于巴基斯坦境内。巴基斯坦目前的工业发展不容乐观，最近几年虽然有所发展，但是仍然滞后，被经济学家诟病为"过早去工业化"。近年来，服务业成为拉动巴基斯坦经济增长的主要动力，因此中国位于中巴铁路沿线的境外园区多为综合产业园区。

孟中印缅经济走廊园区多以重工业园区和综合产业园区为主。合作园区多位于印度和缅甸两国。印度矿产资源丰富，可就地取材，利用当地丰富的资源优势，发展重工业。而缅甸主要以第一产业为主，工业基础较为薄弱，主要以小型加工、物流进出口贸易为主，同时矿产资源丰富，现已探明的矿藏有10余种。同时，缅甸风景优美，国家政府大力发展旅游行业。多种产业共同发展，因此缅甸地区综合产业园区较多。

位于中国—中南半岛经济走廊的境外园区多以轻工业园区为主。东南亚地区人口稠密，除少部分国家外，科技实力落后，重工业不发达，因此该地区依托大量廉价劳动力的优势，积极发展进出口贸易加工。同时，该地区的农业也较为发达，大量出口农产品。

蓝色经济通道上境外园区众多，其中位于非洲地区的园区，大多为农业产业园区和轻工业园区，因为非洲地区大多数国家主要以第一产业为主，工业发展起步较晚，以轻工业园区为主，发展加工类的进出口贸易。另外非洲部分国家矿产资源丰富，园区发展会结合当地资源优势，发展重工业。

6.2 发展态势

6.2.1 产业园区历年建设数目变化

自 2006 年以来，中国境外经贸合作园区发展迅速。2005 年之前，本书只统计到 5 个园区，主要分布于东南亚和俄罗斯等一些中国的周边国家，主要以农业产业园区和综合产业园区为主，大多属于资源利用型和劳动密集型园区；2005~2008 年，统计到的园区数量由原来的 5 个增长到 30 个，分布区域从周边国家向东南亚和非洲等地区的一些国家扩展，园区类型开始由资源型和劳动型转向加工技术型。

2009~2014 年，本书统计到的园区数量增加了 80 个，其中以农业型、综合型和重工型为主的园区就有 52 个，分布区域从亚洲、非洲等一些发展中国家扩展到欧洲发达国家，主要是以现代农业产业园区为主。2013 年，农业产业园区与综合产业园区增量明显，其中俄罗斯国家的园区数量占比较大。2015~2018 年，本书统计到的园区数量增加了 65 个，其中以重工业园区和轻工业园区为主的资源密集型和劳动密集型只有 17 个，占比逐年递减。而以某类产业为概念，以公寓、酒店、办公、会展等服务元素为配套形成规模化的城市综合建筑群，即综合类产业园区，数量增加 26 个，总个数高达 53 个。整体上来说，境外园区的类型从劳动密集型和资源密集型转向资本和技术密集型，分布区域从周边国家向非洲、欧洲和南美洲拓展。

从 2013 年开始，本书收录的我国境外承建园区项目数量显著增多，主要是由于中国响应联合国 2030 年发展议程，积极推动中国企业走出去，各国积极响应并与中国合作，建设产业园区项目。产业园区将各国的优势产业得以充分发挥和有效输出，并使得该国搭乘"中国列车"，与中国和其他国家增进贸易与合作。2018 年，园区数量有所减少主要是国际形势复杂变化使得中国对外投资额减少，园区建设数量相对之前的建设数量有明显的下降。

6.2.2 亚投行成员国与园区建设的相互关系

2014 年至今，亚投行和园区建设相互促进，园区建设对亚投行的创建有积极的推动作用，同时亚投行发展又能促进园区建设。截至 2018 年，本书统计到的既有中国境外经贸合作产业园区又是亚投行成员国的国家数量，占园区分布国家的比例已高达 76.9%（图 6-10）。

自 2005 年来，中国境外经贸合作园区发展迅速。2005 年以前，本书收录的我国境外经贸合作产业园区为 5 个，主要分布于非洲和俄罗斯等国家，且主要以农业产业园区、综合产业园区为主，大多属于劳动密集型园区。

2009 年，本书统计到的境外园区数量增加到 40 个，分布区域从周边国家向东南亚和非洲等一些地区扩展，园区类型开始由劳动密集型转向加工技术型。

2013 年，统计到的园区数量增加到 93 个，分布区域开始向欧洲扩展，东南亚和非洲地区园区数量也较之前增加，整体上沿着主要经济走廊从东南向西北扩展，增长速度加快。

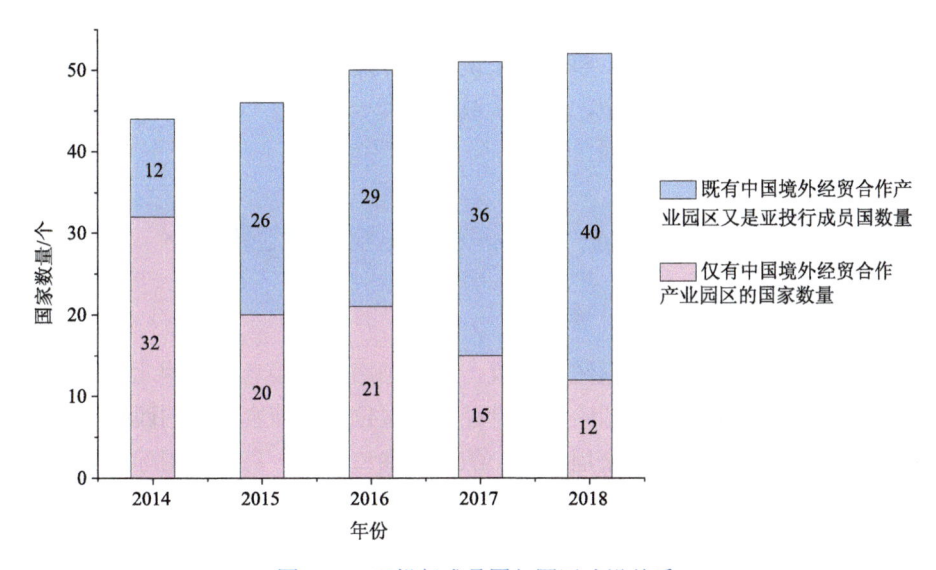

图 6-10 亚投行成员国与园区建设关系

2014 年，中国、印度和新加坡等 21 国共同决定成立亚投行，至当年年底，意向创始成员国达到 23 个，统计到的园区数量增加到 110 个。其中，既有中国产业园区又是亚投行成员国的国家数量，占园区分布国家总数的 27.3%，俄罗斯、东南亚和南非成为园区最为集中的国家与地区。

2015 年，亚投行正式成立，西亚和欧洲等一些国家加入，意向创始成员国达到 57 个，统计到的园区数量达到 127 个。其中，既有中国产业园区又是亚投行成员国的国家数量，占园区分布国家总数的 56.5%，以农业型、轻工型与综合型为主的园区比例增加，占比达到 71.7%，分布区域沿着经济走廊向东南亚地区扩展。

2016 年，统计到的园区数量增加到 153 个，其中既有中国产业园区又是亚投行成员国的国家数量，占园区分布国家总数的 58%，西亚、东非和欧洲等一些地区园区数量增多，东南亚、南亚和俄罗斯依然是园区集中分布区，园区开始沿着经济走廊向欧洲与非洲地区深入。

2017 年，亚投行成员国总数达到 84 个，一些南美洲和大洋洲的国家相继加入，统计到的园区总数达到 166 个。其中，既有中国产业园区又是亚投行成员国的国家数量，占园区分布国家总数的 70.6%，亚洲园区增长趋势加快。

2018 年，亚投行成员国的数量达到 93 个，统计到的园区数量达到 175 个。其中，既有中国产业园区又是亚投行成员国的国家数量，占园区分布国家总数的 76.9%，以农业型、综合型和轻工型为主的园区占比达 74.9%；园区主要分布于东南亚、俄罗斯、东非和南非，整体上来说，境外园区的类型从劳动密集型和资源密集型转向资本和技术密集型，分布区域沿着"一带一路"线路，从周边国家向非洲、欧洲和南美洲不断扩展。

6.3　典型案例——柬埔寨西哈努克港经济特区

6.3.1　柬埔寨西哈努克港经济特区概况

柬埔寨地处东南亚交通枢纽的位置，东临越南，北接老挝，西北靠近泰国，湄公河自北向南贯穿全境。西哈努克港经济特区位于柬埔寨南部的西哈努克市，是柬埔寨第二大城市，也是柬埔寨唯一的国际港口城市。离西港国际机场 3km，离西哈努克深水港 12km，离柬埔寨首都金边仅 212km，紧靠四号国道，地理位置优越，交通便利。

柬埔寨西哈努克港经济特区成立于 2007 年，处于"一带一路"重要节点上，是由中国红豆集团为主导，联合中柬四家企业，在柬埔寨唯一一个国际港口城市——西哈努克市，共同开发建设的国家级境外经贸合作区。它致力于为中国企业搭建"投资东盟、辐射世界"的投资贸易平台，打造"一带一路"上合作共赢的样板，是中柬两国政府认定的唯一一个中柬国家级经济特区，也是首个签订双边政府协定、建立双边政府协调机制的合作区。西哈努克港经济特区总体开发面积 11.13km^2，首期开发面积 5.28km^2，以纺织服装、五金机械、轻工家电等为主要发展产业。园区全部建成后，将入驻 300 家企业，形成 10 万产业工人、20 万居住人口的宜居新城（图 6-11）。

图 6-11　西哈努克港经济特区高清影像

6.3.2　对生态环境的影响

1. 园区周边土地利用变化监测

西哈努克港经济特区的建设对该地区的环境产生一定的影响。使用 30m 分辨率 7 波段的 Landsat-8 数据，对以园区为中心，正南北向，边长约 10km 的方形区域进行土地利用变化监测。园区的主要土地利用类别为耕地、林地、草地、建设用地、水域。与建设前相比，2017 年园区建设用地扩大面积显著，主要表现为工业园区的建设、道路铺设及乡镇建设占用了大量草地和部分耕地（表 6-1、图 6-12）。

表 6-1　园区建设前后各地类面积及占比情况

土地利用类型	2007 年 1 月 面积/km²	占比/%	2017 年 1 月 面积/km²	占比/%
耕地	15.86	15.61	10.67	10.50
林地	48.37	47.61	58.35	57.43
草地	24.86	24.47	6.23	6.13

续表

土地利用类型	2007 年 1 月		2017 年 1 月	
	面积/km²	占比/%	面积/km²	占比/%
建设用地	1.96	1.93	5.49	5.40
水域	3.49	3.44	4.50	4.43
其他	7.06	6.95	16.36	16.10

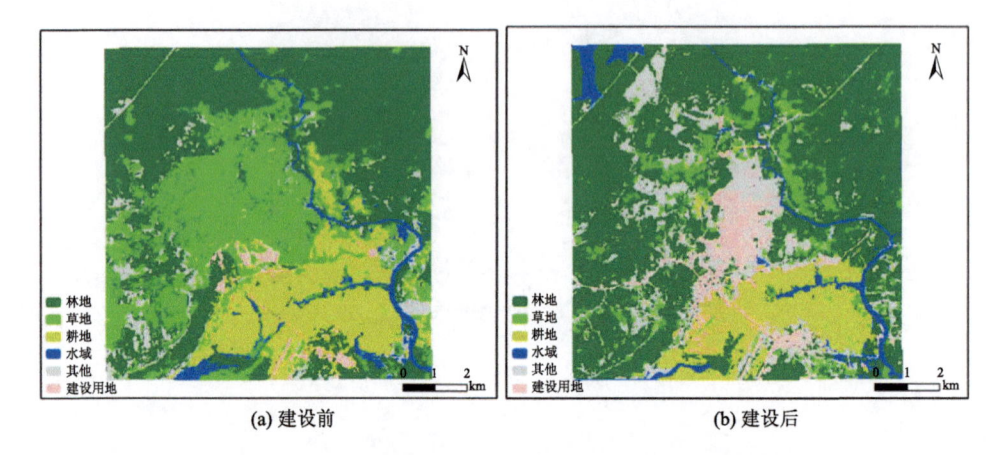

(a) 建设前   (b) 建设后

图 6-12　建区前后西哈努克港经济特区土地利用变化图

2. 园区内部土地利用变化监测

使用 0.6m 分辨率 3 波段的高分遥感数据对园区内部区域进行土地利用变化监测。该区域绿地面积在 2013 年 12 月（建设中）占比为 43.07%，2016 年 1 月（建设中）的绿地面积占比为 20.15%，说明园区建设不可避免占用了绿地，对建设区域的环境会产生一定的影响（表 6-2、图 6-13）。

表 6-2　2013 年与 2016 年园区内部土地利用情况

土地利用类型	2013 年 12 月		2016 年 1 月	
	面积/km²	占比/%	面积/km²	占比/%
绿地	1.71	43.07	0.80	20.15
裸土	1.61	40.55	2.07	52.14
道路	0.38	9.57	0.43	10.83
建筑	0.27	6.80	0.67	16.88

第 6 章 产 业 园 区

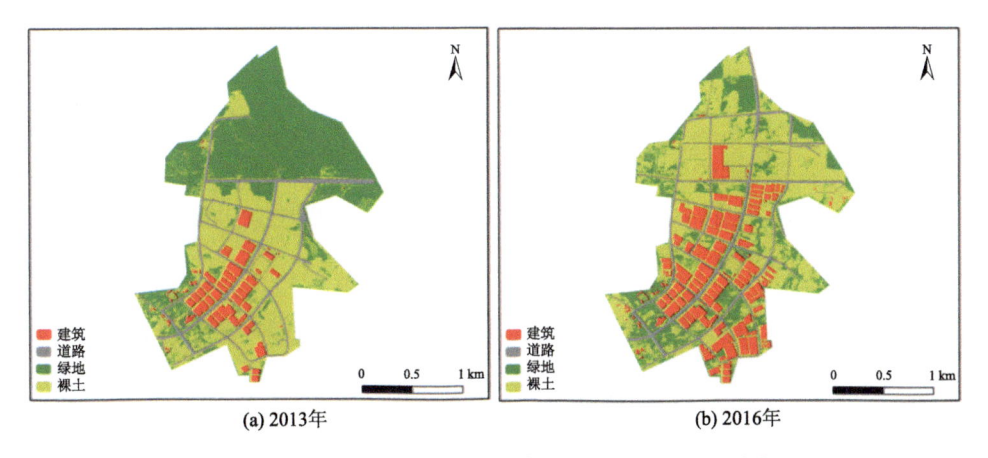

(a) 2013年　　　　　　　　　　　(b) 2016年

图 6-13　2013 年和 2016 年园区内部土地利用状况图

6.3.3　建设进度监测

1. 园区内部道路变化情况

园区周边(边长约 10km 的方形区域)道路变化主要表现为：新增若干连接乡镇、河流的支线道路，原有砂石土路加宽并浇筑水泥。2013 年园区内部道路里程约 21.7km，2016 年达到了 25.4km。随着园区的建设，在园区北部区域新增了多条连接建设区域的主干道，使得道路明显增多(图 6-14)。

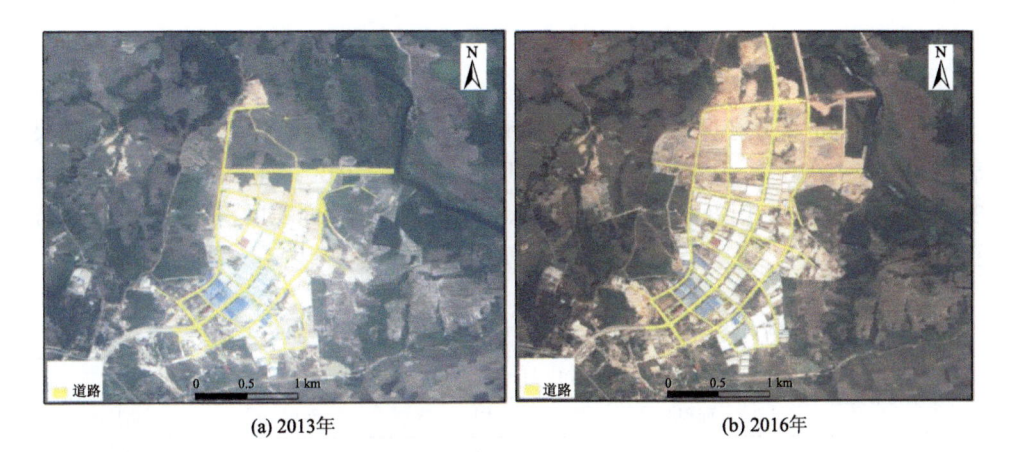

(a) 2013年　　　　　　　　　　　(b) 2016年

图 6-14　2013 年和 2016 年园区内部道路变化情况图

2. 园区内部建筑面积变化情况

2013 年园区总占地约 26.8hm^2，区域内仅有若干分散农宅，北部区域基本为绿地，2016 年总占地约 66.9hm^2，中心建设区新增了许多房屋，北部区域变化为建筑用地。随着园区的不断发展，内部人口增加，新增的住宅也随之增多，建筑面积不断扩大（图 6-15）。

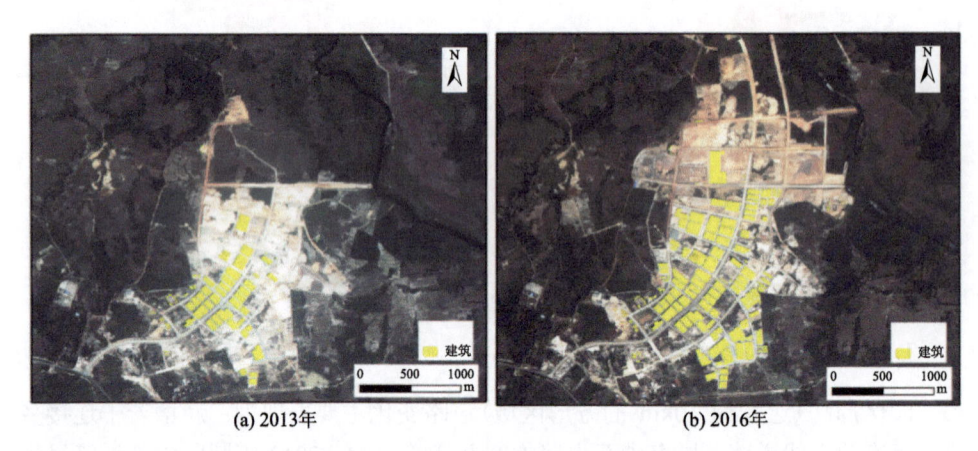

(a) 2013年　　　　　　　　　　　　(b) 2016年

图 6-15　2013 年和 2016 年园区内部建筑面积变化情况图

6.3.4　对经济的影响

1. 与周边区域发展状况比较分析

使用 0.6m 高分影像对云壤（Ream）镇内部区域进行土地利用变化监测。结果表明：2013~2016 年，该镇建筑面积没有明显的变化，2013 年建筑面积为 0.13km^2，2016 年建筑面积为 0.17km^2，增加了 0.04km^2。2013 年建筑面积所占比例为 10.48%，至 2016 年增加到 13.71%，说明云壤镇建筑面积增加缓慢（表 6-3、图 6-16、图 6-17）。

表 6-3　2013 年与 2016 年 Ream 镇内部土地利用情况

土地利用类型	2013 年 12 月 面积/km^2	占比/%	2016 年 1 月 面积/km^2	占比/%
绿地	0.62	50.00	0.54	43.55
裸土	0.11	8.87	0.14	11.29
道路	0.38	30.65	0.39	31.45
建筑	0.13	10.48	0.17	13.71

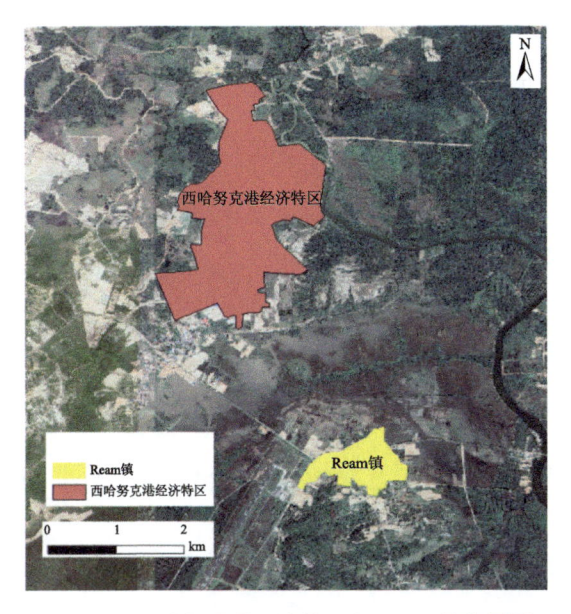

图 6-16 西哈努克港经济特区和 Ream 镇位置图

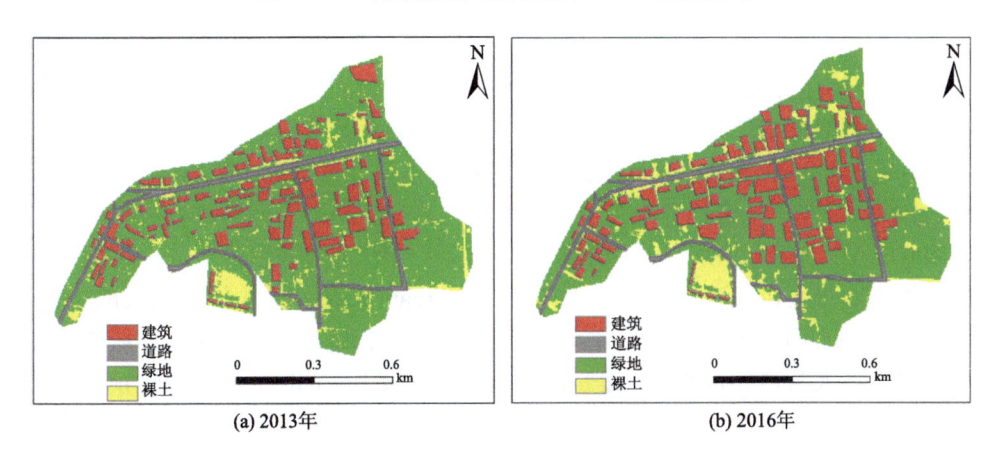

图 6-17 2013 年和 2016 年 Ream 镇内部土地利用状况图

使用 2013 年和 2016 年的 0.6m 高分影像，对园区和机场周边的 Ream 镇的建筑面积和占地面积进行对比监测，结果显示：2013 年园区建筑总面积约 26.8hm^2，区域内仅有若干分散农宅，2016 年建筑总面积约 66.9hm^2，中心建设区新增许多房屋；而机场周边的 Ream 镇 2013 年建筑总面积约为 13.48hm^2，2016 年建筑总面积约为 17.12hm^2，建筑面积没有明显的增长变化。此外，2013 年园区占地面积约为 230hm^2，2016 年增长到约为 380hm^2，而 Ream 镇 2013 年占地面积约为 70hm^2，

2016 年增长到 83hm^2，表明建设后的园区内部建筑面积比 Ream 镇增加明显，反映出园区的发展速度快于周边地区(图 6-18)。

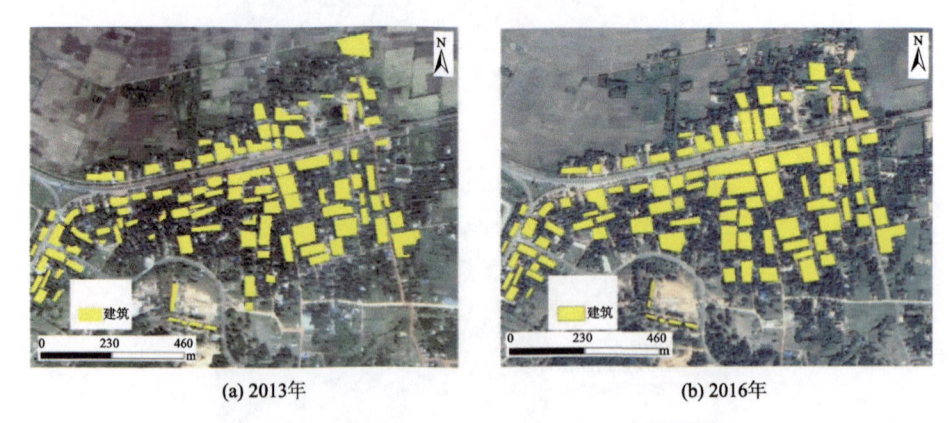

(a) 2013年　　　　　　　　　(b) 2016年

图 6-18　2013 年和 2016 年 Ream 镇建筑面积变化情况图

2. 灯光指数时序分析

西哈努克港经济特区的经济相对周边地区发展较快。利用 VIIRS 灯光数据，以园区和机场周边的 Ream 镇为中心，半径为 1km 区域的灯光进行监测对比分析，结果表明：2012～2018 年，园区内的灯光指数均值都高于机场周边的 Ream 镇(表 6-4)，且灯光增长率平均值高于 Ream 镇(图 6-19)。园区灯光指数呈现快速增长态势，主要是由于园区的建设发展较快，吸引众多企业入驻，工业与居民用地不断扩大，使建筑面积显著增加；而 Ream 镇建筑面积没有太大的增长，但是灯光却有明显的增长，这主要是因为西哈努克作为旅游胜地和物流中心，近年来游客人数增加，机场扩建带动了人流动量增长，同时带动 Ream 镇经济的发展。

表 6-4　2012～2018 年园区和云壤镇年均灯光指数对比情况

年份	西哈努克港经济特区	云壤镇
2012	1.54	0.08
2014	1.38	0.08
2016	1.46	0.22
2018	2.19	1.00

第 6 章　产　业　园　区

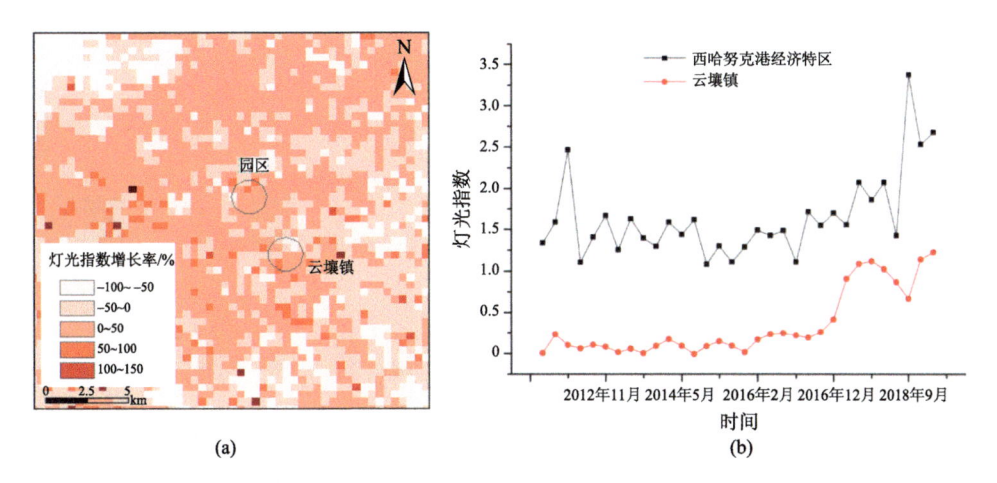

图 6-19　西哈努克港经济特区和 Ream 镇灯光指数增长率(a)和灯光指数变化图(b)

第 7 章

能　源

> 能源是经济发展的动力。能源短缺是限制广大发展中国家经济发展的重要瓶颈。习近平主席提出的全球发展倡议，为解决这一问题，提供了解决方案。本章采用地球大数据技术，收集整理我国境外能源项目名录，分析我国境外能源项目的发展态势和分布格局，并选取典型案例，监测我国境外能源项目的建设进度、生态环境影响和社会经济影响。主要结果如下：
>
> (1) 本章收录的我国签署、开工、竣工的境外能源项目共计 485 个，项目包括火力电站、光伏电站、风力电站、水电站、输变电工程等其他类型的电站。各类型的能源项目分布在各个大洲的 86 个国家。
>
> (2) 收录的火力电站项目数量多达 191 个，占比为 39.4%，主要分布在东南亚、南亚、西亚、非洲各国家，欧洲、中亚地区也有少量分布。同时以水电站、太阳能电站、风力电站为主的清洁能源电站的数量多达 205 个，占比 42.3%，且有逐年增长的趋势。此外，输变电站工程项目数量达 58 个，垃圾焚烧发电等其他类型电站数量约 31 个。
>
> (3) 2013 年之前，境外能源项目数目较少，类型较为单一，以火力电站为主；目前，类型从单一的以不可再生能源为主的火力电站开始转向以光伏、水电等为主的清洁能源，分布区域沿着经济走廊向大洋洲、欧洲等国家扩展。

电力作为基础设施的重要组成部分，是全球能源建设国际合作的重点领域。发展中国家正处于工业化的加速发展阶段，第二产业比例大，对能源的需求量大；《全球能源互联网发展指数 2018》显示，发展中国家发展相对落后，处于第二、第三梯队的国家分别有 31 个、20 个。从人均装机容量看，尤其是东南亚和南亚地区的国家，电力资源开发利用程度、人均装机和发用电量水平远低于发达国家，只有世界平均水平的54%。从用电总量看，亚欧非发展中国家的用电总量近年整体增速低于5%，人均年用电量不到1900kW·h，为世界平均水平的61%，也远低于我国的平均水平，其中南亚、东南亚、中亚及非洲的用电水平最低。从电力基础设施看，发展中国家电力发展很不均衡，电力基础设施建设水平参差不齐。尤其是南亚、东南亚、西亚和北非几个地区的国家电力工业欠发达，电网等基础设施建设落后，且普遍存在电源设备老化、超负荷运转严重、管理不善等问题。从先进电力技术需求来看，亚洲、非洲国家对能源项目、电网互联、开发可再生能源和先进电力技术需求强烈，但亚洲、非洲以及新兴国家自身基础较为薄弱，对电力跨国投资和技术支持有刚性需求。电力资源的短缺严重限制了广大发展中国家的发展，然而由于资金短缺和技术落后，这些国家迫切需要外援来解决这一问题。

为解决这一问题，习近平主席提出打造能源共同体理念。我们愿同各国在全球发展倡议框架内加强能源领域合作，为推动共同发展创造有利条件，共同促进全球能源可持续发展，维护全球能源安全。截至2019年底，包括阿富汗、阿尔及利亚、阿塞拜疆、玻利维亚、柬埔寨、佛得角、乍得、东帝汶、赤道几内亚、冈比亚、匈牙利、伊拉克、科威特、吉尔吉斯斯坦、老挝、马耳他、蒙古国、缅甸、尼泊尔、尼日尔、巴基斯坦、刚果（布）、塞尔维亚、苏丹、苏里南、塔吉克斯坦、汤加、土耳其及委内瑞拉。伙伴关系将秉承共商、共建、共享的原则，以推动能源互利合作为宗旨，助力各国共同解决能源发展面临的问题，实现共同发展、共同繁荣，为推动构建人类命运共同体做出积极贡献。

7.1 分布格局

7.1.1 能源项目在各大洲及地区的分布情况

自2013年，中国在全球承建或投资的能源项目与日俱增。截至2019年12月，本章收录的有报道的能源项目共计485个，涵盖火力电站、光伏电站、风力电站、水电站、其他类型电站、输变电工程等类型，其中火力发电站191个，风力电站24个、水电站107个、光伏电站74个、其他类型电站31个、输变电工程58个。大部分电力项目集中在东南亚、南亚、西亚，占比分别为30%、24%、11%。大洋洲、东亚、北美洲电力项目相对较少，占比均为1%。其他大区占比为4%~7%。具体分布如图7-1、图7-2所示。

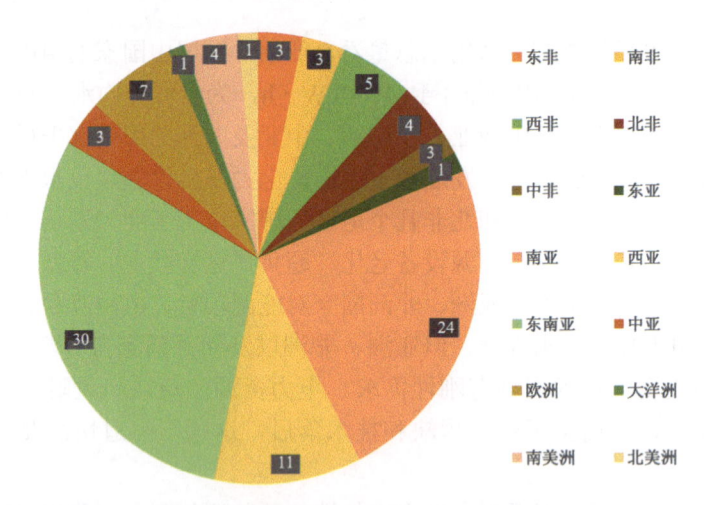

图 7-1 我国承建或投资的境外各大洲能源项目数量及其占比图(单位：%)

7.1.2 能源项目在不同类型国家的分布情况

收录的 485 个能源项目分布在境外 86 个国家。其中有 18 个能源项目位于 9 个发达国家，主要分布在欧洲国家，如德国、法国、西班牙、英国、希腊、英国等；有 222 个项目位于 13 个新兴经济体，如巴基斯坦、印度尼西亚、越南、孟加拉国、印度、菲律宾、埃及、土耳其、伊朗、俄罗斯等；同时有 89 个项目位于最不发达国家，包括老挝、缅甸、阿尔及利亚、埃塞俄比亚、尼泊尔、赞比亚等；有 156 个项目位于 46 个其他发展中国家，其中阿联酋 14 个项目，南美洲和北美洲国家有 17 个项目(图 7-3)。

7.1.3 能源项目在主要经济走廊的分布状况

经济走廊建设是我国与周边国家经济协同发展的重要廊道。能源是经济社会发展的动力和源泉，统计主要经济走廊周边的能源电项目发现：位于新亚欧大陆桥经济走廊上的能源项目有 8 个，占比为 3.3%；位于中巴铁路沿线上的能源项目有 53 个，占比为 22.1%；位于孟中印缅经济走廊上的能源项目有 61 个，占比为 25.4%；位于中蒙俄经济走廊上的能源项目有 5 个，占比为 2.1%；位于中国—中南半岛经济走廊的能源项目有 82 个，占比为 34.2%；位于中国—中亚—西亚经济走廊的能源项目有 31 个，占比为 12.9%(图 7-4)。

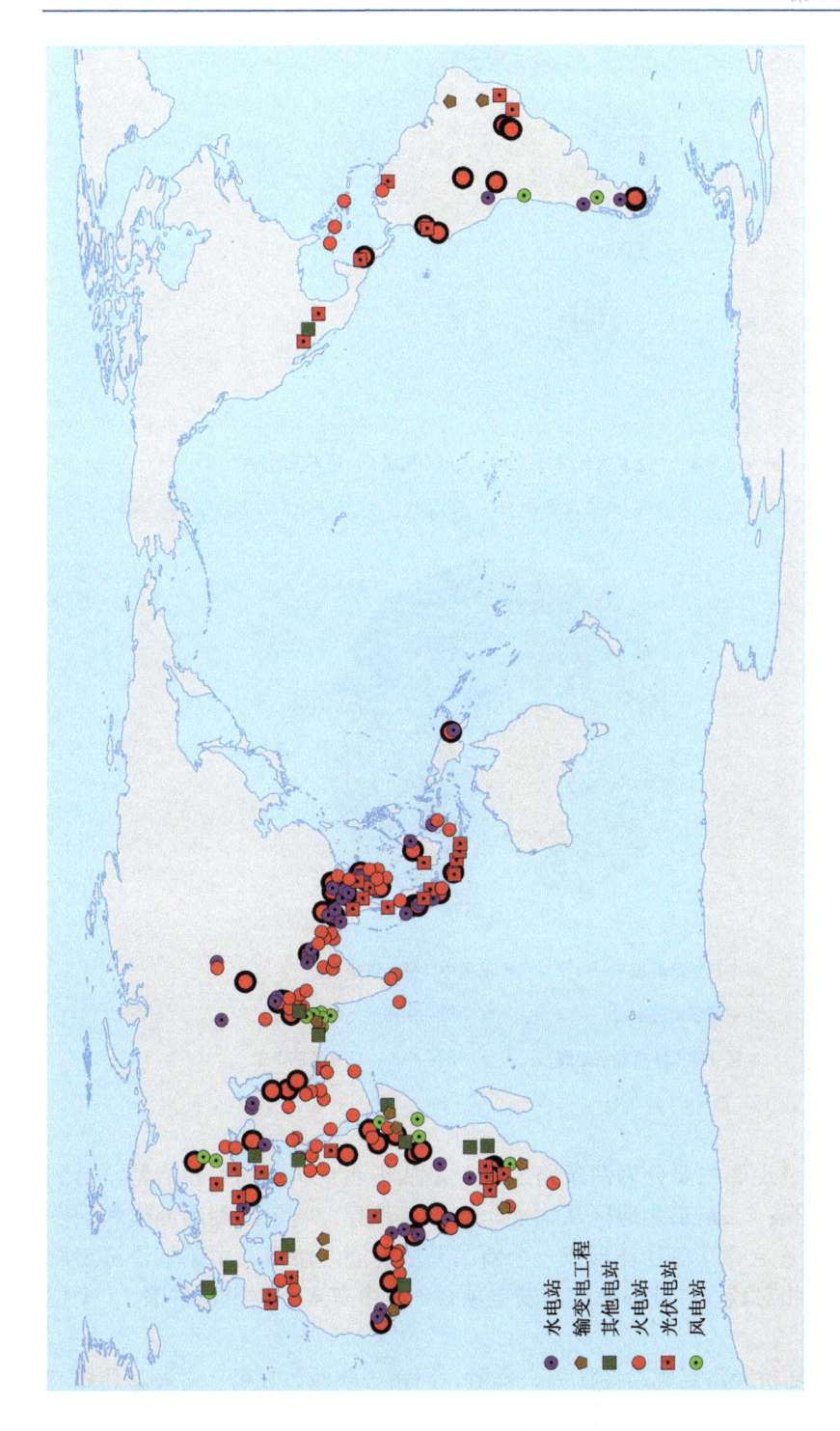

图 7-2 我国承建或投资的境外各大洲能源项目分布情况图（数据资料截至 2019 年 12 月 30 日）

境外工程地球大数据监测与分析

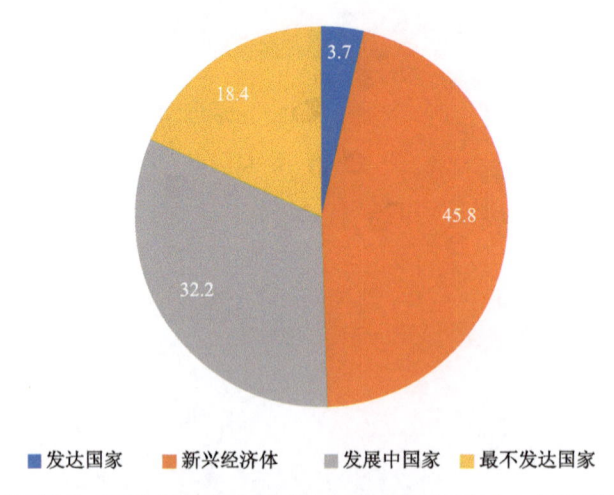

图 7-3 我国承建或投资的境外能源项目在不同类型国家分布占比图（单位：%）

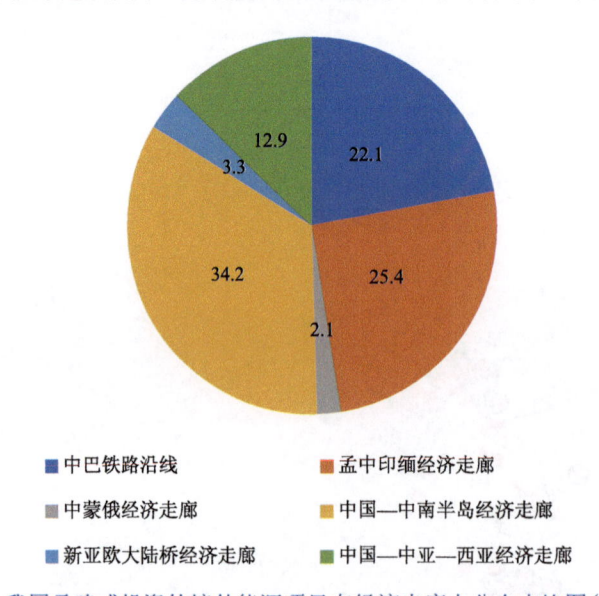

图 7-4 我国承建或投资的境外能源项目在经济走廊上分布占比图（单位：%）

中蒙俄经济走廊主要分为两条路线：一是从华北京津冀到呼和浩特，再到蒙古国、俄罗斯；二是东北地区从大连、沈阳、长春、哈尔滨到满洲里和俄罗斯的赤塔。两条走廊互动互补形成一个新的开放发展经济带。中蒙俄经济走廊上的能源项目相对较少，且都是火力发电项目。其中有 4 个位于蒙古国，1 个位于俄罗斯。

新亚欧大陆桥经济走廊途经江苏、安徽、河南、陕西、甘肃、青海、新疆 7

个省(自治区),到中哈边界的阿拉山口出国境,经俄罗斯铁路网、斯摩棱斯克、布列斯特、华沙、柏林达荷兰的鹿特丹港。新亚欧大陆桥经济走廊上有8个能源项目主要分布在白俄罗斯和乌兹别克斯坦两个国家。

中国—中亚—西亚经济走廊,从新疆出发,抵达波斯湾、地中海沿岸和阿拉伯半岛,主要涉及中亚五国、伊朗、土耳其等国家。中国—中亚—西亚经济走廊上主要有31个能源项目,其中包括11个火力电站项目、6个水电站项目、4个风力电站项目、4个光伏电站项目、2个其他类型电站项目、4个输电线工程项目。

中国—中南半岛经济走廊东起珠三角经济区,沿南广高速,经南宁、凭祥、河内至新加坡。中国—中南半岛经济走廊主要有能源项目82个,其中水电站数量达30个,光伏电站25个,火力电站14个,其他类型电站4个,风力电站1个,同时输变电工程有8个。

中巴铁路沿线从新疆喀什到巴基斯坦瓜达尔港,是贯通南北丝路关键枢纽。中巴铁路沿线有能源项目53个,其中火电站项目多达30个,水电站5个,风电站和输变电工程各有6个,光伏电站和其他电站各有3个。

孟中印缅经济走廊主要成员国是印度、孟加拉国和缅甸。该走廊上能源项目共61个,其中火力电站45个、输变电工程6个、水电站5个、光伏电站2个,其他类型电站3个。

从宏观上来看,除了各大经济廊道上有大量的项目之外,廊道之外也有大量能源项目建设,如有65个能源项目分布在非洲的各个区域,有26个项目位于南美洲和北美洲国家。这些廊道外的能源建设项目与主要经济走廊形成了一个良好的发展体系,携手共同发展。

7.1.4 各类型能源项目的分布情况

1. 火力电站项目分布情况

火力电站主要是以煤、天然气、石油等作为燃料进行发电,火力电站一般情况下总装机的容量比较大,建成之后能显著解决缺电国家的电力危机。电站建设需要燃料,为方便燃料的运输,火力电站一般分布在沿海地区或者煤矿附近等一些运输便捷的地方。

截至2019年12月,本章收录的我国境外投资或承建的火力电站数量多达191个,这些电站主要分布在东南亚(越南、缅甸、老挝、柬埔寨、印度尼西亚等国家),南亚(巴基斯坦、印度、孟加拉国等国家),西亚(阿联酋、沙特阿拉伯、土耳其等国家),北非(埃及、苏丹等国家),西非(尼日利亚、几内亚等国家),有少量火力电站分布在东亚、中亚、欧洲、中非、南非、东非、大洋洲以及北美洲(图

7-5)。大型火力电站的建设能够缓解所在区域的用电压力,缩减电力缺口。例如,巴基斯坦萨希瓦尔燃煤电站,总装机容量约为1320MW,截至2018年12月31日,累计发电140亿kW·h,填补了巴基斯坦1/4电力缺口,解决了当地1000万人的用电问题。

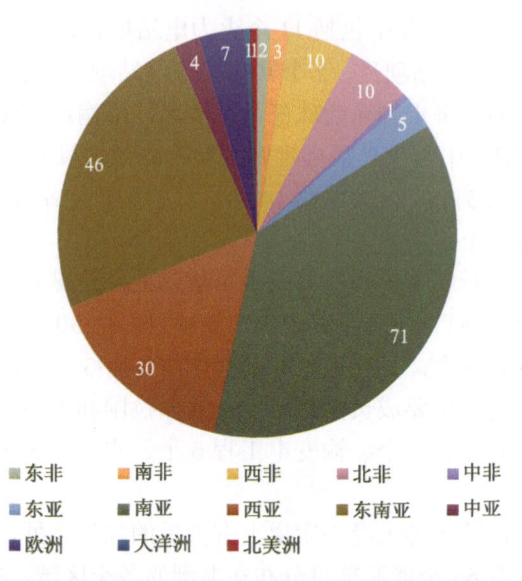

图7-5 我国承建或投资的境外火力电站项目数量分布图(单位:个)

2. 光伏电站项目分布情况

光伏电站属于清洁能源电站。可再生能源,不受资源分布的限制,无需消耗燃料和架设熟练路线就可以就地发电供电,日照时间充足的国家和地区适合发展光伏电站。本章收录的光伏电站项目数量有74个,其中东南亚27个,主要分布在越南、马来西亚、泰国等国家;西亚15个,主要分布在阿联酋、沙特阿拉伯等国家;欧洲10个,主要是西班牙、希腊、乌克兰等国家;南亚7个,主要在巴基斯坦和孟加拉国;非洲8个,主要分布在北非国家,如埃及、阿尔及利亚等;南美洲和北美洲一共有5个;中亚、大洋洲分别有1个(图7-6)。合理利用光能发电,能帮助国家或地区走出能源困境。例如,中国在摩洛哥承建的努奥光伏电站,能帮助摩洛哥走出能源困境,该项目建成后预计能给摩洛哥提供近50%的电力,超过100万家庭将用上清洁能源。

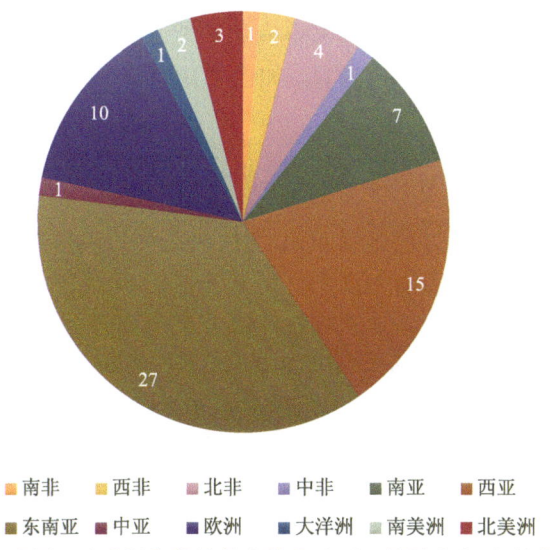

图 7-6　我国承建或投资的境外光伏电站项目数量分布图(单位：个)

3. 风力电站项目分布情况

风能是一种清洁无公害的可再生能源，建设周期短，装机规模灵活。截至 2019 年 12 月，风力发电项目数量 24 个，其中南亚 6 个，全部位于巴基斯坦信德省；欧洲 4 个，分别位于英国、德国、克罗地亚、乌克兰；中亚 3 个，均位于哈萨克斯坦；非洲 3 个、东南亚 2 个、西亚 2 个、南美洲 3 个、大洋洲 1 个(图 7-7)。

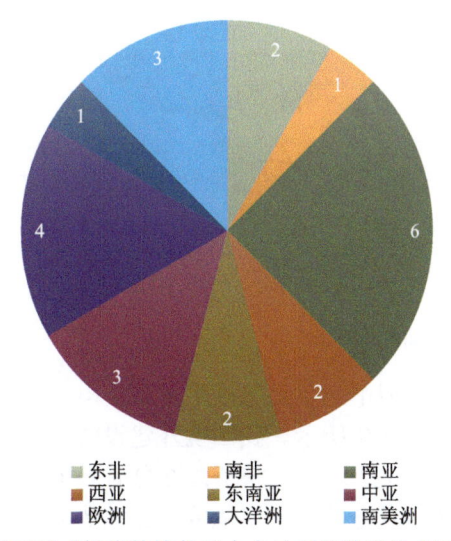

图 7-7　我国承建或投资的境外风力电站项目数量分布图(单位：个)

风能是清洁能源，合理地开发风能发电有利于能源结构的合理化，减少碳排放，巴基斯坦信德省发展了大量风电项目，如巴基斯坦萨察尔 50MW 风电站、三峡巴基斯坦风电项目等。

4. 水电站项目分布情况

水电站的建设需要良好的地形和地势条件，同时库区降水丰富，水源充足。本书收录的境外水电站项目有 107 个，其中东南亚 44 个，主要分布在柬埔寨、印度尼西亚、老挝、越南、缅甸；南亚 11 个，主要分布在巴基斯坦和尼泊尔；非洲 27 个，主要分布在埃塞俄比亚、乌干达、赞比亚、几内亚、刚果(金)与刚果(布)等国家；西亚 4 个；中亚 3 个位于哈萨克斯坦；欧洲 2 个分别位于白俄罗斯和波黑；南美洲 13 个，主要位于阿根廷、巴西、厄瓜多尔、玻利维亚等国；北美洲 1 个；大洋洲 2 个(图 7-8)。大型水电站的建设不仅仅能解决当地的能源问题，而且能创造就业岗位，如巴基斯坦尼鲁姆杰鲁姆电站、苏丹麦洛维大坝、苏布雷水电站等。

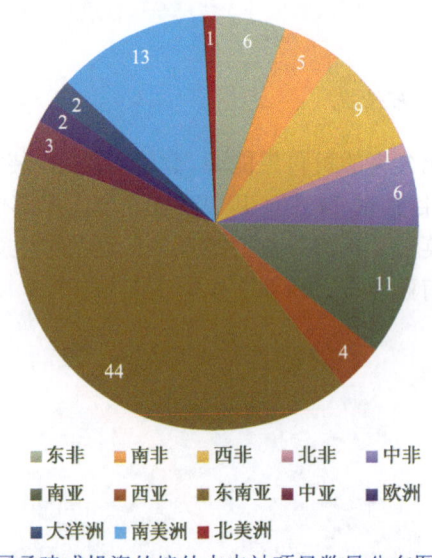

图 7-8 我国承建或投资的境外水电站项目数量分布图(单位：个)

5. 其他类型电站项目分布情况

本书所描述的其他类型电站主要包括生物质发电、地热发电、垃圾焚烧发电、核电等，其数量分布如图 7-9 所示。我国境外建设的电力项目种类众多，根据国家和地区的资源特点发展电力，能够将资源充分有效地利用，如英国生活垃圾焚烧发电项目、泰国生物质发电项目、埃塞俄比亚地热能开发项目、巴基斯坦恰希玛核电站、卡拉奇核电站等。

第 7 章 能　　源

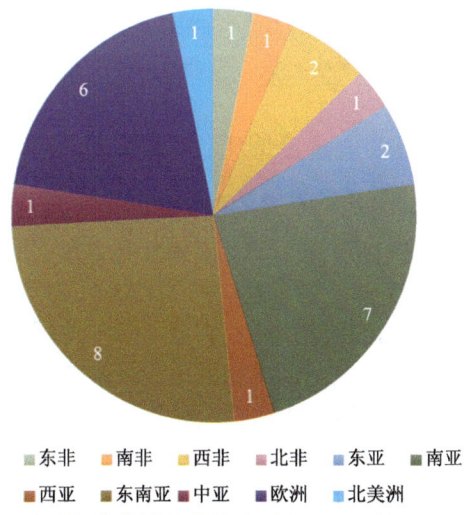

图 7-9　我国承建或投资的境外其他类型电站项目数量分布图(单位：个)

6. 输变电工程项目分布情况

输变电工程和发电站建设相互关联，发展中国家电力基础设施不能满足当前的电力发展需要。本书收录的输变电项目总计 58 个，其中东南亚有输变电项目 19 个，主要位于缅甸、菲律宾、泰国等国家；南亚有 13 个，主要位于巴基斯坦、孟加拉国；非洲有 16 个；中亚地区 4 个；欧洲 3 个；大洋洲、南美洲和北美洲各 1 个(图 7-10)。输变电工程是解决电能危机、实现稳定输电的重要一部分，如埃及主干网升级改造输电项目、巴基斯坦 660kV 直流输电项目、埃塞俄比亚 GDHA500kV 输变电项目等。

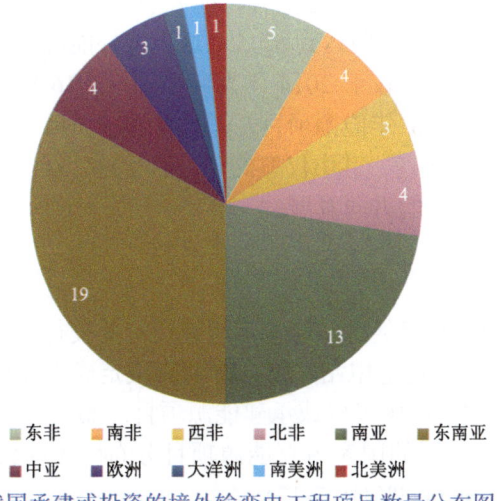

图 7-10　我国承建或投资的境外输变电工程项目数量分布图(单位：个)

7.2 发展态势

7.2.1 境外能源项目历年签订与建设情况

自 2006 年以来，中国在境外承建的能源项目发展迅速。2006 年之前，本书收录的有报道的能源电力项目只有 12 个，主要分布于东南亚、南亚以及东非地区，主要类型为水电站和火力电站，类型较为单一；2006~2008 年，收录的能源项目由原来的 12 个增长至 39 个，中亚、西亚和西非等一些国家相继出现能源项目，主要类型仍然为水电站和火力电站，也相继出现了输变电工程等项目。

2009~2011 年收录的能源项目增加了 30 个，类型没有发生很大变化，首次出现了风力电站和其他电站(核电站)；2012~2015 年，收录的能源项目以每年约 18 个的速度增长，增速加快，其中以风力电站、水电站和光伏电站为主的清洁能源电站就有 39 个，占到 53%，分布区域从亚洲、非洲等一些发展中国家开始转向欧洲发达国家。

2016~2018 年，能源项目增速加快，共计增加了 291 个，其中 63 个能源项目开工；以煤、石油、燃气等为主的火力电站项目占比逐渐减少，只占到增加总量的 36.42%，而以水电、光伏、风能为主的清洁能源电站项目占比相对稳定，占到 39.86%，输变电工程项目增加明显，增加 45 个，占到 15.46%；从整体上来讲，境外能源项目类型从传统的不可再生能源为主的火力电站开始转向清洁能源为主的光伏、水电等，分布区域沿着经济走廊向大洋洲、欧洲等地区拓展。

从图 7-11 可以看出，2013 年之前，收录的有报道的历年开工能源项目数量没有太大波动；从 2013 年开始，报道的开工能源项目数量有了跳跃式的增长；2015 年亚投行成立，意向创始成员国达到 57 个，这为境外能源项目建设发展提供了稳定的投资环境，开工数量相较于 2014 年有所增加；2016 年，亚投行国家数量增加都相对较少，因此 2016 年能源项目开工数量相较于前一年有所减少；2017~2019 年，能源项目发展迅速，其中仅签约项目就已达 262 个；相信在未来，境外能源合作将会向更深更广的方向发展。

7.2.2 亚投行成员国与能源项目建设的相互关系

亚投行和能源项目相互促进，能源项目建设对亚投行的创建有积极的推动作用，同时亚投行发展又能促进电站建设。2014 年决定成立亚投行时，23 个创始成员国中有 16 个国家建有中国投资或承建能源项目；2014~2018 年，既有中国能源项目又是亚投行成员国的国家占有能源项目分布国家的比例分别为 35.6%、53.2%、51%、60.3%和 64.3%(图 7-12)。

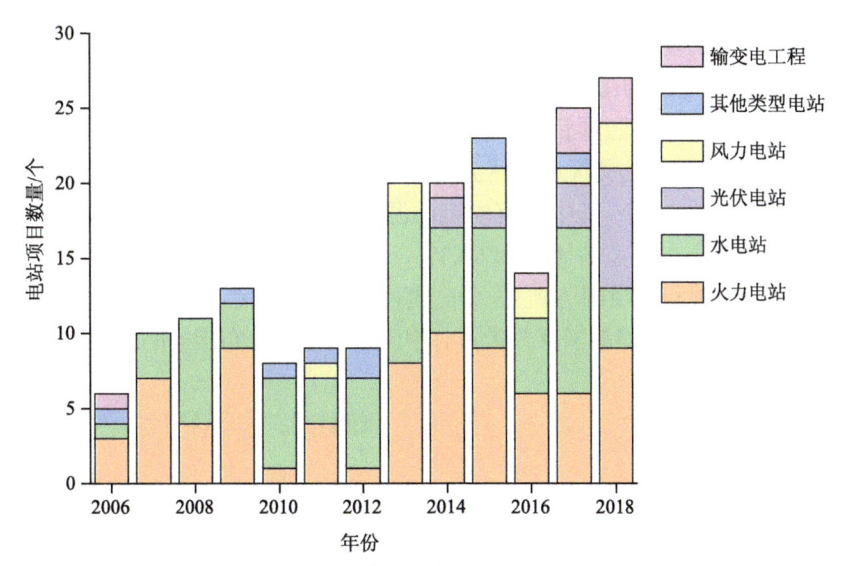

图 7-11 我国承建或投资的境外各类型电站项目历年开工数量变化图

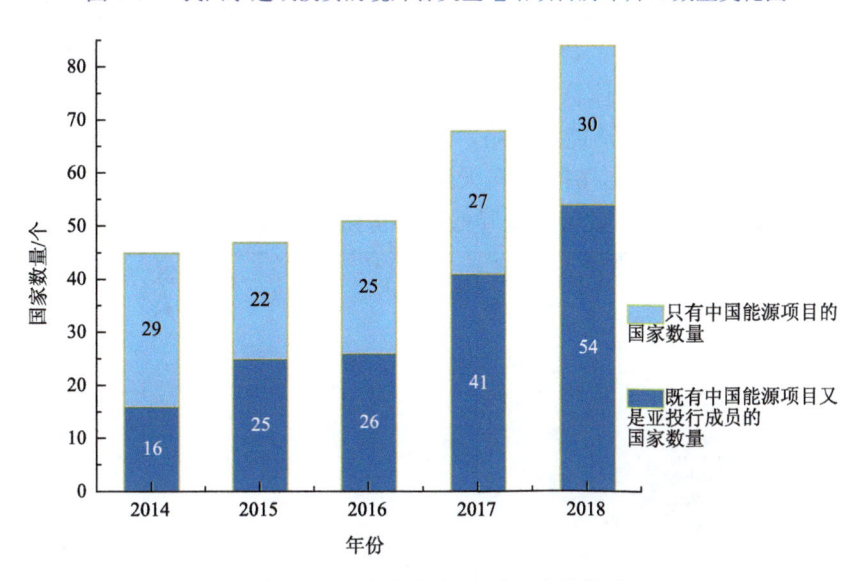

图 7-12 亚投行与能源项目建设关系

2014 年，中国、印度和新加坡等 21 国共同决定成立亚投行，至当年年底，意向创始成员国达到 23 个，建有电站的国家达 45 个。其中既有中国能源项目又是亚投行成员国的国家数量占有中国能源项目分布国家的比例为 35.6%。

2015 年，亚投行正式成立，西亚和欧洲等一些国家加入，意向创始成员国达到 57 个；建有电站的国家达 47 个。其中既有中国能源项目又是亚投行成员国的国家数量占有中国能源项目分布国家的比例为53.2%。

2016年建有电站的国家达51个,其中既有中国能源项目又是亚投行成员国的国家数量占有中国能源项目分布国家的比例为51%。

2017年,亚投行成员国总数达到84个,一些非洲和太平洋国家相继加入;建有电站的国家达68个,其中既有中国能源项目又是亚投行成员国的国家数量占有中国能源项目分布国家的比例为60.3%。

2018年,亚投行成员国达到93个,建有电站的国家达84个,其中既有中国能源项目又是亚投行成员国的国家数量占有中国能源项目分布国家的比例为64.3%。

7.3 典型案例——迪拜哈翔清洁能源电站项目

7.3.1 迪拜哈翔清洁能源电站项目概况

阿拉伯联合酋长国位于阿拉伯半岛东部,北濒波斯湾。哈翔清洁能源电站位于阿拉伯联合酋长国的北部海岸,距离迪拜约58km,当地为亚热带气候,夏季高温少雨,冬季气温适宜。该项目由哈尔滨电气集团有限公司所属的哈电国际与美国GE公司组成的联合体总承包(蒋瑜等,2020)。总设计发电量为2400MW,该项目支持迪拜2030清洁能源战略,旨在生产环保能源。目标是25%的能源来自太阳能,7%来自清洁煤,61%来自天然气,7%来自核能,同时具有碳捕集设计,先进的静电除尘器和海水脱硫系统降低了有害微粒排放水平(图7-13)。

图7-13 迪拜哈翔清洁能源电站位置示意图

电站自 2017 年 1 月开始建造，总投资达 34 亿美元，首台机组计划在"迪拜 2020 世博会"之前投入商业运营，预计 2023 年全面竣工，能供给迪拜 20%的电量，大幅降低当地居民用电成本，解决迪拜能源结构简单的问题。哈翔清洁能源电站是迪拜首个清洁能源燃煤电站，具有较强的示范和辐射作用。

7.3.2 生态环境影响监测

1. 植被覆盖度遥感反演

哈翔清洁能源电站北临波斯湾，周围主要土地类型是沙地，电站西南方向有少量植被覆盖。电站从设计到施工严格按照国际标准，为了保护周围生态环境采取了一系列有效措施。本节采用 Landsat-8 影像，监测电站周围区域 2016 年 8 月（建设前）和 2018 年 8 月（建设中）的植被覆盖度变化情况，如表 7-1 所示。

表 7-1 哈翔清洁能源电站周边植被覆盖度变化情况

植被覆盖度	2016 年 8 月 面积/km²	占比/%	2018 年 8 月 面积/km²	占比/%
0~0.2	70.48	93.44	67.90	89.78
0.2~0.4	3.28	4.35	6.01	7.95
0.4~0.6	0.66	0.88	0.94	1.24
0.6~0.8	0.38	0.50	0.38	0.50
0.8~1.0	0.63	0.83	0.40	0.53

从表 7-1 中的植被覆盖度情况可知，2018 年覆盖度为 0~0.2 和 0.8~1.0 的植被面积分别减少了 2.58km²、0.23km²，相比 2016 年面积占比分别减少 3.66%、0.30%；覆盖度为 0.6~0.8 的植被覆盖面积没有变化；覆盖度为 0.2~0.4 和 0.4~0.6 的植被覆盖面积分别增加了 2.73km²、0.28km²，比 2016 年面积占比分别增加了 3.60%、0.36%。施工前后对比，植被覆盖面积总体上增加了 0.2km²。施工区域主要是沙地，从 2016 年 8 月施工开始至 2018 年 8 月施工区域植被覆盖度没有变化（图 7-14）。

2. 土地利用变化监测

为监测施工是否对哈翔清洁能源电站周边的生态环境影响，采用 1m 高分影像，对哈翔电站周围区域建设前后土地利用情况进行对比监测，如表 7-2 所示。

施工前后，草地面积减少将近 5km²，耕地面积减少约 0.1km²，由于施工区与草地耕地距离较远，其面积变化是由季节变化导致的。当地土地类型主要以沙漠为主，草地面积季节性减少，沙地面积随之增加约 2km²。建筑用地面积比施工前增加了 2.374km²。电站施工区域主要占用的沙地，随着工程的推进，建筑用地面积增加 0.14km²，此外占用了面积约 0.05km² 的湖泊改建为沉淀池(图 7-15)。

(a) 2016年8月　　　　　　　　　　　　　(b) 2018年8月

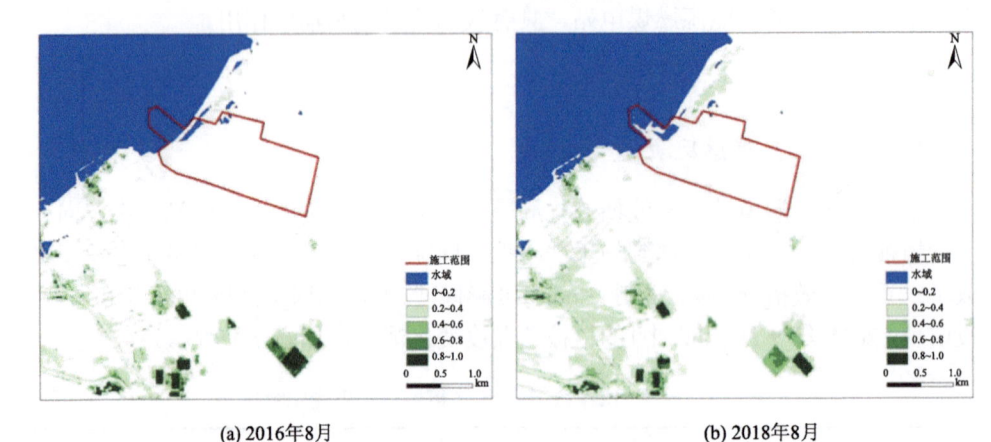

图 7-14　研究区植被覆盖度动态变化

表 7-2　研究区土地利用覆盖情况　　　　　　　　　（单位：km²）

时间	草地	沙地	耕地	湖泊	建筑用地
2016 年 12 月	6.400	50.481	3.838	0.782	2.186
2018 年 8 月	1.421	52.464	3.723	0.733	4.560

(a) 2016年12月　　　　　　　　　　　　　(b) 2018年8月

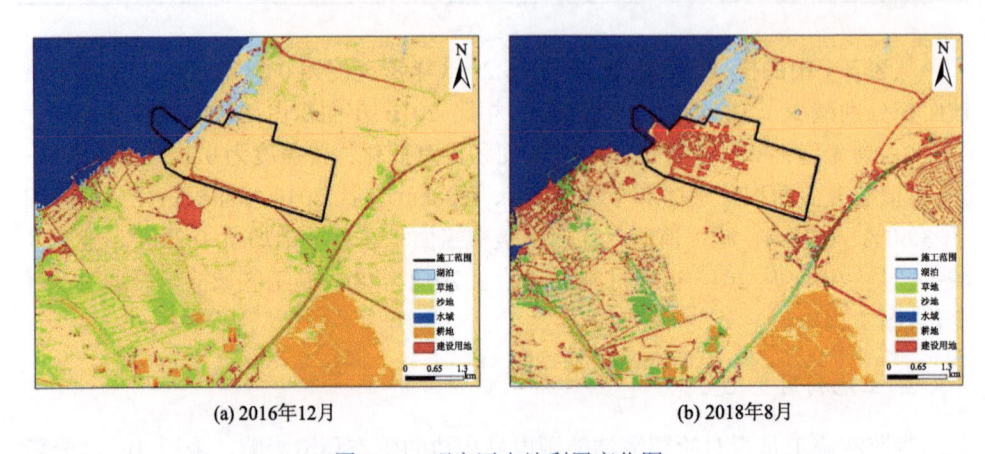

图 7-15　研究区土地利用变化图

与迪拜哈翔电站项目相比，孟加拉国巴布纳卢普尔(Pabna Rooppur)核电站开始建设后，周围土地利用类型变化明显。核电站西北方向的一处大约 0.0526km²

— 158 —

湖泊被填平用作施工用地，南面的河流入水口由于项目建设被填埋，填河流面积约为 0.35km²。同时约 2.413km² 的耕地变为核电站的建设用地(图 7-16)。

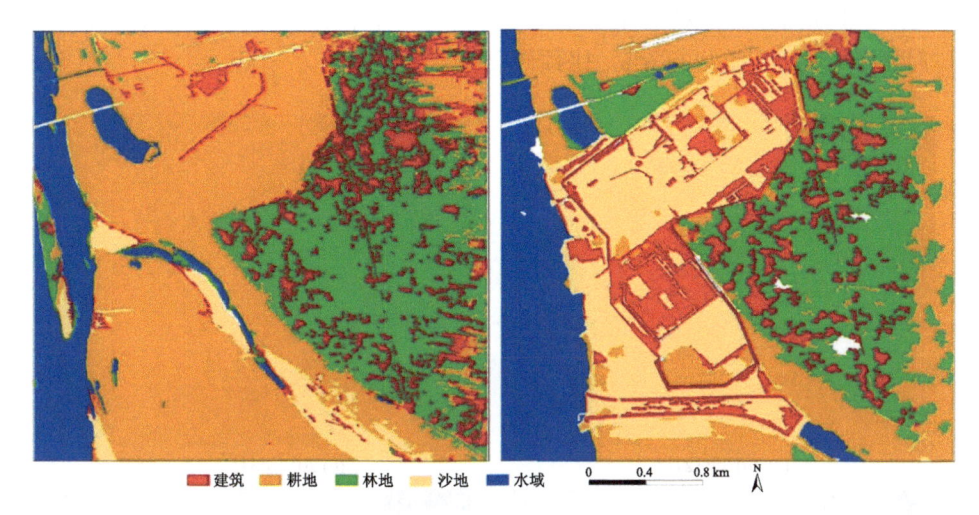

图 7-16　孟加拉国 Pabna Rooppur 核电站土地利用变化图

7.3.3　建设进度监测

1. 工程道路、建筑面积动态监测

电站的建设过程中，主要道路没有发生很大的变化，主要是在 2017 年 1~6 月修建了一条厂区到主道路的 500m 的道路。在 2017 年 8 月到 2017 年 12 月施工期间，由于施工建设范围的扩大，约 425m 的道路被占用为施工区域。

在整个施工过程中建筑面积在不断地扩大(表 7-3)，到 2018 年 8 月总面积已达 0.14km²，其中电站面积占地 0.108km²，行政办公楼占地 0.0035km²，厂房等配套设施占地 0.029km²(图 7-17)。

表 7-3　道路和建筑面积变化表

时间	道路/km	建筑面积/km²
2016 年 12 月	11.22	0
2017 年 5 月	11.689	0.034
2017 年 7 月	11.689	0.060
2017 年 8 月	11.689	0.088
2017 年 12 月	11.264	0.14
2018 年 8 月	11.264	0.14

2. 工程车辆、材料、废弃物面积动态监测

采用 6 期高分影像对工程进行动态监测，解译结果如表 7-4 所示。2018 年 8 月项目总体进度已完成 33.6%，比预计要快。

(a) 2016年12月
(b) 2017年5月
(c) 2017年7月
(d) 2017年8月
(e) 2017年12月
(f) 2018年8月

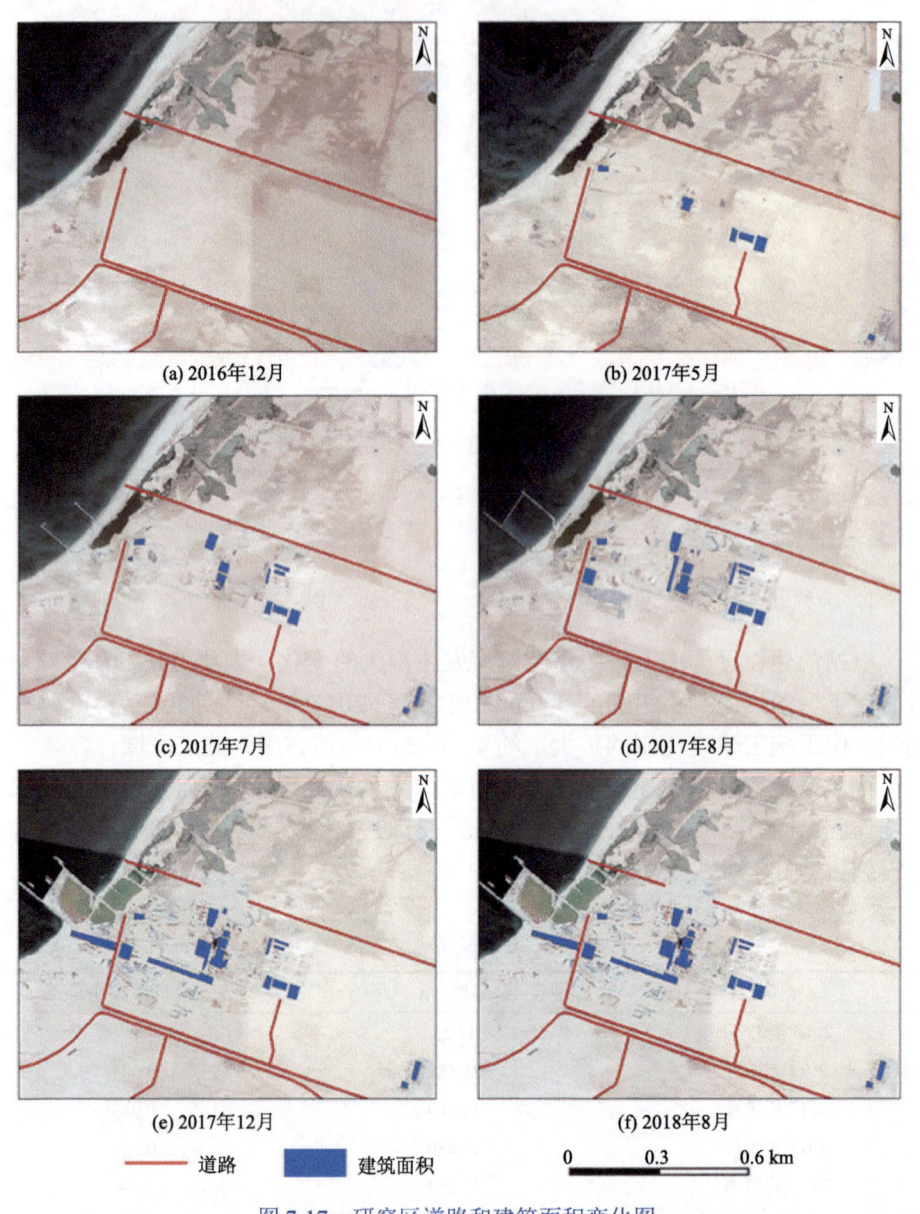

图 7-17　研究区道路和建筑面积变化图

表 7-4 研究区工程进度监测

时间	车辆数量/辆	材料面积/km²	废弃物面积/km²
2016 年 12 月	0	0	0
2017 年 5 月	32	0.0164	0.0794
2017 年 7 月	32	0.0688	0.1011
2017 年 8 月	87	0.0828	0.1670
2017 年 12 月	160	0.1846	0.2182
2018 年 8 月	160	0.1846	0.2182

从遥感影像可以发现,建设周期以 2017 年 12 月为时间节点分为明显的两个阶段。第一个阶段从 2017 年 1 月至 12 月,历时将近一年,工程进展明显,工程使用的车辆数目有明显的增加,到 2017 年 12 月施工车辆总数达 160 辆,是施工初期的 5 倍,车辆类型和数目如图 7-18 所示。同时施工建设所需的材料堆放面积也不断扩大,总面积累计 0.1846km²,施工废料占地面积累计达 0.2182km²。第二阶段从 2017 年 12 月至 2018 年 8 月,施工车辆、材料面积、废弃物面积没有明显的变化,但安装工程取得了阶段性的进展:1 号锅炉 E、F 组合板梁精确就位;2017 年 12 月 10 日开始 1 号锅炉的受热吊装工作;2018 年 6 月,4 台高压加热器、除氧器和 397t 的发电机定子宣告就位;2018 年 7 月,重达 340t 1 号机组变压器成功安装,宣告了搭建吊装攻坚战全面结束。

3. 港口建设和湖泊面积变化监测

哈翔清洁能源电站发电用的清洁煤须通过航运,港口码头成为电站建设和运营的另一个重要部分。在建设施工紧张有序进行的同时,港口码头建设有条不紊,短短的一个月时间,码头建设从开始施工到围堰施工顺利合龙,至 2017 年底港口基本完成,总计围堰长度达 3.785km,预计填海面积 0.112km²(表 7-5)。

表 7-5 研究区码头建设动态监测

时间	港口/km	湖泊/km
2016 年 12 月	0	0.642
2017 年 5 月	0	0.642
2017 年 7 月	0.678	0.642
2017 年 8 月	1.260	0.642
2017 年 12 月	3.785	0.642
2018 年 8 月	3.785	0.577

由表 7-5 可知，在港口施工建设过程中，临海湖泊、湿地面积有所减少，其中距离港口最近的一处大约 0.069km² 的湖泊在港口作业期间被征用为沉淀池，湖里的十多种上千尾鱼被人工迁移至大海中（图 7-18）。

(a) 2016年12月　　(b) 2017年7月

(c) 2017年8月　　(d) 2017年12月

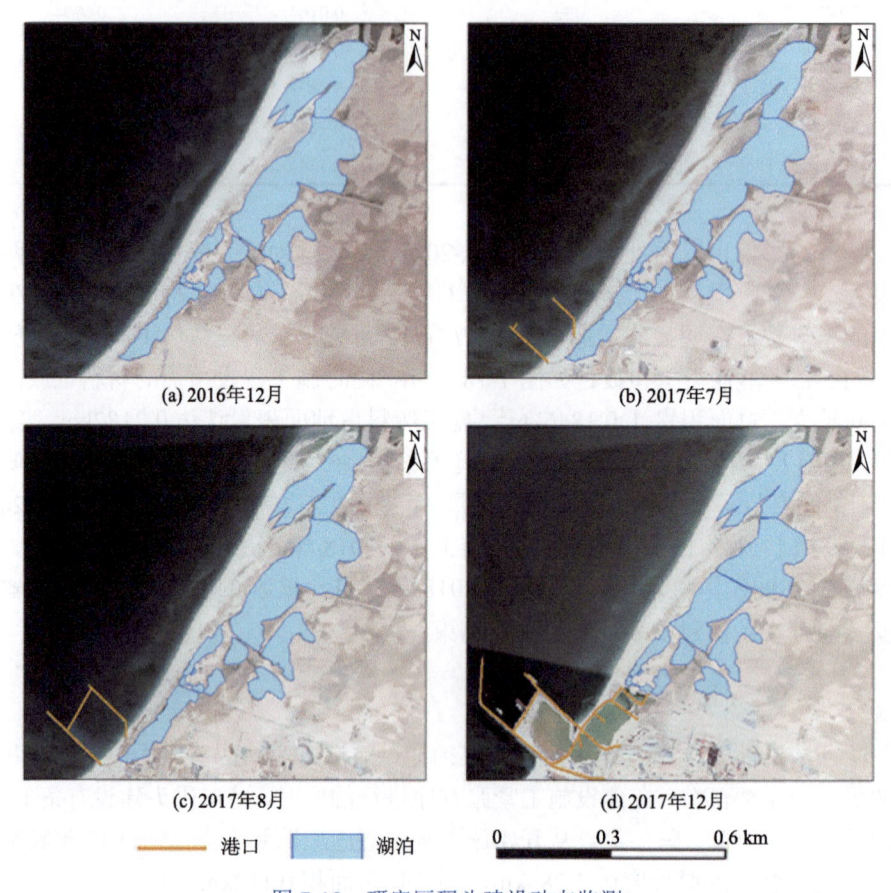

港口　　湖泊　　0　0.3　0.6 km

图 7-18　研究区码头建设动态监测

7.3.4　敏感区域监测

哈翔电站所在地是迪拜海岸线上最后一块未被开发的地带，位于杰拜勒·阿里（Jebel Ali）海洋生态保护区，Jebel Ali 海洋生态保护区面积约为 77km²。该区域拥有潟湖、红树林及珊瑚等丰富的天然海洋生态系统；Jebel Ali 海滩是鹰嘴海龟每年 3~6 月的传统产卵地；海岸上的沙地里有羚羊、狐狸、蜥蜴、蛇类等野生动物的踪迹；同时该地区也是众多鸟类的栖息地。阿联酋海洋环境组织（EMEG）的基地也紧邻哈翔电厂项目的工程用地。

为履行企业在当地的社会责任及环保义务，项目进行码头施工建设前，对区域内 28000 株珊瑚进行移植和培养；将潟湖区内的全部鱼类转移至大海。为了确保疏浚期间的施工海域和周边的海域不会因为泥沙沉淀和水质污染等问题影响周边海域的珊瑚和水草的健康生长，项目部决定根据疏浚作业的范围，将近 10km 周长的施工海域分 3 个阶段围上防淤帘（图 7-19），有效阻隔泥沙向周边的海域扩散。同时在海岸预留了海龟产卵通道，每年的海龟繁殖期，按照迪拜环保组织共同订制的方案，对海龟进行监控与保护。10 余套水质及空气质量监测站保证了项目与迪拜市政府可同时对施工区内所有环境参数进行实时监测。目前，哈翔项目对环境保护的执行较好，环境保护方面得到当地政府和环保部门的一致赞誉（图 7-20）。

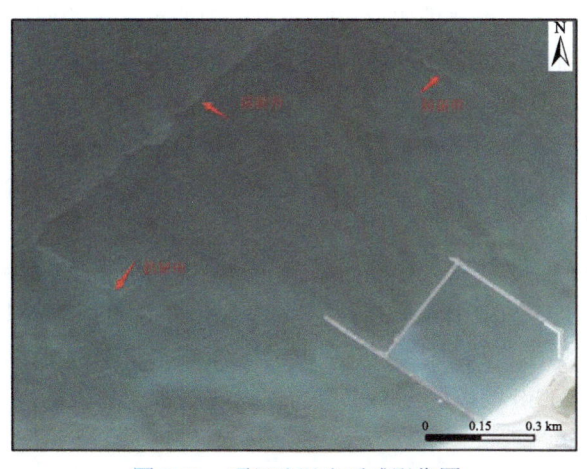

图 7-19　项目防淤帘遥感影像图

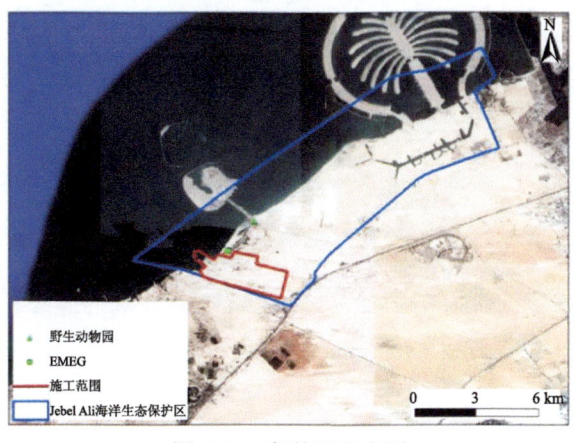

图 7-20　保护区分布图

7.4 典型案例——吉布Ⅲ水电站项目

7.4.1 吉布Ⅲ水电站项目概况

吉布Ⅲ水电站项目是埃塞俄比亚国家重点建设项目，也是目前非洲已经建成的最大的水电项目。该项目由中国电建所属成都院和水电八局共同承建，成都院负责机电金结设计，水电八局负责金属结构安装任务，机电组装部分在 2011 年 7 月开工，2015 年 11 月首台机组交付业主，2016 年 9 月第 10 号机组运行试验并交付业主，标志着吉布Ⅲ水电站正式竣工(尹富杰等，2020)。整个水电站总共投资 18 亿美元，总装机容量达到 1870MW，占到埃塞俄比亚全国总装机容量的一半以上，很大程度上改善了埃塞俄比亚短时期内电力严重不足的问题。在 5 年的工程建设过程中已为当地提供了 7000 个就业岗位，很大程度上解决了当地的就业，并在建设过程中为埃塞俄比亚培育了一批高素质、高技能的优秀人才。承建方克服了技术难度大、交流沟通困难、标准要求高等一系列难题，将"东非水塔"变成了"东非电塔"，满足国内用电需求的同时还可以将多余的电量输往周边国家，为国家经济发展提供支持。

吉布Ⅲ水电站位于埃塞俄比亚西南部的奥姆欧河上,是该流域的第三级电站，距离上游吉布Ⅱ水电站 151km，距离索多市 90km，距离首都亚的斯亚贝巴 360km，其位置如图 7-21 所示。项目工程包括 10 台混流式水轮发电机组，一座 400kV 敞开式开关站，高 243m 的碾压混凝土重力坝以及一些配套设施。

图 7-21 吉布Ⅲ水电站位置示意图

7.4.2 生态环境影响监测

1. 植被覆盖度遥感反演

基于 Landsat-5 和 Landsat-8 卫星遥感影像，分别提取吉布Ⅲ水电站库区沿线 5km 缓冲区内 2010 年和 2017 年植被覆盖度（图 7-22），以库区 5km 缓冲区为总面积，通过比较不同时期的植被覆盖度面积及占比，来分析工程建设对于当地生态环境的影响（龚围等，2020）。

结果表明，2010 年吉布Ⅲ水电站库区沿线 5km 缓冲区内自然环境状态良好。如表 7-6 所示：吉布Ⅲ水电站蓄水前，植被覆盖度占比区间最大的是 0.4~0.6，占比为 40.08%，面积为 583.48km²；植被覆盖度为 0.2~0.4 的区间占比为 33.42%，面积为 486.59km²；植被覆盖度大于 0.4 的区间占比为 59.95%，面积为 872.64km²。

2017 年缓冲区沿线自然环境基本良好，植被覆盖度数值整体较高。如表 7-6 所示：吉布Ⅲ水电站蓄水后，植被覆盖度占比区间最大的是 0.6~0.8，占比为 40.54%，面积为 590.23km²；植被覆盖度为 0.8~1.0 的区间占比为 29.43%，面积为 428.35km²；植被覆盖度大于 0.4 的区间占比为 87.75%，面积为 1277.43km²。

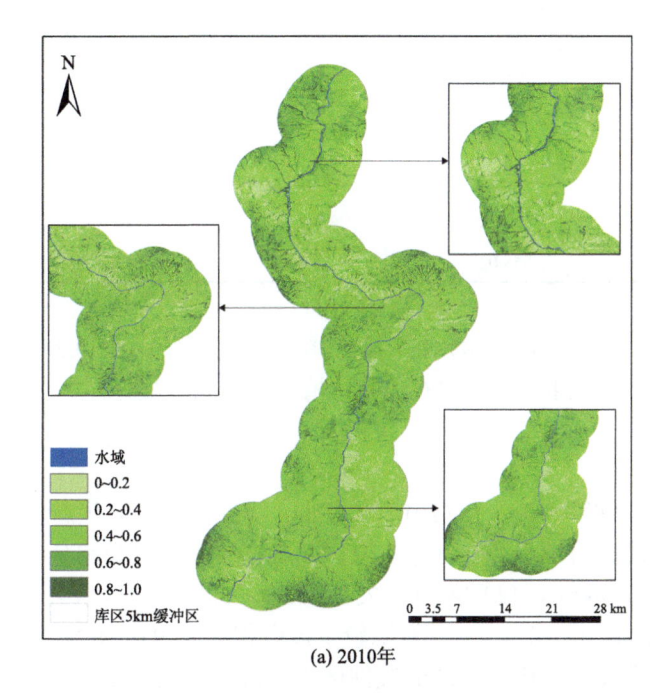

(a) 2010年

境外工程地球大数据监测与分析

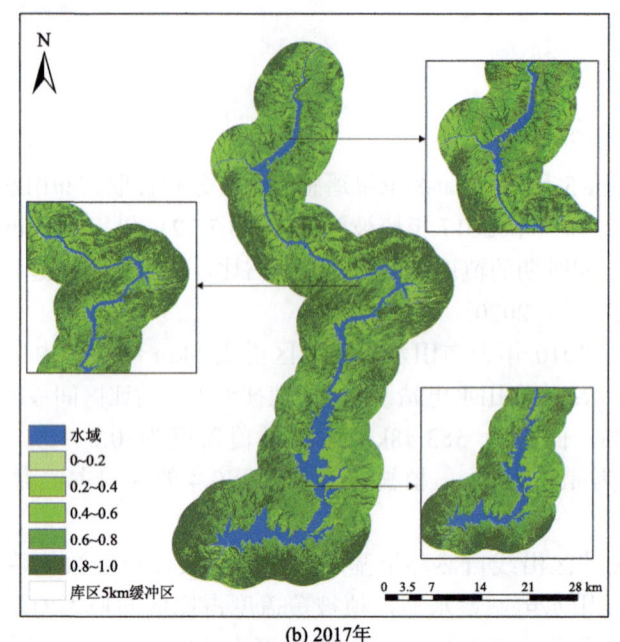

(b) 2017年

图 7-22　吉布Ⅲ水电站库区沿线 5km 缓冲区内 2010 年和 2017 年植被覆盖图

表 7-6　研究区 2010 年和 2017 年植被覆盖度的面积及其占比

植被覆盖度	2010 年 1 月 面积/km²	占比/%	2017 年 1 月 面积/km²	占比/%
0~0.2	96.54	6.63	143.24	9.84
0.2~0.4	486.59	33.42	35.10	2.41
0.4~0.6	583.48	40.08	258.85	17.78
0.6~0.8	231.14	15.88	590.23	40.54
0.8~1.0	58.02	3.99	428.35	29.43

经过对比发现，水电站蓄水前，植被覆盖度主要集中在 0.2~0.6；水电站蓄水后，植被覆盖度主要集中在 0.6~0.8，植被覆盖状况变好。

2. 土地利用变化提取

吉布Ⅲ水电站蓄水淹没前(2014 年)5km 缓冲区内主要生态资源类型为林地资源、草地资源、耕地资源和其他资源，四者在空间上呈交错分布，面积分别为 249.44km²、516.68km²、429.44km²、250.55km²，分别占缓冲区总面积的 17.13%、35.50%、29.50%、17.20%；水域资源较少，面积仅有 9.65km²，占缓冲区内总面积的 0.67%。蓄水后(2017 年)5km 缓冲区内生态资源类型主要为草地资源、林地

— 166 —

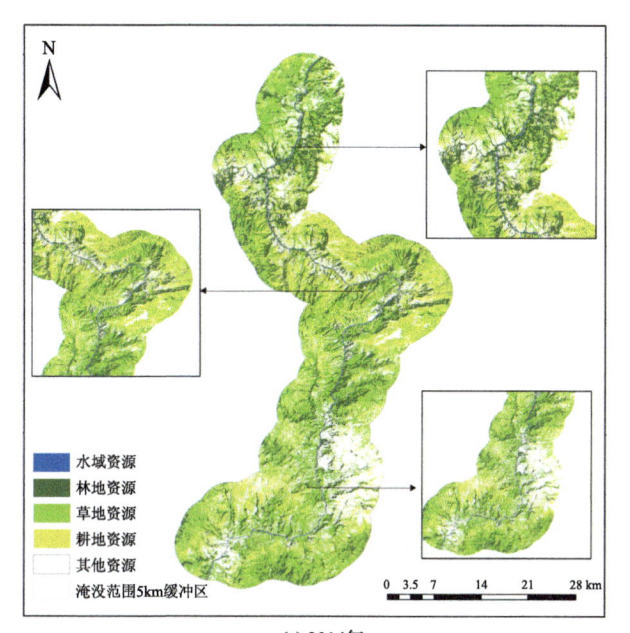

资源、其他资源,面积分别为 332.64km²、329.34km²、355.50km²,分别占缓冲区总面积的 22.85%、22.62%、24.42%(图 7-23、表 7-7)。

(a) 2014年

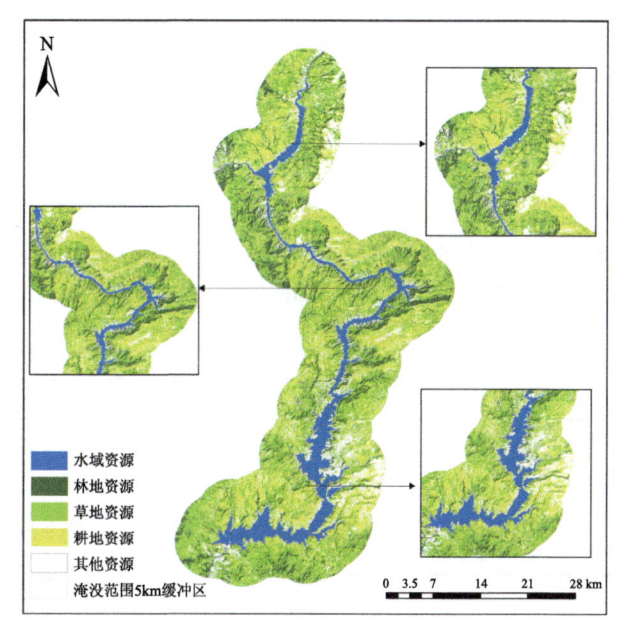

(b) 2017年

图 7-23 吉布Ⅲ水电站淹没范围 5km 缓冲区内的 2014 年和 2017 年生态资源分布图

水电站建设后，造成草地资源直接生态损失面积 184.04km^2，占 5km 缓冲区内草地面积的 35.62%，造成耕地资源直接生态损失面积 150.95km^2，占 5km 缓冲区内耕地面积的 35.15%，由于水电站蓄水，水域面积增加 150.14km^2。

表 7-7　2014 年和 2017 年吉布Ⅲ水电站库区淹没范围 5km 缓冲区生态资源状况

生态资源类型	2014 年 1 月 面积/km^2	占比/%	2017 年 1 月 面积/km^2	占比/%
林地资源	249.44	17.13	329.34	22.62
草地资源	516.68	35.50	332.64	22.85
耕地资源	429.44	29.50	278.49	19.13
水域资源	9.65	0.67	159.79	10.98
其他资源	250.55	17.20	355.50	24.42

7.4.3　建设进度监测

1. 工程道路、建筑面积动态监测

该项目的土建工程于 2006 年开工建设，到 2012 年为止，项目的总体增长率达到 62%，由于大坝、厂房、开关站等一些建筑的施工，项目建筑面积达到 0.9233km^2，施工进度加快的同时，运输的需求也加大，修建了一条 18.5km 的进场道路，这时候道路的总长度增长到了 134.687km。到 2014 年，一些主要建筑物接近完工，建筑面积无明显变化，为 0.9989km^2，由于施工面积增大，道路总长度也增加了约 36km，达到 170.849km。项目于 2016 年竣工，库区开始蓄水。蓄水完成后，2017 年 12 月水库蓄水面积 11.7km^2，道路长度减少到了 126.374km，建筑面积达到最大，为 1.0059km^2，其中大坝占地 0.0546km^2，开关站占地 0.0676km^2，营地占地 0.7521km^2，其他占地 0.1316km^2（表 7-8、图 7-24）。

表 7-8　道路和建筑面积变化表

时间	道路/km	建筑面积//km^2
2005 年 12 月	0	0
2012 年 12 月	134.687	0.9233
2014 年 10 月	170.849	0.9989
2017 年 12 月	126.374	1.0059

(a) 2012年12月　　　　　　　(b) 2014年10月　　　　　　　(c) 2017年12月

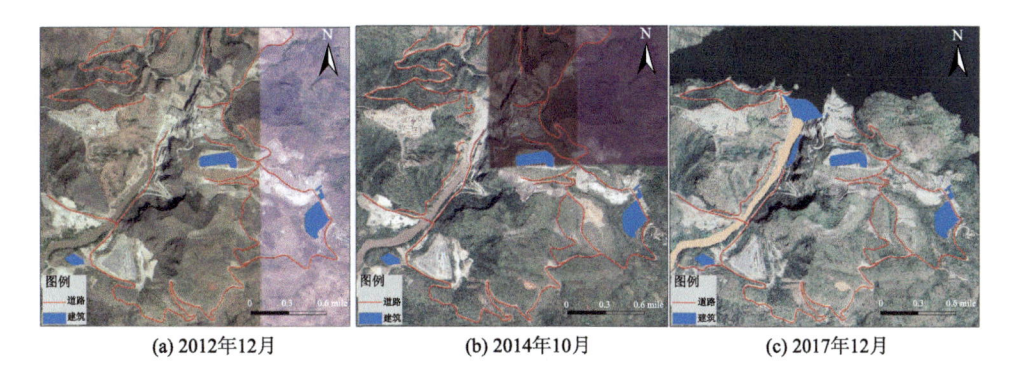

图 7-24　研究区道路和建筑面积变化图

2. 工程车辆、材料、废弃物面积动态监测

项目工程开始于 2006 年，2008 年由于施工范围问题重新修订合同协议，2010 年同中国东方电气国际公司签订机电和水利机械工程合同，截至 2013 年，土木工程完成 62.34%，水电项目整体工程于 2016 年竣工完成。采用三期高分影像对水电站进行动态监测，监测结果如表 7-9 所示。

表 7-9　研究区工程进度监测表

时间	车辆数量/辆	材料面积/km²	废弃物面积/km²
2005 年 12 月	0	0	0
2012 年 12 月	256	0.7811	0.9410
2014 年 10 月	304	0.8081	1.0916
2017 年 12 月	81	0.4221	0.8826

根据建设内容将整个工程分为三个阶段。第一阶段是在 2006~2012 年，主要进行土木工程与道路建设。2008~2012 年车辆明显增多，工程进度加快，材料面积由原来的 0.4046km² 增加到 2012 年的 0.7811km²，废弃物面积也增长到 0.9410km²。第二阶段是在 2012 年到电站蓄水之前，主要进行水利机械工程建设与水电站机电设备安装。2012~2014 年施工车辆达到高峰，截至 2014 年，材料面积增加到 0.8081km²，废弃物面积也达到 1.0916km²。第三阶段是在电站竣工后水库开始蓄水，一些占地被淹没，材料面积减少到了 0.4221km²，废弃物面积减少到了 0.8826km²，施工车辆也只剩下 81 辆(图 7-25)。

(a) 2012年12月　　　　(b) 2014年10月　　　　(c) 2017年12月

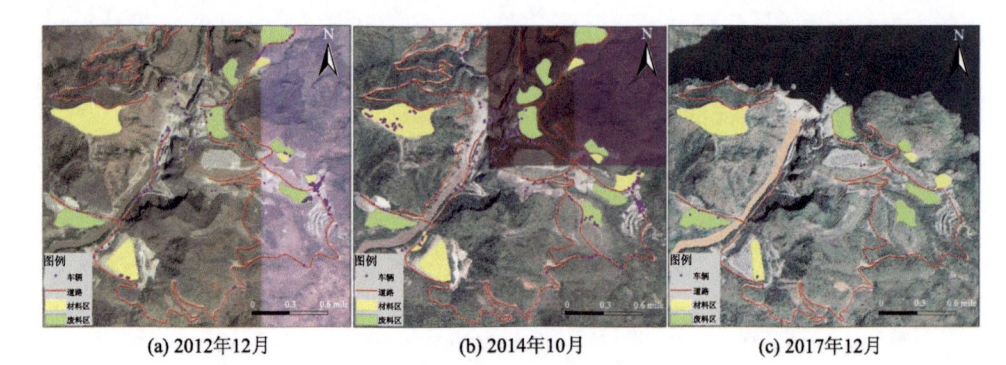

图 7-25　研究区工程进度进展图

7.4.4　夜间灯光变化监测

通过分析水电站建设前后灯光分布情况，可知水电站建设后当地灯光指数普遍提高。如图 7-26 所示，灯光指数较高的地区出现在变电站附近的索多市和首都

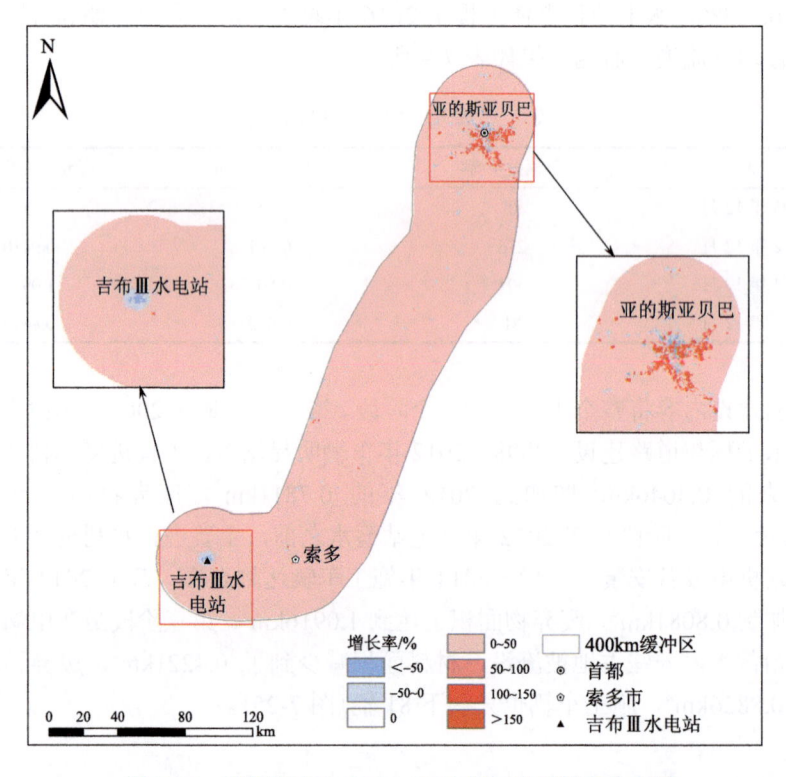

图 7-26　埃塞俄比亚 2012～2018 年灯光增长率分布图

— 170 —

亚的斯亚贝巴，由于工程建设的完工，水电站坝址区域出现灯光指数减少情况。一般认为灯光指数大于 7 的区域是经济高度发展区。2012 年 5 月，吉布Ⅲ水电站—索多—亚的斯亚贝巴沿线 30km 缓冲区内灯光指数高于 7 的面积为 189.19km^2，2018 年 8 月这一面积增加至 296.31km^2。而 2012~2018 年的年平均增量为 17.85km^2。从灯光指数增长率的角度分析，吉布Ⅲ水电站—索多—亚的斯亚贝巴沿线 30m 缓冲区内，增长率大于 90%的区域主要分布在索多市和首都亚的斯亚贝巴(表 7-10)。

表 7-10　2012~2018 年灯光变化表

项目	灯光增长率区间/%					灯光指数>7 的面积		
	<-50	-50~0	0~50	50~100	100~150	>150	前期	后期	年增长量
年均面积/km^2	41.36	177.11	22142.40	138.08	63.63	62.79	189.19	296.31	17.85

增长率为负的区域较小，为 218.47km^2，占比 0.97%，增长率为正的总面积为 22406.9km^2，其中，主要集中在 0~50%区间，面积为 22142.40km^2。

7.4.5　保护措施

水电项目方案设计与施工过程中十分注重大坝安全管理，将高质量、高速度建设与安全发展的理念贯彻于整个大坝规划、勘测、设计、施工、运行各个阶段。选址设计时，除了考虑气候、降水、河流落差、地形等因素外，十分注重大坝安全涉及人们生命财产和社会公共安全，尽量避免下游处于人口稠密地区。建设过程中，除了建设速度快以外也十分注重建设质量，建设大坝过程中优先选择混凝土坝、胶结颗粒料坝等漫顶不溃的坝型。如图 7-27(a)所示，为吉布Ⅲ碾压混凝土重力坝，中国公司从 2011 年开始建设到竣工花费了五年多的时间，截至 2018 年 3 月底，水电站已投产 800MW。图 7-27(b)、(c)、(d) 分别为老挝桑片-桑南内(Xe Pian-Xe Namnoy)水电站的桑南内(Xe-Namnoy)大坝、桑片(Xe Pian)大坝、D 副坝(Saddle Dam D)，2018 年 7 月，D 副坝(土坝)发生溃坝[图 7-27(e)]，造成下游约 1.3 万人受灾，该项目由韩国 SKEC 公司(持股 26%)、泰国拉差布里(Ratchaburi)发电公司(RATCH,持股 25%)、韩国西部电力(KOWEPO,持股 25%)和老挝控股国有企业(LHSE,持股 24%)合资建设，2013 年 2 月开始建设，2019 年投产发电。该事件主要是由于坝体填筑不密实、坝体材料或施工质量及持续强降雨(水文条件)等因素造成的，一经披露立刻引起国际社会的巨大反响。

境外工程地球大数据监测与分析

(a) 吉布Ⅲ大坝

(b) 桑南内大坝

(c) 桑片大坝

(d) D副坝

(e) D副坝溃坝

图 7-27　吉布Ⅲ大坝与 Xe Pian-Xe Namnoy 大坝

第 8 章

矿　山

境外重大工程项目中矿山项目的开发建设，在促进社会经济发展的同时也会对当地生态环境产生一定影响，对其进行监测和分析评估，可为境外矿山项目的产业布局以及加强矿区生态环境保护提供科学指导。本章通过收集资料、实地调查、借助遥感技术等手段，对我国历年在境外投资建设的矿山项目的分布情况、发展态势进行监测分析，并以缅甸蒙育瓦铜矿为例，监测研究其对周边生态环境和社会经济的影响，主要结果如下：

（1）本章收录的有报道的我国企业在境外参与投资、承建和收购的矿山项目已达 135 个，分布于六大洲 41 个国家，其中大洋洲占比最大，占到总数的 26.7%，有 36 个矿山项目。不同性质国家中将近 70% 的矿山项目位于发展相对比较落后的发展中国家、最不发达国家和新兴经济体国家，发达国家中矿山项目主要集中分布在澳大利亚，有 34 个矿山项目，其他发达国家分布较少。

（2）各类型矿产资源中以经济生产建设需求量较大的铜、铁、煤矿产为主，并随着国家经济的发展和产业结构的转移，由较为单一的矿种向多种矿产资源扩展。

（3）时间上呈现明显的双峰现象，2007 年以前矿山项目数量增长较缓，2007～2012 年呈现快速增长态势，每年开工数目达到 10 个以上，2013～2016 年增长数目回落至年均 4 个，2017 年至今又呈现高速增长，每年开工数目约 10 个。

（4）位于缅甸在建的蒙育瓦铜矿，相比国外公司承建时期，中国矿业公司在矿区生态环境保护和促进当地社会经济发展方面都取得了更好的成绩。

矿产资源是社会发展的重要物质基础，现代社会几乎所有工业部门，都与矿产资源的消费存在直接或者间接的联系，社会经济的发展本质上靠的就是利用大量的矿物原料，当今社会人类的生产生活都离不开矿产资源。自 2013 年以来，中国与发展中国家的交流合作日益增强，发展中国家作为世界矿产资源原材料的主要供给基地，矿业合作成为中国与发展中国家合作的重要组成部分。发展中国家的矿产资源十分丰富，如天然气储备占全球一半以上，达到 53%，石油占 17%，煤炭占 25%，铁矿石占 20%。尽管发展中国家拥有丰富矿产资源，但发展相对落后，工业基础设施薄弱。虽然这些国家都有加大矿产资源勘探开发及实现资源优势向经济优势转变的共同愿景，由于工业化水平较低，资金短缺和技术落后，这些国家对矿产资源开发的力度依然不够，没有发挥自身的资源优势，迫切需要外援来解决这一问题。中国拥有先进的矿山开采技术、资金和基础设施建设等优势，与有关国家利用矿产资源发展本国经济的愿景刚好形成优势互补。矿业合作将极大地提高当地的工业化水平，促进当地社会经济的发展。

本章收录的有报道的矿业相关资料表明，2000 年以前，我国在境外投资建设的矿山项目增长较缓，主要分布在中国周边地区如蒙古国，以及澳大利亚、秘鲁、南非等比较典型的矿产资源丰富的国家，以铁矿、铜矿等生产建设需求量较大的金属矿产资源为主；2000 年以后，随着中国经济的迅速增长，中国境外投资建设的矿山项目开始进入快速增长阶段，2003~2006 年境外投资建设的矿山项目数量出现小幅度增长，分布区域向东南亚、阿根廷、赞比亚等世界其他矿产资源丰富的国家扩展，矿山项目从铜、铁矿向镍矿、铅矿、煤矿等矿种类型发展。2007~2012 年受国际矿业投资环境和金融危机影响，国外许多矿山企业经营困难，中国加大了对境外矿山项目的投资布局，其间进行了大量的投资收购，由此我国在境外投资建设的矿山项目数量进入高速增长时期，据收集整理的资料统计表明，短短 6 年时间内增加了 67 个，是之前投资建设矿山数量总和的 4 倍之多。2013 年以来中国与沿线国家的交流合作日益增强，我国在境外投资建设的矿山项目在最近几年不断增长，进入新的快速增长阶段。

在国家加大"走出去"步伐和国内产业结构调整的大背景下，中国矿业公司加大在境外投资寻找矿产资源获得重要战略机遇期，同时也面临许多挑战。以往投资经验表明，境外矿产投资失败的多，成功的少。对境外矿业项目进行投资建设时，应进行充分深入的调查，了解当地政治、环保、文化差异等因素，加强沟通交流，制定国际化的规范准则，更加合理地进行境外矿山项目的投资建设。

8.1 分布格局

8.1.1 各大洲及地区的分布情况

截至 2019 年 12 月，本章收录的我国企业在境外参与投资、承建和收购的矿山项目已达 135 个，涉及多种矿产资源。其中，铬矿 2 个，金矿 14 个，锂矿 6 个，铝矿 2 个，煤矿 16 个，钼矿 2 个，镍矿 4 个，铅矿 2 个，铁矿 22 个，铜矿 21 个，锌矿 5 个，铀矿 2 个；多金属矿山项目中，铂钯矿 3 个，铬铁矿 3 个，金银矿 1 个，锂钽矿 1 个，卤水矿 3 个，镍钴矿 1 个，铅锌矿 5 个，铁锌矿 1 个，铜钴矿 6 个，铜金矿 5 个，铜钼矿 1 个，铜锌矿 5 个，稀土矿 2 个。这些矿山项目分布于全球各大洲矿产资源丰富的国家和地区，其中以澳大利亚为主的大洋洲占比最大，占到总数的 26.7%，有 36 个矿山项目；其次是南美洲，主要位于矿产资源丰富的安第斯山脉沿线地区，数量为 17 个，占 12.6%；非洲共有矿山项目 35 个，分布于东非、西非、南非、中非地区，数量依次为 9 个、4 个、9 个、13 个，占比分别为 6.7%、3%、6.7%、9.6%；欧洲(不含俄罗斯)有境外矿山项目 5 个，占比 3.7%；亚洲地区拥有 37 个矿山项目，东南亚数量最多为 14 个，占比 10.4%，东亚、西亚、南亚、中亚分别为 8 个、2 个、2 个、7 个，占比分别为 5.9%、1.5%、1.5%、5.2%；北美洲矿山项目分布较少，矿山项目数量 5 个，占比 3.7%；俄罗斯境内矿山项目只有 4 个，占比 3%。收录的境外矿山项目分布图如图 8-1 所示。

8.1.2 不同性质国家的分布情况

本书收录的中国在境外投资建设的矿山项目一共 135 个，分别位于境外 41 个国家。其中位于最不发达国家的矿山项目数量为 29 个，主要位于刚果(金)、赞比亚和缅甸等 12 个国家；位于新兴经济体的矿山项目有 19 个，主要位于南非、印度尼西亚、越南、菲律宾等 7 个国家；位于其他发展中国家(欠发达国家)的矿山数量为 47 个，主要位于秘鲁、蒙古国、塔吉克斯坦、阿根廷等 17 个国家；位于发达国家的矿山项目数量为 40 个，主要分布在矿产资源丰富的澳大利亚，此外，加拿大、丹麦、美国、斯洛伐克、爱尔兰也有少量分布。通过数据对比发现将近 70%的矿山项目位于发展相对比较落后的发展中国家最不发达国家和新兴经济体国家，其中刚果(金)、秘鲁、南非、蒙古国等矿产资源比较丰富的发展中国家矿山项目分布较多。发达国家中矿山项目主要集中分布在澳大利亚，有 34 个矿山项目，其他发达国家分布较少。具体分布情况如图 8-2 所示。

境外工程地球大数据监测与分析

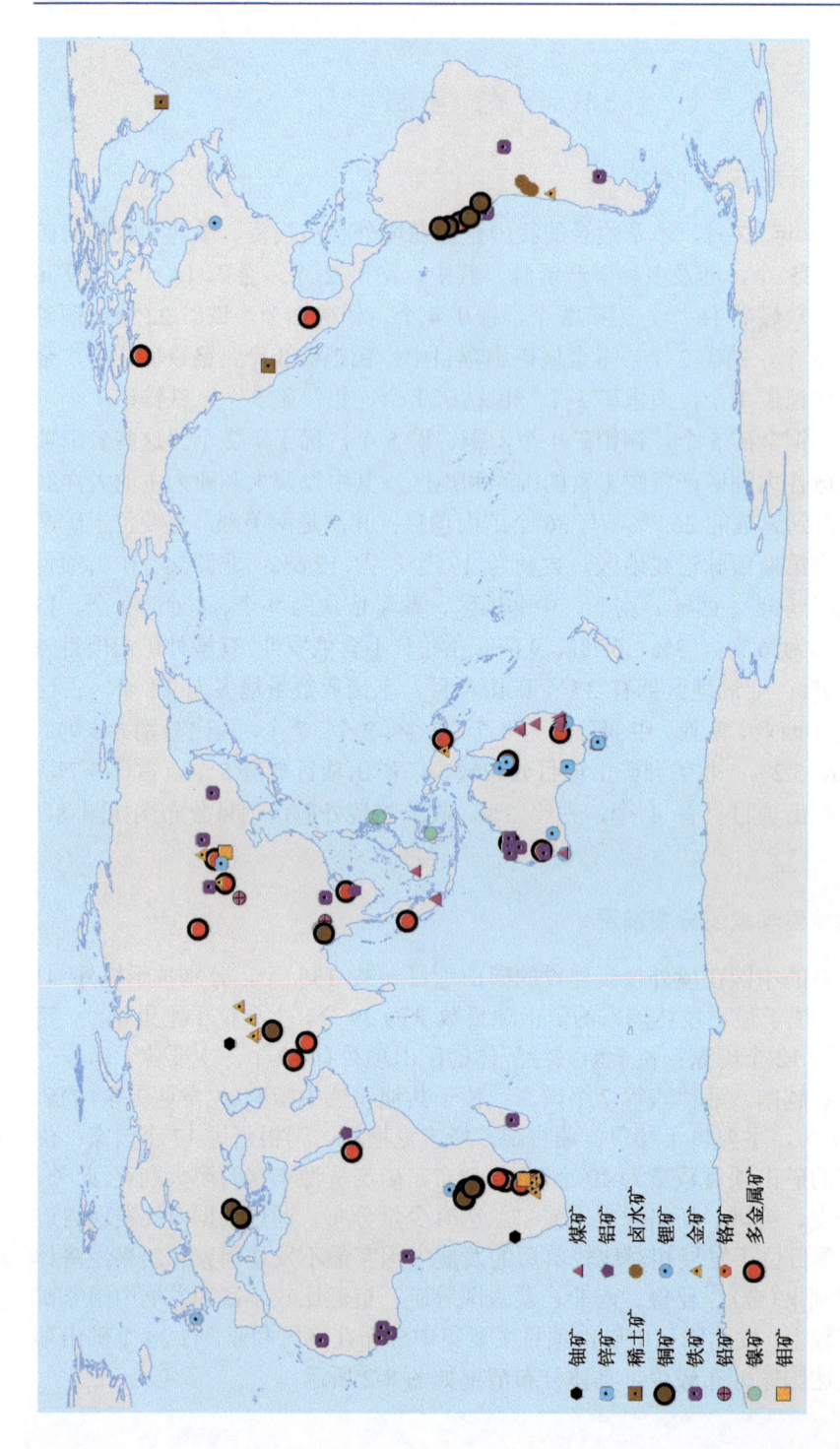

图 8-1 我国承建或投资的境外矿山项目在各大洲及地区数量分布图（数据资料截至 2019 年 12 月 30 日）

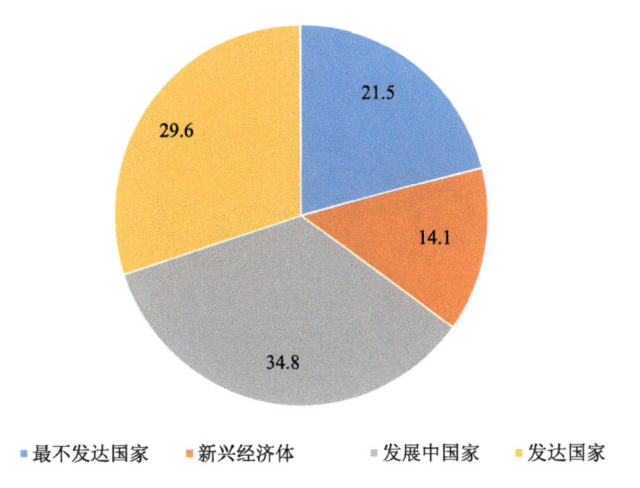

图 8-2　我国承建或投资的境外矿山项目在各类型国家分布占比图(单位：%)

8.1.3　各类型矿产资源项目分布情况

1. 铜矿项目分布情况

铜是目前全世界最重要的也是使用最广泛的金属之一。自改革开放以来，随着中国经济的快速发展，中国制造业的迅速发展以及大规模的基础设施开发建设，导致我国铜消费量迅速增长。到 2019 年 12 月为止，收录的我国在境外投资建设的铜矿项目已达 38 个，这些项目分布于东南亚(缅甸、老挝)，南亚(巴基斯坦)，西亚(阿富汗)，非洲(赞比亚、刚果(金))，欧洲(塞尔维亚、阿尔巴尼亚)，北美洲(加拿大)，大洋洲(澳大利亚)以及南美洲(秘鲁)；其中东南亚 2 个，南亚 1 个，西亚 1 个，非洲 17 个，欧洲(除俄罗斯) 3 个，北美洲 1 个，大洋洲 5 个，南美洲 8 个；主要分布于非洲、南美洲等一些发展中国家(图 8-3)。

铜矿项目的开发建设，会形成完整的矿山开采产业链和冶金、运输、生活等配套设施，提高当地基础设施建设和工业化水平，如缅甸蒙育瓦铜矿，就利用了当地的铜矿资源优势，建立一个以铜矿开采为主、金属冶炼工业为辅的，矿产资源开发冶炼生产工业区。

铜金属相关的矿山项目包括了阿富汗艾娜克铜矿、缅甸蒙育瓦七星塘铜矿、秘鲁拉斯邦巴斯铜矿、赞比亚谦比希铜矿、赞比亚卢安夏铜矿、刚果(金)腾科丰古鲁美铜钴矿、澳大利亚北帕克斯铜金矿、澳大利亚克朗克里铜金矿、刚果(金)卡莫阿铜矿、秘鲁白河铜钼矿、巴基斯坦山达克铜金矿、秘鲁特罗莫克铜矿、厄

境外工程地球大数据监测与分析

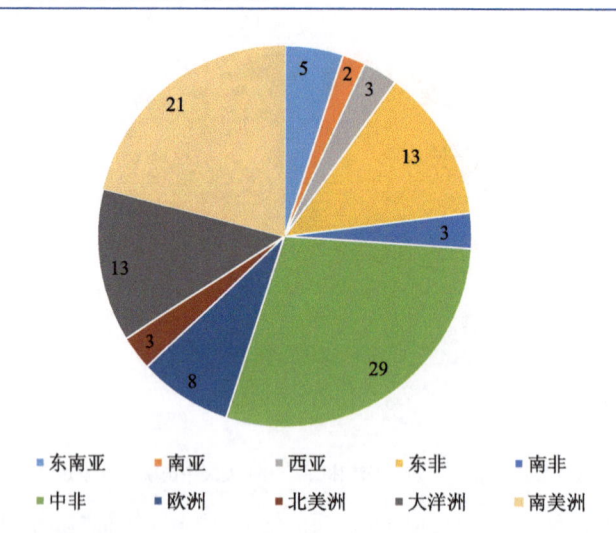

图 8-3 我国承建或投资的境外铜矿项目在各大洲及地区数量分布占比图(单位：%)

瓜多尔米拉多铜矿、塞尔维亚博尔铜矿、秘鲁加莱诺铜矿、秘鲁帕斯帕铜锌矿、秘鲁里奥布兰卡铜矿、刚果(金)卡隆威铜钴矿、刚果(金)希图鲁铜矿项目、澳大利亚罗斯比南/金矿项目、刚果(金)卡莫亚铜钴矿、刚果(金)庞比铜钴矿、阿尔巴尼亚普拉提铜矿、厄立特里亚比萨铜锌矿、老挝塞榜铜金矿、刚果(金)纳姆布尔瓦金塞维尔铜矿山、澳大利亚戈登格罗夫铜锌矿、加拿大艾扎克走廊项目、刚果(金)科卢韦齐铜矿、刚果(金)森林项目、刚果(金)穆松尼项目、刚果(金)本巴项目、秘鲁特罗莫克铜矿项目、阿尔巴尼亚穆内拉山铜矿等。

2. 铁矿项目分布情况

随着我国经济的飞速发展、工业化和城镇化水平不断提高，对钢铁金属的需求量显著增长。截至 2019 年 12 月，本书收录的我国在境外投资建设的铁矿项目达到 26 个，这些铁矿分布于大洋洲(澳大利亚)，非洲(塞拉利昂、南非等国家)，东南亚(越南、柬埔寨)，东亚(蒙古国)，俄罗斯以及南美洲(巴西、秘鲁等国家)，其中大洋洲 7 个，非洲 9 个，东南亚 2 个，东亚 2 个，俄罗斯 2 个，南美洲 4 个(图 8-4)；主要分布于澳大利亚、秘鲁等一些具有铁矿资源丰富的地区，如澳大利亚恰那铁矿，自 1990 年正式投产至 2011 年 11 月底，恰那铁矿已经向中国提供了 1.83 亿 t 高品位铁矿石，目前的年产能为 1000 万 t。澳大利亚是传统的矿业开采国，具备优良的矿业资源禀赋的同时，矿产开采工艺十分完善，法律体系健全，外资可得到充分保障，这为矿山项目投资建设提供良好的环境。

— 178 —

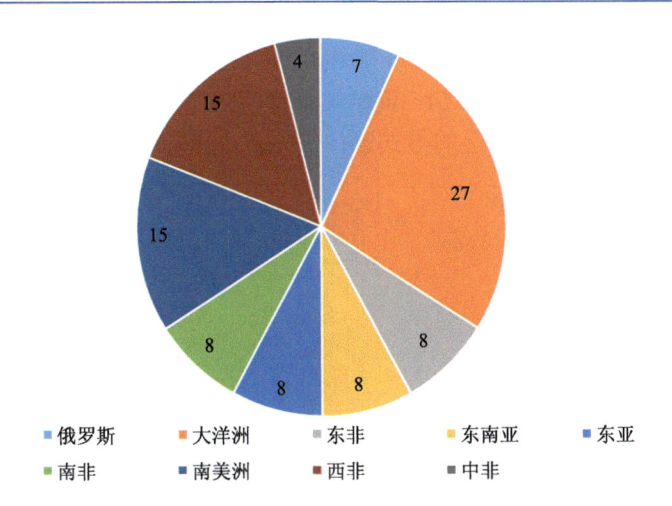

图 8-4　我国承建或投资的境外铁矿项目在各大洲及地区数量分布占比图(单位:%)

铁矿项目包括俄罗斯基姆坎铁矿、塞拉利昂新唐克里里铁矿、阿根廷希拉格兰德铁矿、几内亚西芒杜铁矿、毛里塔尼亚塔扎迪特铁矿、澳大利亚赛诺铁矿、蒙古国哈拉特乌拉铁锌矿、蒙古国色楞格省图木尔泰铁矿、津巴布韦夏瓦尼铬铁矿、澳大利亚斯宾尼费克斯铁矿、澳大利亚恰那铁矿、澳大利亚中西铁矿、喀麦隆洛比铁矿项目、利比里亚邦矿、巴西科伦巴矿山、澳大利亚卡拉拉铁矿、南非纳布姆铬铁矿、纳米比亚汤兰兹铬铁矿、秘鲁马科纳铁矿、俄罗斯别列佐夫铁矿、秘鲁邦沟铁矿、越南贵沙铁矿、塔斯马尼亚萨维奇河铁矿、澳大利亚巴拉巴拉铁矿、马达加斯加拜克苏帕铁矿、柬埔寨金边铁矿。

3. 煤矿项目分布情况

煤炭资源作为生产生活建设的重要能源,在我国能源结构中占有重要地位,我国虽然拥有丰富的煤炭资源,是世界上煤炭生产量最高的国家,但是随着经济的迅速发展,大量的重工业如火电钢材等对煤炭资源的消耗量也特别巨大,我国的煤炭储量已无法满足生产建设需求,需要从国外进口。截至 2019 年 12 月,收录的中国在境外投资建设的煤矿项目已经达到 16 个,这些煤矿项目分布于大洋洲(澳大利亚),东南亚(马来西亚、印度尼西亚),东亚(蒙古国),中亚(塔吉克斯坦),其中大洋洲 12 个,东南亚 2 个,东亚 1 个,中亚 1 个;主要分布于澳大利亚、印度尼西亚等自然资源丰富的国家或地区(图 8-5)。这些地区拥有丰富的煤炭储量,不仅能满足本国需要,还能出口国外。这些地区与中国相邻或拥有海运、铁路等便利的交通条件方便煤炭资源的运输,如澳大利亚中山(Middlemount)煤矿,井田面积约为 28km^2。中山煤矿主要采煤工艺为传统露天开采方式,主要煤种为焦煤和喷吹煤。截至 2013 年 12 月 31 日，中山煤矿拥有 JORC 标准的可采储量为 89.8 百万 t，可售煤炭储量 64.5 百万 t。该矿煤炭产品的主要运输方式是铁路运输，经铁路运输到海港，再通过海运的方式销往国外。

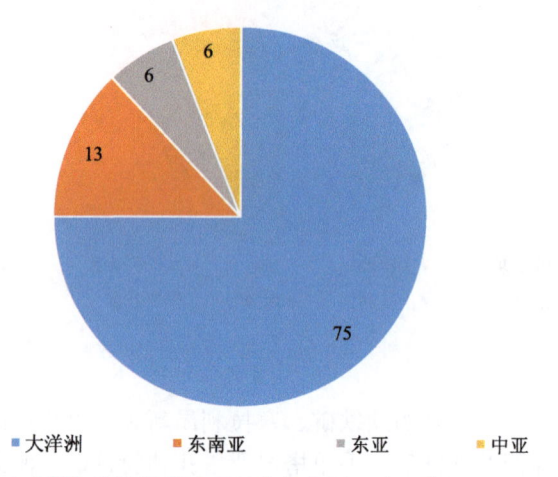

图 8-5　我国承建或投资的境外煤矿项目在各大洲及地区数量分布占比图(单位：%)

煤矿项目包括马来西亚阿柏煤矿、印度尼西亚南苏煤电项目、澳大利亚猎人谷运营煤矿、澳大利亚索利山煤矿、澳大利亚沃克沃斯煤矿、澳大利亚莫拉本煤矿、澳大利亚澳思达煤矿、澳大利亚雅若碧煤矿、澳大利亚艾诗顿煤矿、澳大利亚格洛斯特矿区、澳大利亚唐纳森矿区、澳大利亚中山煤矿、澳大利亚坎贝唐斯露天煤矿、澳大利亚普力马煤矿、蒙古国胡硕图煤矿、哥伦比亚卡塔赫纳煤矿。

4. 贵金属矿项目分布情况

中国已成为世界上最大的金银铂等生产消费大国之一。国内黄金等贵金属资源存在着矿床的规模不大、品位不高、总量有限等问题，为满足日益增长的金银等贵金属的需求，需要向境外投资进口来满足。截至 2019 年 12 月，收录的我国在境外投资建设的金银等贵金属矿 18 个，这些矿产分布于北美洲(墨西哥)，大洋洲(澳大利亚、巴布亚新几内亚)，非洲(南非、津巴布韦)，东亚(蒙古国)，俄罗斯，南美洲(秘鲁、阿根廷)，欧洲(斯洛伐克)，中亚(吉尔吉斯斯坦、塔吉克斯坦)；其中北美洲 1 个，大洋洲 2 个，非洲 5 个，东亚 1 个，俄罗斯 1 个，南美洲 2 个，欧洲 1 个，中亚 5 个；主要分布在中亚、非洲等贵金属资源丰富的国家和地区(图 8-6)。例如，吉尔吉斯斯坦塔尔德布拉克-左岸金矿(简称"左岸")位于天山金矿带、阿克秋兹-布尔杜(Aktyuz-Boordu)成矿区布尔杜-塔尔德布拉克矿田的东部。矿区范围长 4~5km，宽 2km，黄金储量 78t 左右。南非威特沃特斯兰德金矿，于 1866 年发现，发现后不久就投入开采。至今已 150 多年了，已开出黄金达 3.5 万 t，现在尚有储量 1.8 万 t，仍占全世界黄金总储量的 52%。该矿 1970 年产金量达到 1000t，为历史最高年产量，以后一直保持年产量 650~700t，均占世界黄金产量的一半。因此，该矿的储量和产量均为世界第一位，是名副其实的世界最大金矿。

贵金属矿包括吉尔吉斯斯坦塔尔德布拉克-左岸金矿、吉尔吉斯斯坦山博塞金矿、南非加拉陶铂族金属矿、塔吉克斯坦吉劳金矿、塔吉克斯坦塔罗金矿、澳大利亚帕丁顿金矿、巴布亚新几内亚波格拉金矿、南非奥尼金矿、阿根廷贝拉德罗金矿项目、蒙古国那仁陶勒盖金矿、南非威特沃特斯兰德金矿、津巴布韦铂钯矿、津巴布韦霍普韦尔铂钯矿、俄罗斯克鲁奇金矿、塔吉克斯坦帕特鲁金矿项目等。

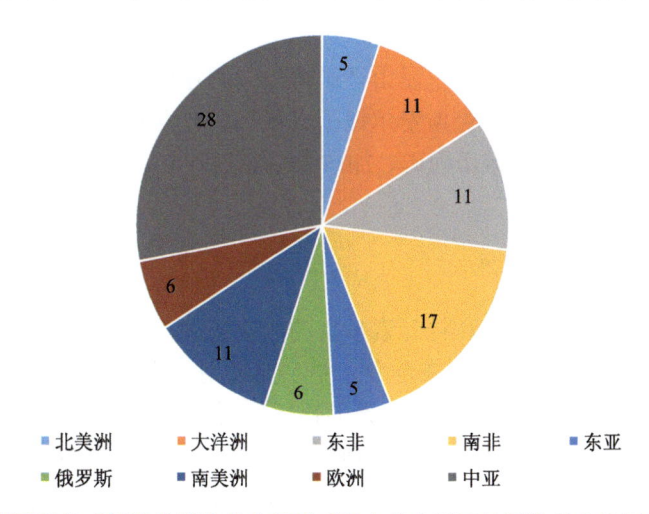

图 8-6 我国承建或投资的境外贵金属矿项目在各大洲及地区数量占比图(单位：%)

5. 锂金属矿项目分布情况

随着中国产业结构的转型，对清洁能源的大力发展，锂金属作为锂电池、玻璃、陶瓷等产品的重要原材料，被大量使用。随着国家经济的发展，对锂矿资源需求量也越来越大。截至 2019 年 12 月，收录的我国在境外已投资建设 10 个锂矿项目，这些矿区分布于北美洲(加拿大)，大洋洲(澳大利亚)，南美洲(阿根廷、智利)，欧洲(爱尔兰)，非洲(刚果(金))，其中北美洲 1 个，大洋洲 4 个，南美洲 3 个，欧洲(除俄罗斯)1 个，非洲 1 个；主要分布于大洋洲、南美洲等锂矿资源丰富的地区(图 8-7)。

境外工程地球大数据监测与分析

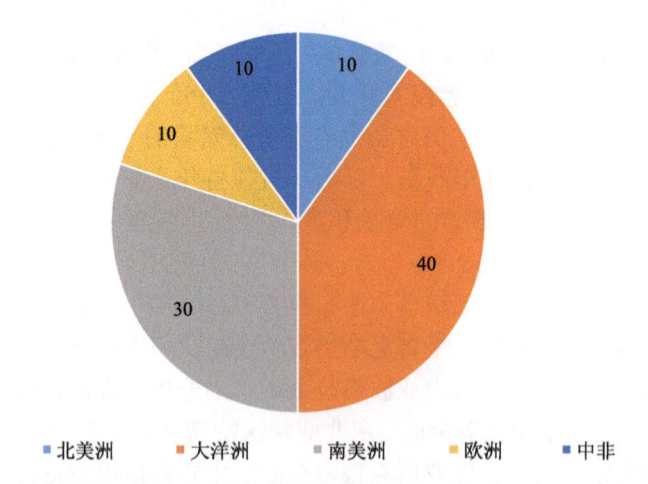

图 8-7　我国承建或投资的境外锂金属矿项目在各大洲及地区分布占比图(单位：%)

锂金属矿包括澳大利亚马里昂山锂矿、澳大利亚皮尔巴拉锂钽矿、阿根廷马里亚纳卤水矿、爱尔兰布莱克斯泰尔锂矿、澳大利亚泰利森格林布什矿、智利萨拉雷斯盐湖、刚果(金)马诺诺锂矿、加拿大魁北克省 La Corne 锂矿、澳大利亚巴尔德山锂矿。

6. 铅锌矿项目分布情况

铅锌矿是指含有铅元素和锌元素丰富的矿产资源，有色金属中锌的消费量仅次于铜和铝，常与多种金属制成合金，铅主要被用于生产铅酸电池。截至 2019 年 12 月，收录的我国在境外投资建设的铅锌矿(包含铅矿、锌矿)12 个，这些矿山位于大洋洲(澳大利亚)，东南亚(缅甸、越南等)，东亚(蒙古国)，俄罗斯，南亚(巴基斯坦)；其中大洋洲 4 个，东南亚 3 个，东亚 3 个，俄罗斯 1 个，南亚 1 个(图 8-8)；主要分布于铅锌矿资源丰富的国家或地区。这些地区矿产资源丰富，交通便利便于矿石和产品的运输，矿产资源投资环境良好，政策优势明显。

铅锌矿包括俄罗斯塔什特克铅锌多金属矿、澳大利亚杜加尔河锌矿、缅甸昂久甲矿场、蒙古国图木尔廷-敖包锌矿、蒙古国哈日陶勒盖铅矿、印度尼西亚达伊里铅锌矿、澳大利亚安加斯锌矿、澳大利亚罗斯伯里矿山、澳大利亚世纪锌矿、巴基斯坦杜达铅锌矿等。

7. 其他矿项目分布情况

随着中国产业结构的调整，经济不断发展，对于矿产资源需求越来越趋向多元化，在境外投资建设的矿山项目，由早期的铜、铁、煤等较为单一的消费量较大的矿产资源，转向于对铬、钼、铀、钴、稀土等多种矿产资源的投资建设，以满足国内发展的需要。截至 2018 年底，收录的我国在境外投资建设的矿产资源中，还包括铬矿 2 个，铝矿 2 个，钼矿 2 个，镍矿 4 个，铀矿 2 个，镍钴矿 1 个，稀土矿 2 个(图 8-9)。这些矿山项目分别为菲律宾坦达瓦镍矿、沙特阿拉伯吉赞电解铝、巴布亚新几内亚瑞木镍钴红土矿、蒙古前巴音钼矿、美国芒廷帕斯稀土矿、丹麦格陵兰科瓦内湾稀土矿、澳大利亚斯宾尼费克斯钼矿、纳米比亚湖山铀矿、南非萨曼可铬矿、南非 ASA 铬矿、印度尼西亚镍矿、菲律宾镍矿、缅甸达贡山镍矿、哈萨克斯坦伊尔科尔铀矿、老挝萨尔科铝土矿。

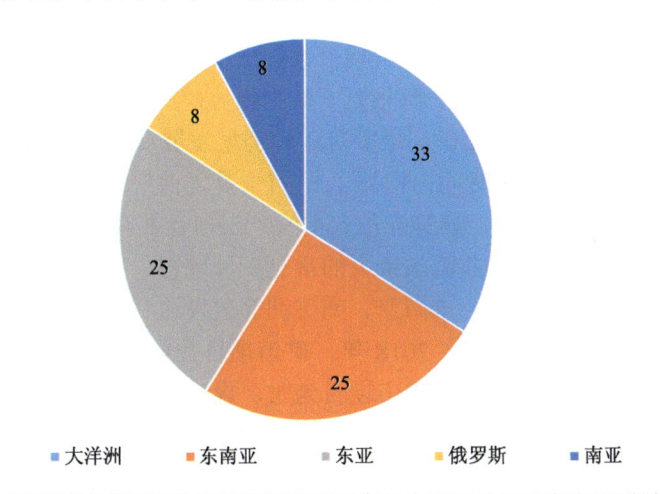

图 8-8　我国承建或投资的境外铅锌矿项目在各大洲及地区分布占比图(单位：%)

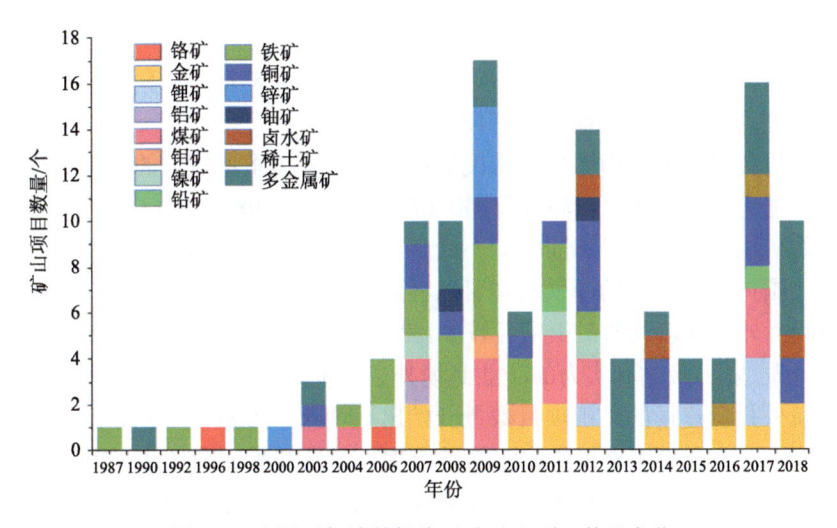

图 8-9　我国历年境外投资承建矿山项目数量变化

— 183 —

8.2 发展态势

8.2.1 历年开工数目变化

中国企业在境外投资建设的矿山项目开始较早、持续时间较长。2000 年之前收录的我国在境外投资建设的矿山项目只有 6 个，主要分布在中国周边的国家以及澳大利亚、秘鲁、南非等矿产资源丰富的典型国家，以铁矿、铜矿等生产建设需求量较大的金属矿产资源为主；数量增长较缓。2000 年以后出现迅速发展。2003~2006 年，境外投资建设的矿山项目数量出现小幅度增长，由原来的 6 个增长到 15 个，分布区域向东南亚、阿根廷、赞比亚等矿产资源丰富的国家扩展，矿山项目从铜、铁矿向镍矿、铅矿、煤矿等矿种类型发展；2007~2012 年，矿山数量出现快速增长，短短 6 年时间内增加了 67 个，是之前投资建设矿山数量总和的 4 倍多。其中以生产铜、铁、煤等资源为主的矿山项目就有 36 个，占比 53.73%。矿种类型由铜、铁、煤等工业需求量大的常见矿种向铝、金、锂、钼、钴、铀等矿种扩展，分布区域向非洲、东南亚、南美洲等欠发达和发展中地区扩展，以矿产资源丰富的国家为主；2013~2018 年，矿山项目数量增加了 44 个，其中依然以国内发展需求较大的铜、煤等矿山项目为主，煤矿、铜矿以及包含铜矿的多金属矿共有 22 个，占比 50%，占比变化不大，并且随着国内经济的发展、产业转型、能源结构的调整以金、铂等贵金属、稀土矿、锂矿为代表的非主要消费矿产资源占比逐年递增，占到了 43.18%。从整体上来说，境外投资建设的矿山项目类型从铜、铁、煤、铅、锌矿等较单一矿种向金、铂、锂、稀土矿等多矿种转移，分布区域由澳大利亚、南非、蒙古国等矿产资源较为丰富的典型国家向非洲、东南亚、欧洲和南美洲等其他国家延伸。

境外投资建设的矿山项目以国民生产建设消费需求量较大的铜铁金属矿资源为主，同时受国际矿业投资环境和国家政策的影响。1987~2018 年中国在境外投资建设的矿山项目总体呈现随时间不断上升趋势，但是不同时期存在差异。2000 年以前，国内矿产资源的开采基本可以满足我国生产建设的需要，对外需求量不大，因此境外投资建设的矿山项目较少。2000 年以后由于国家开始积极地实施境外资源开发战略，鼓励有实力的企业到境外去投资开发矿产资源，进入 21 世纪后，我国在境外投资建设的矿山项目数量开始出现增长。2006 年以后，在国家政策的支持下，国内矿企在境外投资收购的矿山项目数量开始逐渐加速。2008~2012 年受次贷危机等影响，国外许多矿山企业经营出现困难，中国企业趁机在境外进行了大量收购，我国在境外投资收购的矿山项目数量达到有史以来的高峰。2013 年以来中国与沿线国家的交流合作不断加强,在境外投资建设的矿山项目数量出现逐渐增长的趋势。

8.2.2 亚投行成员国与矿山项目投资建设关系时序分析

2014年至今,亚投行和境外矿山项目投资建设相互促进,境外矿山项目的投资建设对亚投行的创建有积极的推动作用,同时亚投行发展又能促进境外矿山项目的投资建设。

2014~2018年,既有中国企业投资建设的矿山项目又是亚投行成员国的国家数量占矿山项目分布国家的比例分别为 25.8%、46.9%、47.1%、64.9%和 69.2%(图 8-10)。

图 8-10 亚投行成员国与矿山项目投资建设关系图

2003年之前,收录的我国境外投资或承建的矿山项目只有 6 个,主要分布于中国周边国家,以及澳大利亚、秘鲁、南非等矿产资源丰富的典型国家,主要以铁矿、铜矿等生产建设需求量较大的金属矿产资源为主。

随着国家经济的发展,对矿产资源需求的加大,加上国内矿产资源的减少,中国企业对境外矿山项目的投资收购逐渐加强,2003~2006 年境外投资建设的矿山项目数量出现小幅度增长,由原来的 6 个增长到 15 个,分布区域向东南亚、阿根廷、赞比亚等矿产资源丰富的国家扩展,矿山项目从铜、铁矿向镍矿、铅矿、煤矿等矿种类型发展。

2007~2012 年矿山数量出现快速增长,短短 6 年时间内增加了 67 个,是之前投资建设矿山数量总和的 4 倍多,这主要由于 2008 年爆发经济危机,其间国外许多矿山企业经营困难，中国企业在境外进行大量收购以及期间我国经济发展较快对矿产资源需求较大有很大关系。

2013年，随着中国与其他国家交流合作日益加强，在境外投资矿山项目数量逐渐增多。2013~2018年，矿山项目数量增加了44个，境外投资建设的矿山项目类型从铜、煤、铅、锌矿等较单一矿种向金、铂、锂、稀土矿等多矿种转移，分布区域由澳大利亚、南非、蒙古国等矿产资源较为丰富的典型国家向非洲、东南亚、欧洲和南美洲等地区延伸。

2014年，中国、印度和新加坡等21国共同决定成立亚投行，至当年年底，意向创始成员国达到23个，矿山项目数量增加到92个，其中既有中国企业投资建设矿区项目又是亚投行成员国的国家数量占矿区分布国家的比例为25.8%，澳大利亚、刚果（金）、蒙古国和秘鲁成为境外矿山项目投资建设最为集中的地区/国家。

2015年，亚投行正式成立，西亚和欧洲等一些国家加入，意向创始成员国达到57个；矿山项目数量为96个，其中既有中国企业投资建设矿山项目又是亚投行成员国的国家数量占境外矿山项目分布国家的比例上升到46.9%，占矿山分布国家的将近一半，比例显著上升，由比较单一典型的铜、铁、煤等矿产向锂、铀、铝等多种类型矿产扩展。

2016年，矿区数量增加到100个，其中既有中国企业投资建设矿山项目又是亚投行成员国的国家数量占我国境外矿山项目分布国家的比例为47.1%。

2017年，亚投行成员国总数达到84个，一些非洲和太平洋国家相继加入；矿山项目总数达到116个，其中既有中国企业投资建设矿山项目又是亚投行成员国的国家数量占我国境外矿山项目分布国家的比例为64.9%，非洲、澳大利亚等矿产资源丰富的国家和地区增长较快。

2018年，亚投行成员国达到93个，矿山数量达到126个，其中既有中国企业投资建设的矿山项目又是亚投行成员国的国家数量占我国境外矿山项目分布国家的比例为69.2%。以铜、铁、锌、煤等国内需求较大的矿产为主的矿山项目占比达52%；矿山项目主要分布于澳大利亚、非洲、南美洲安第斯山脉等矿产资源丰富的国家和地区。从整体上来说，境外投资建设的矿山项目类型从铜、煤、铅、锌矿等较单一矿种向金、铂、锂、稀土矿等多矿种转移，分布区域由澳大利亚、南非、蒙古国等矿产资源较为丰富的典型国家向非洲、东南亚、欧洲和南美洲等其他国家延伸。

8.3 典型案例——缅甸蒙育瓦铜矿

8.3.1 缅甸蒙育瓦铜矿概况

缅甸蒙育瓦铜矿，位于缅甸西北部实皆省南部蒙育瓦县钦敦江边的萨林基乡(Salingyi Township)，距离缅甸第二大城市曼德勒120km，如图8-11所示。缅甸蒙育瓦铜矿(Monywa Copper Mine)又称望濑铜矿，包括莱比塘铜矿(Letpadaung Copper Mine)、萨比塘(Sabetaung)铜矿和七星塘(Kyisintaung)铜矿三个分矿。蒙育瓦铜矿由萨比塘、南萨比塘、七星塘、莱比塘4个矿床所组成(田定慧，2020)，总面积达50km^2，矿石总量20亿t，铜金属量700万t，平均品位0.37%。蒙育瓦铜矿属高硫化浅成低温热液型次生富集铜矿床(含金甚微，与典型浅成低温热液型铜-金矿床有异)或次生富集斑岩型铜矿床。万宝矿产2011年4月获得缅甸蒙育瓦萨比塘、七星塘铜矿(S&K)项目，项目铜资源总量123万t。

图8-11 蒙育瓦铜矿位置示意图

蒙育瓦铜矿开发建设时间较长，1994~1996年，艾芬豪(Ivanhoe)矿业公司介入了蒙育瓦铜矿田的勘探工作，1997年，艾芬豪委托Minproc和MRDI来完成莱比塘矿床的可行性研究。1998年，ME-1与艾芬豪共同组建了缅甸艾芬豪铜业公司(MICCL)，各拥有50%的股份，开建萨比塘露天采场，以堆浸-溶剂萃取-电积方法，年产阴极铜2.5万t。2006年年底，艾芬豪公司萌生了退意，积极寻找买家，出售其所拥有的50%股权。2008年，MICCL公司停产，原因主要是环境保护与市场压力。2011年6月30日，艾芬豪公司与中国北方工业公司旗下的万宝矿产(缅甸)铜业公司谈妥，交易价格1.03亿美元。2011年11月18日，万宝矿产(缅甸)

境外工程地球大数据监测与分析

铜业(2010年9月10日注册,注册资金60亿缅币,合6亿人民币左右),开建莱比塘露天采场及年产10万t阴极铜项目。项目业主为中国兵器工业集团下属万宝矿产有限公司。蒙育瓦铜矿是在建的亚洲最大的湿法炼铜工程,项目总投资10.65亿美元,铜矿项目的投产运营,能有效推动合作伙伴和当地人民共享成功果实。

8.3.2 生态环境影响监测

1. 矿山周边植被覆盖度变化监测

基于Landsat系列卫星遥感影像,以缅甸蒙育瓦铜矿10km缓冲区为遥感监测区域(包括萨比塘、七星塘及莱比塘),对2011年项目开工前和2018年项目建设期间蒙育瓦矿区植被覆盖的情况进行监测。结果表明,蒙育瓦铜矿的开采及其相关经济生产活动虽然对矿区内部造成一定影响,但是对当地周边的生态环境造成的负面影响非常小,说明矿区在开发过程中对周边生态环境的保护做得比较好(表8-1、图8-12)。

表8-1 2011年和2018年不同植被覆盖度的面积及其占比

植被覆盖度	2011年 面积/km²	占比/%	2018年 面积/km²	占比/%
0~0.2	77.56	9.82	64.32	8.08
0.2~0.4	124.63	15.78	106.58	13.38
0.4~0.6	158.20	20.04	134.73	16.92
0.6~0.8	223.28	28.28	246.97	31.01
0.8~1.0	205.89	26.08	243.79	30.61
总计	789.56	100.00	796.39	100.00

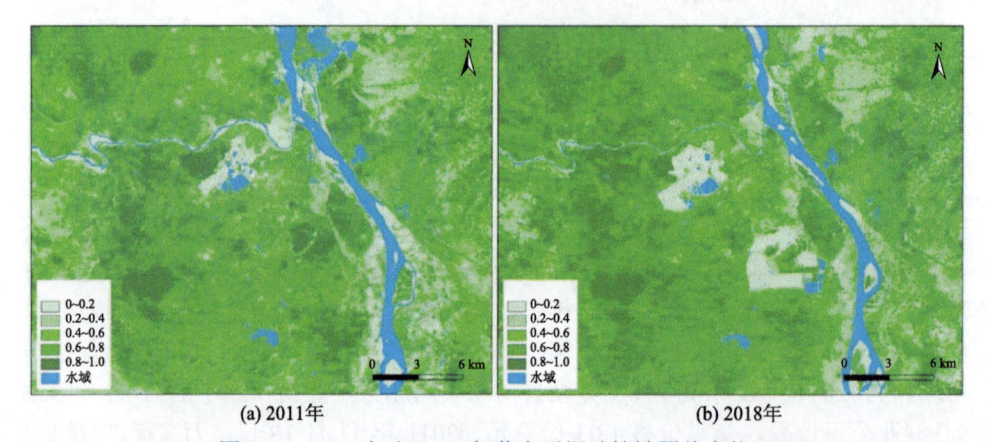

(a) 2011年   (b) 2018年

图8-12 2011年和2018年蒙育瓦铜矿植被覆盖度状况

2. 矿山周边土地利用变化监测

以蒙育瓦矿区为中心，矿区周边10km缓冲区约852.4223km²，建立矿区土地利用遥感监测区域。对1997~2011年缅甸艾芬豪铜业公司(MICCL)建设时期和2011~2018年中国万宝矿产有限公司建设时期，矿区土地资源利用情况进行遥感监测。整体上蒙育瓦矿区以耕地类型为主导，2011年与1997年相比耕地面积变化不大。灌木/草地资源、耕地资源和其他资源三者在空间上呈现交错分布的状态。2011年与1997年相比，灌木/草地资源减少16.046km²，下降1.88%；矿区用地面积经过长达14年的开发建设，面积增加2.3529km²，占比上升0.28%，矿区扩大将近2/5。水域面积为35.5763km²，占蒙育瓦铜矿遥感监测区总面积的4.17%，相比1997年增加6.3443km²，占比上升0.74%，由于受缅甸季风气候的影响，缅甸气候分雨季和旱季，雨季和旱季降水相差很大，水域面积变化处于正常范围（表8-2、表8-3）。

表8-2 1997年蒙育瓦铜矿遥感监测区域生态资源状况

生态资源类型	面积/km²	占比/%
灌木/草地资源	123.2950	14.46
耕地资源	553.4700	64.93
水域	29.2320	3.43
矿区用地	6.2181	0.73
其他资源	140.2072	16.45
合计	852.4223	100.00

表8-3 2011年蒙育瓦铜矿遥感监测区域生态资源状况

生态资源类型	面积/km²	占比/%
灌木/草地资源	107.2490	12.58
耕地资源	558.1150	65.47
水域	35.5763	4.17
矿区用地	8.5710	1.01
其他资源	142.9110	16.77
合计	852.4223	100.00

3. 矿区生态占用与恢复监测

1) 生态资源占用

利用30m Landsat系列遥感影像，解译蒙育瓦铜矿在不同建设时期项目开工前和项目建设过程中，在 10km 缓冲区约 852.4223km² 遥感监测区域的生态资源分布状况。利用 1997 年、2011 年和 2018 年蒙育瓦矿区生态资源解译的结果，做土地转移矩阵，计算矿山在不同时期开发建设过程中占用的生态资源面积，以及造成的短期性与长期性生态损失分类面积。

七星塘和萨比塘等新矿区的开发建设，使得 2011~2018 年万宝矿业有限公司建设时期相比 1997~2011 年 MICCL 公司建设时期，占用的耕地、灌木和草地等生态资源面积显著增加。虽然 2011~2018 年万宝矿业有限公司建设时期，占用的生态资源面积显著增长，但是由于铜矿开采、堆浸和冶炼等工业生产场地都集中分布在一起，2011~2018 年铜矿的生产建设并没有对周边自然资源环境整体格局造成破坏性扰动（表 8-4、表 8-5、图 8-13）。

表 8-4 2011 年 MICCL 公司建设末期蒙育瓦矿区建设占用不同生态资源明细

类型	长期性生态占用 面积/km²	占比/%	短期性生态占用 面积/km²	占比/%	合计 面积/km²	占比/%
耕地	2.3235	0.42	0.3492	0.06	2.6727	0.48
灌木/草地	0.2315	0.19	0.0503	0.04	0.2818	0.23

表 8-5 2018 年万宝矿业有限公司时期蒙育瓦矿区建设占用不同生态资源明细

类型	长期性生态占用 面积/km²	占比/%	短期性生态占用 面积/km²	占比/%	合计 面积/km²	占比/%
耕地	9.5040	1.70	2.0862	0.37	11.5902	2.08
灌木/草地	4.1040	3.83	1.3302	1.24	5.4342	5.07

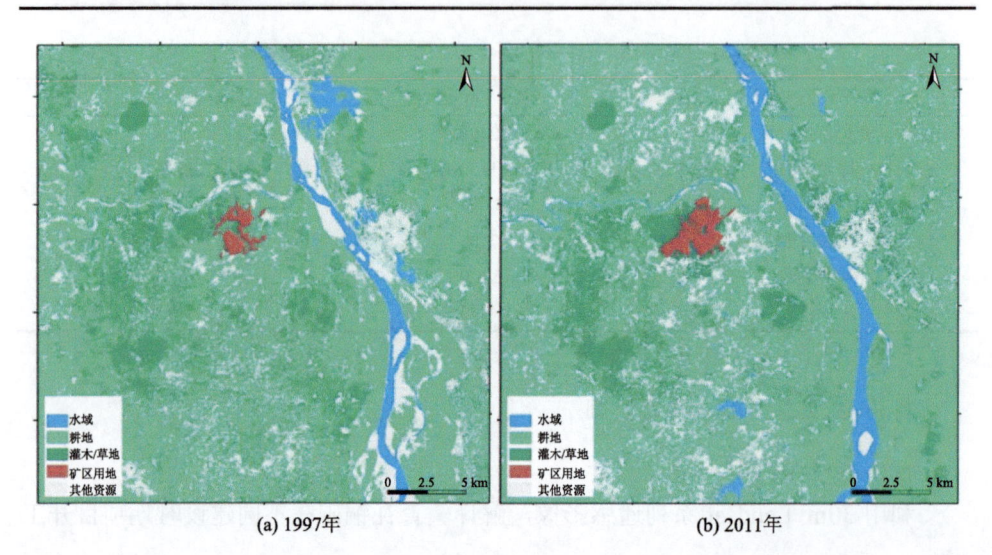

(a) 1997年　　　　　　　　　　　(b) 2011年

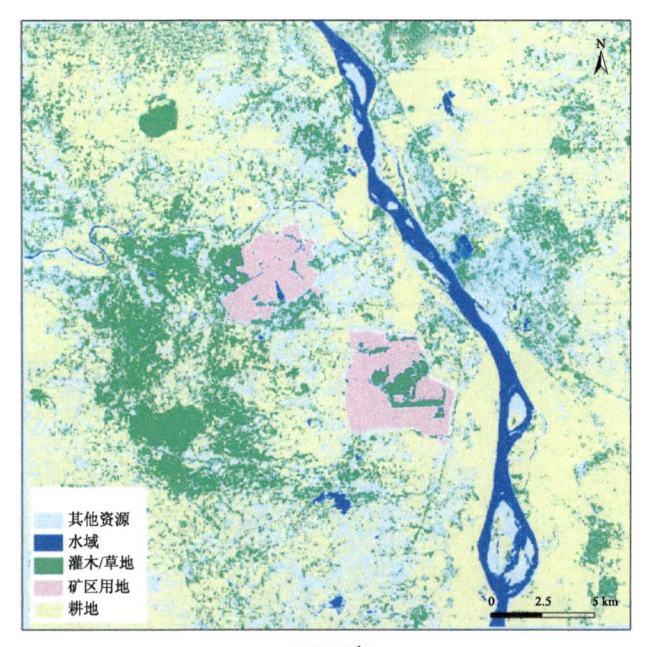

(c) 2018年

图 8-13 1997年、2011年和2018年蒙育瓦铜矿遥感监测区域生态资源分布图

2）生态资源恢复

利用高分卫星影像数据、Landsat遥感影像数据分析蒙育瓦铜矿建设过程中生态保护和恢复情况。结果表明，1997~2018年MICCL公司建设时期蒙育瓦铜矿只开发了萨比塘矿区，在此期间随着开采活动不断进行，矿区的面积逐渐扩大。同时铜矿的开采、冶炼等生产活动造成大面积的矿区污染场地、矿坑、排土场，直到MICCL公司建设末期，也没有对矿区污染场地进行生态恢复。2011~2018年万宝矿业有限公司在蒙育瓦铜矿的开发建设过程中坚持边开采边治理，在矿山开发中充分利用挖掘产生的废土，对矿坑进行填埋复垦，有效保护当地的生态环境，尽可能较小地对矿区周边生态环境产生污染和破坏（表8-6、表8-7、图8-14~图8-17）。

表 8-6 MICCL公司建设时期蒙育瓦矿区生态恢复情况

年份	矿山污染场地 面积/km²	占比/%	土地复垦区 面积/km²	占比/%
2009	0.7541	9.67	0	0
2011	0.7541	9.42	0	0

境外工程地球大数据监测与分析

表 8-7 万宝矿业有限公司建设时期蒙育瓦矿区生态恢复情况

年份	矿山污染场地 面积/km²	占比/%	土地复垦区 面积/km²	占比/%
2011	0.7541	9.42	0	0
2013	0.7541	6.45	0.1770	1.51
2016	0.5516	2.57	0.7366	3.43
2018	0.3320	1.19	2.3301	8.32

(a) 建设中期(2009年12月31日)　　(b) 建设末期(2011年11月17日)

图 8-14　MICCL 公司建设中期和建设末期生态恢复遥感影像对比监测图

(a) 建设前(2011年11月17日)　　(b) 建设中(2018年3月19日)

图 8-15　万宝矿业有限公司建设前和建设中矿区污染场地生态恢复遥感影像对比监测图

(a) 建设前(2011年11月17日)　　　　　　(b) 建设中(2018年3月19日)

图 8-16　万宝矿业有限公司建设前和建设中萨比塘矿坑生态恢复遥感影像对比监测图

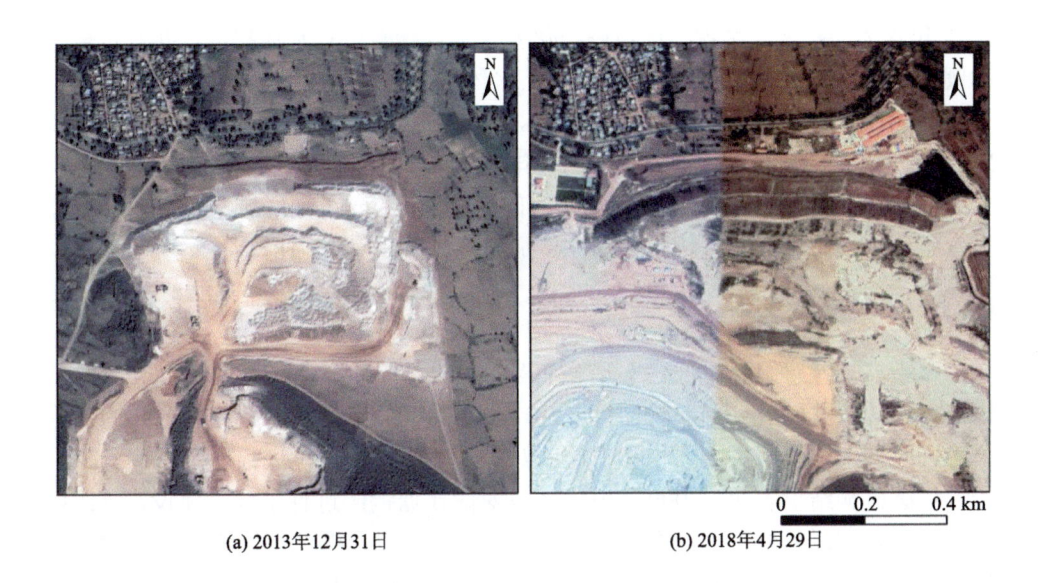

(a) 2013年12月31日　　　　　　(b) 2018年4月29日

境外工程地球大数据监测与分析

(c) 2011年11月17日　　　　　　(d) 2018年3月19日

图 8-17　万宝矿业有限公司建设时期萨比塘排土场生态恢复遥感影像对比监测图

8.3.3　矿区修建对水域的影响

利用 30m Landsat 系列遥感影像、米级高分遥感影像，分析缅甸蒙育瓦铜矿矿区（包括七星塘、萨比塘和莱比塘铜矿）及周边约 10km 遥感监测区域 1997～2018 年水体面积变化情况，选用归一化差异水体指数进行水体提取，并设定合适的阈值掩膜非水体部分，以实现影像上水体信息的提取。统计分析结果表明，1997～2018 年蒙育瓦铜矿水体面积总体保持稳定，不同时期相比，2011 年之前 MICCL 时期水体面积波动较大，2011 年之后万宝矿业时期水体面积较为稳定。1997～2018 年蒙育瓦铜矿的开发建设对矿区周边 10km 范围区域水体面积影响不大，整体上没有对监测区域水体面积造成破坏性扰动（图 8-18）。

8.3.4　建设进度监测

基于高分遥感卫星影像，分析缅甸蒙育瓦铜矿（包括七星塘、萨比塘和莱比塘铜矿）遥感监测区域，不同建设时期（2011～2018 年）土地利用变化情况。通过分析不同时期土地利用类型面积和占比，对矿区工程建设情况进行遥感监测。

遥感监测结果表明，2009～2011 年只对萨比塘铜矿进行了开工建设，萨比塘矿区仅有长期开采形成的两个矿坑、三个堆浸场，以及湿法炼铜相关配套设施，矿区轮廓基本形成，堆浸场主要集中分布在矿区的西南和东南两大块，防洪池等水利设施主要分布在矿区南部，矿区东北方向有大面积矿山污染场地。该矿区排土场分布在矿坑周围，便于排弃。其他与炼铜相关的辅助生产设施都集中分布在

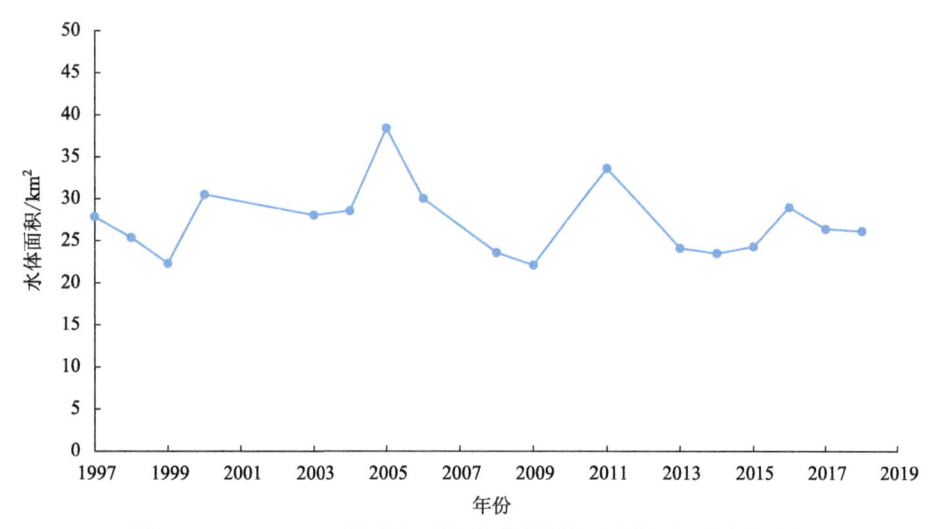

图 8-18　1997~2018 年蒙育瓦铜矿遥感监测区水体面积变化折线图

采矿场或堆浸场周围，形成连片湿法炼铜大工业区。2011~2018 年为中国万宝矿业公司建设时期，2011 年工程开工后，莱比塘矿山西北方向出现小片辅助生产设施用地，在 2013 年的卫星影像中可以看到，随着七星塘铜矿的开工建设，靠近萨比塘矿坑西部出现大片露天采矿场。在矿区南部新建一片小型堆浸场。与此同时莱比塘铜矿出现大面积露天采矿场和生产建设用地。2016 年、2018 年随着蒙育瓦铜矿的不断开采，形成七星塘、萨比塘及莱比塘三个矿区，分别集中分布在两片区域(图 8-19、图 8-20、表 8-8)。

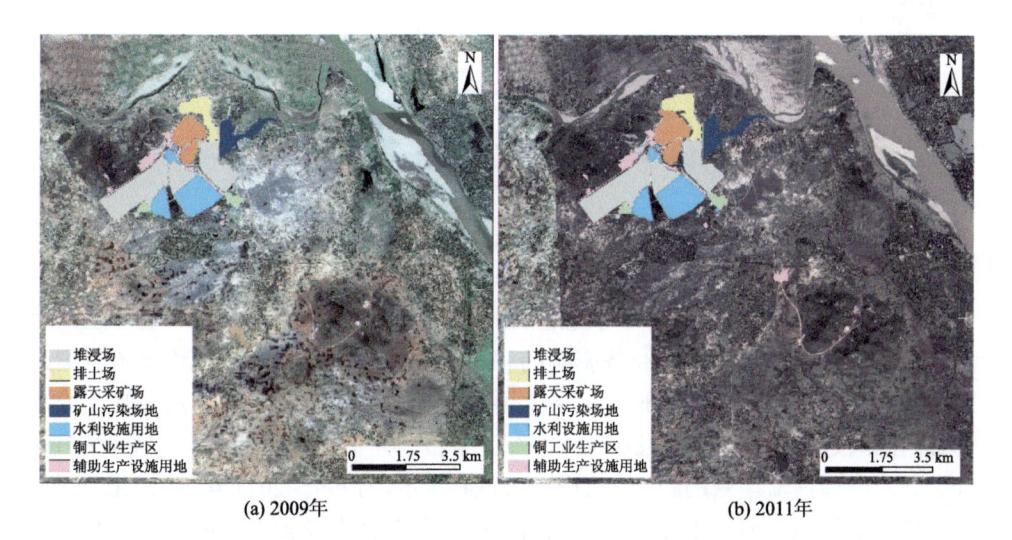

图 8-19　2009 年和 2011 年蒙育瓦铜矿土地利用变化状况图

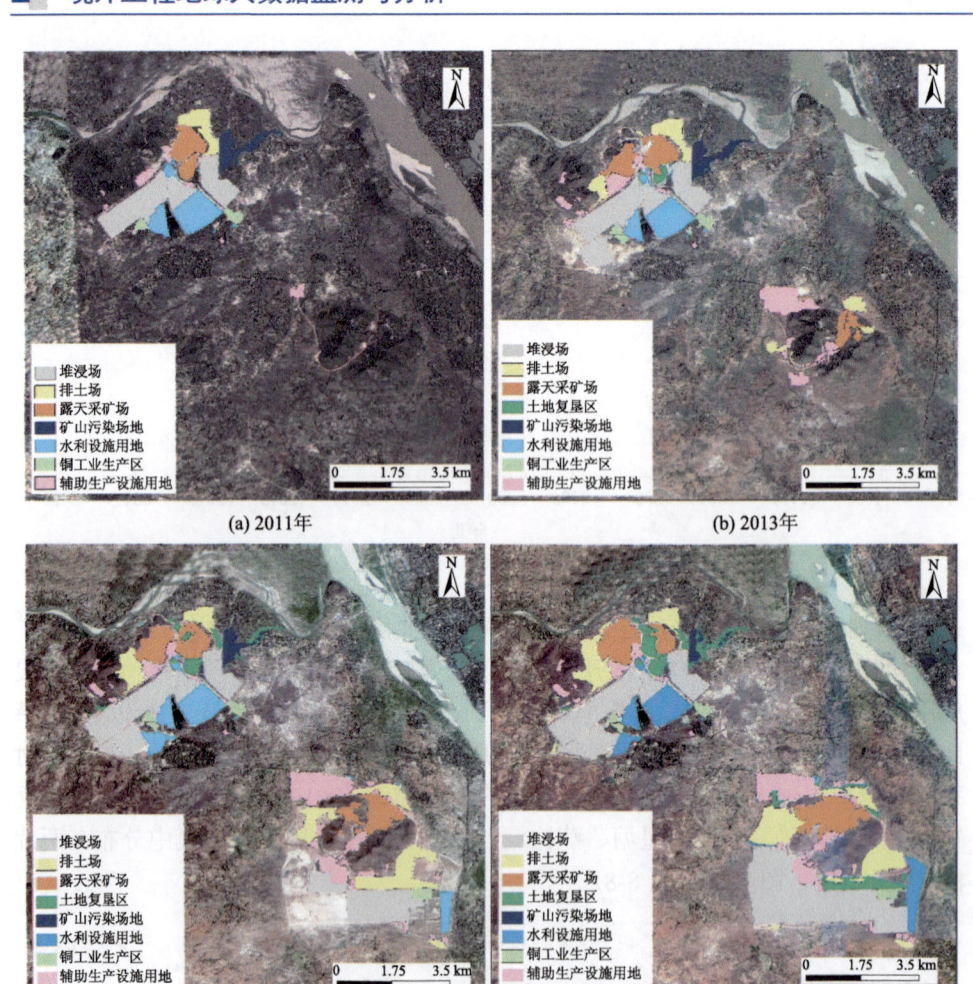

图 8-20　2011 年、2013 年、2016 年、2018 年蒙育瓦铜矿土地利用变化状况图

8.3.5　对经济的影响

采用 DMSP 和 VIIRS 夜间灯光遥感影像数据，以矿区周边 30km 缓冲区开展蒙育瓦铜矿建设对当地社会经济影响的相关分析。矿区夜间灯光指数遥感监测结果表明，空间上灯光指数增长率区域主要集中在城镇和矿区区域，具有明显的沿中心向四周延伸的现象，并且越靠近城镇、矿区等中心，灯光指数增长率就越高，有中心向四周逐渐递减的趋势。如图 8-21(a) 所示，1999~2011 年 MICCL 时期，灯光指数增长率主要集中分布在萨比塘矿区和蒙育瓦市及相邻区域，由中心向周

边逐渐递减，在远离城镇和矿区区域基本上没出现灯光指数的增长。与 2011～2018 年万宝矿业有限公司建设时期相比，如图 8-21(b)所示，随着莱比塘矿区的开发建设，莱比塘矿区及周边地区灯光指数出现大面积增加，越靠近矿区灯光指数增长越快，而原 MICCL 建设时期增长最快的萨比塘矿区和蒙育瓦市区域没有出现灯光指数的增长。这段时期蒙育瓦矿区 30km 缓冲区绝大部分区域都明显出现灯光指数的增长，相比 1999～2011 年分布范围更加广泛，说明万宝矿业有限公司对蒙育瓦铜矿的开发建设极大地拉动了当地经济的发展，尤其是对以前欠发展的乡村地区的经济有明显的促进作用(表 8-9)。

表 8-8　2009～2018 年蒙育瓦铜矿土地利用状况统计表

土地利用类型	项目	2009年	2011年	2013年	2016年	2018年	2011～2018年变化
露天采矿场	面积/km²	0.9633	1.0181	1.972	3.0372	3.5166	2.4985
	占比/%	12.36	12.71	16.87	14.15	12.56	245.41
辅助生产设施用地	面积/km²	0.4225	0.5624	2.3308	3.3945	3.1547	2.5923
	占比/%	5.42	7.02	19.94	15.81	11.27	460.94
水利设施用地	面积/km²	1.575	1.575	1.4895	2.2751	2.6967	1.1217
	占比/%	20.21	19.67	12.74	10.60	9.63	71.22
堆浸场	面积/km²	3.1436	3.1436	3.1436	7.0011	10.9746	7.831
	占比/%	40.33	39.25	26.89	32.61	39.20	249.11
排土场	面积/km²	0.6563	0.6754	1.4625	3.8807	4.402	3.7266
	占比/%	8.42	8.43	12.51	18.08	15.72	551.76
铜工业生产区	面积/km²	0.28	0.28	0.36	0.5899	0.5927	0.3127
	占比/%	3.59	3.50	3.08	2.75	2.12	111.68
矿山污染场地	面积/km²	0.7541	0.7541	0.7541	0.5516	0.332	−0.4221
	占比/%	9.67	9.42	6.45	2.57	1.19	−55.97
土地复垦区	面积/km²	0	0	0.177	0.7366	2.3301	2.3301
	占比/%	0	0	1.51	3.43	8.32	
合计	面积/km²	7.7948	8.0086	11.6895	21.4667	27.9994	19.9908
	占比/%	100.00	100.00	100.00	100.00	100.00	249.62

境外工程地球大数据监测与分析

(a) 1999~2011年

(b) 2011~2018年

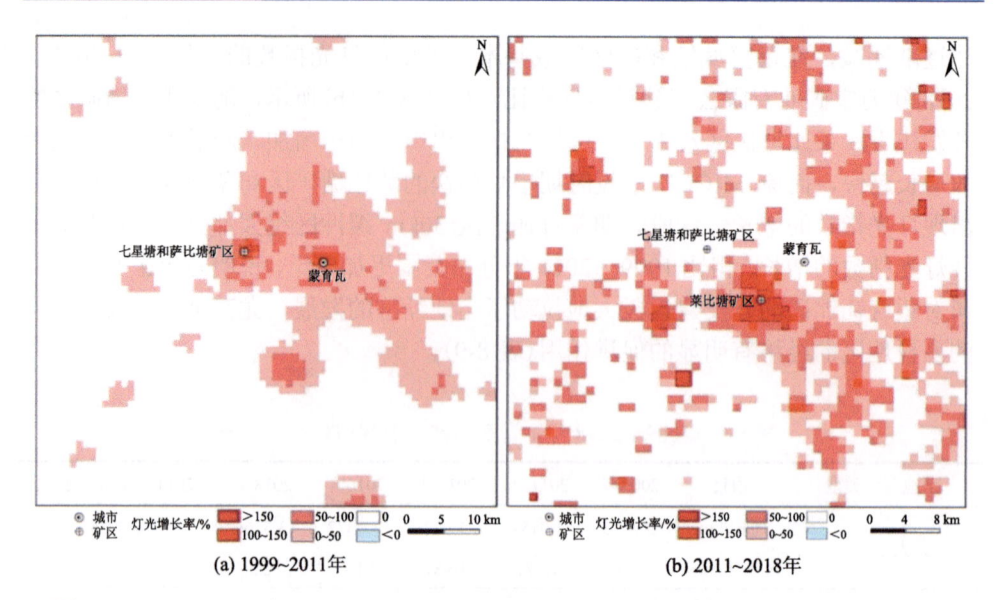

图 8-21　1999~2011 年和 2011~2018 年蒙育瓦矿区 30km 缓冲区内灯光指数增长分布图

表 8-9　蒙育瓦矿区 30km 缓冲区内灯光指数增长率及相应面积

项目	增长率区间/%					灯光指数>7 的面积/km²		
	<0	(0,50]	(50,100]	(100,150]	>150	前期	后期	年均增量
1999~2011 年	0.00	692.36	104.25	10.35	0.80	105.05	227.60	10.21
2011~2018 年	0.00	611.98	418.60	30.24	37.40	227.60	350.16	17.51

第 9 章

结论与建议

9.1 主要结论

本书收录了近年来我国企业在境外参与建设的1169个重大工程项目,建立了我国首个境外重大工程空间数据库,摸清了境外我国各类重大工程项目的总体布局和发展态势,探索了各类型重大工程项目的地球大数据监测方法。监测与分析结果表明:

(1)我国境外各项重大工程基础设施建设发展较快,包括铁路、公路/桥梁、港口、机场、产业园区、能源(煤电站、太阳能、核能、水电站等)、矿山等各类型。截至2019年12月,本书收录的有报道的工程项目已遍布六大洲,主要分布在亚洲和非洲,并逐步向欧洲、大洋洲,以及南、北美洲扩散。

(2)亚投行建设对我国境外重大工程项目建设的促进作用明显,2013年以来,铁路、公路、能源、港口、机场、产业园区等重大工程项目的年均签约数目显著增加。

(3)我国境外各项典型基础设施建设项目施工过程高度重视生态环境保护,生态损失小、生态风险防范得当,极少出现占用保护区等严重的生态环境破坏事件。

(4)我国境外各项典型重大工程建设促进了当地经济发展,提升了地区互联互通能力,助力当地实现联合国2030年可持续发展目标。

9.2 主要建议

1. 加强战略对接,开展顶层规划和设计,加强互联互通骨干网络建设,形成全球基础设施网络

2013年以来,我国境外各类型、各数量基础设施建设明显增加,工程项目建

设进展较快。2006年境外国企投资建设占比80%以上，2015年这一数字下降到50%，2017年500强民营企业中有274家民营企业参与了境外工程建设且民营企业数量不断增加，但目前大多数境外工程项目由公司自己规划，独自成立，缺少战略性和系统性的规划，一定程度上脱离了政府的监管，进而影响了境外工程建设的整体布局，因此政府要加强对境外企业的监管，实施对接，开展顶层规划和设计，加强互联互通骨干网络建设，形成全球基础设施网络。

2. 政府监管能力弱，缺乏主动监控技术，建议加强监管，开展实时遥感监测业务

目前，我国境外基础设施的监管主要采用备案制，即由公司管理方向商务部报送调查问卷，商务部据此编写和发布境外基础设施的监管报告。该类报告可在一定程度上反映我国境外基础设施的投资趋势和建设状况，但其数据分析采用问卷调查分析法，且主要侧重经济方面的调查与分析。缺乏对工程项目实时建设进度、周围环境、建设生态损失、周围经济发展水平等方面的了解，遥感技术以客观、综合、动态、快速、准确的优势提供了先进的探测和研究手段弥补这些不足，因此建议政府要加强该方面的监管，利用遥感技术的优势开展实时遥感监测业务。

3. 加强地理信息、社会、经济、宗教、民族等信息收集，做好风险防控和预警

全球发展倡议下，中国公司在走出去时挑战与机遇并存，境外工程建设与国内工程建设标准往往存在差异。例如，部分产业园区，受水资源匮乏、基础设施落后等因素影响，导致园区建设缓慢甚至出现停滞的现象；部分企业缺乏对当地社会、经济、宗教、民族等信息的了解，难以采用合理的措施得到当地政府和民众的支持，导致项目被搁置或停工，造成重大的投资损失。境外基础设施合理布局和建设的科学决策，急需更加全面、翔实的数据支撑，采用卫星观测、大数据分析等科技手段，收集和集成境外基础地理、资源环境、政治经济、宗教民族等数据，对丰富现行境外基础设施数据至关重要。

4. 各基础设施的建设应相互配套、相互协调

我国境外各项基础设施建设发展较快，铁路、公路/桥梁、产业园区、港口、能源(煤电站、太阳能、核能、水电站等)、矿山、机场等各类型，应充分利用各类型工程之间的优势，相互配套，相互促进，协调发展。例如，缅甸仰光新城的建设，项目初期重点围绕六个方面进行开发，分别是：5座乡镇 、2座桥梁、26km

的城市干道、10km²的工业区、223MW 的输配电设施，以及淡水供应和污水处理系统，新城将发展成为以新高尖端科技为依托的工业区、工业城，将成为中缅经济走廊的一颗闪亮明珠。缅甸仰光新城各类型工程建设相互依托，共同促进仰光新城的建设。

参 考 文 献

龚围, 李丽, 柳钦火, 等. 2020. "一带一路"区域水电站工程生态环境影响遥感监测. 地球信息科学学报, 22(7): 1424-1436.

贾战海, 邬明权, 牛铮. 2019. 2006—2019年中国境外公路项目信息数据集. 中国科学数据(中英文网络版), 4(4): 22-30.

蒋瑜, 邬明权, 黄长军, 等. 2019. 2000—2019年中国境外电力项目信息数据集. 中国科学数据(中英文网络版), 4(4): 14-21.

蒋瑜, 邬明权, 刘正才, 等. 2020. 基于遥感的迪拜哈翔清洁能源电站项目监管方法. 地球信息科学学报, 22(7): 1437-1448.

寇培颖, 牛铮, 刘正佳, 等. 2018. 基于自发地理信息的"一带一路"区域陆路交通状况分析. 地球信息科学学报, 20(8): 1074-1082.

雷洋, 马军海, 张玉春, 等. 2019. "一带一路"沿线公路交通基础设施发展战略研究. 中国工程科学, 21(4): 14-21.

李祜梅, 邬明权, 牛铮, 等. 2019a. 中国在境外建设的港口项目数据分析. 全球变化数据学报, 3(3): 234-243, 344-353.

李祜梅, 邬明权, 牛铮, 等. 2019b. 1992—2018年中国境外产业园区信息数据集. 中国科学数据(中英文网络版), 4(4): 68-78.

刘卫东, 等. 2021. "一带一路"建设案例研究——包容性全球化的视角. 北京: 商务印书馆.

陆梦秋, 陈娱, 陆玉麒, 等. 2018. "一带一路"倡议下欧亚大陆陆海运输的空间均衡分析. 地理学报, 73(8): 1526-1539.

商务部. 2019. 2018年1—12月我国对"一带一路"沿线国家投资合作情况. http://fec.mofcom.gov.cn/article/fwydyl/tjsj/201901/20190102829089.Shtml 2021-8-9.

田定慧, 邬明权, 刘波, 等. 2020. 缅甸蒙育瓦铜矿生态环境和社会经济影响遥感监测. 遥感信息, 35(5): 45-56.

田海峰, 牛铮, 柳钦火, 等. 2019. "一带一路"区域10大互联互通工程沿线10km范围内30m分辨率植被覆盖度数据集(2017). 全球变化数据学报, 3(1): 27-33, 136-142.

王琦安, 施建成, 等. 2019. "一带一路"生态环境状况及态势. 北京: 测绘出版社.

邬明权, 王标才, 牛铮, 等. 2020. 工程项目地球大数据监测与分析理论框架及研究进展. 地球信息科学学报, 22(7): 1408-1423.

肖建华, 邬明权, 牛铮. 2019b. 现代道路建设中的动物友好设计. 中国投资, (14): 84-85.

肖建华, 邬明权, 尹富杰, 等. 2019a. 2007—2019年中国境外铁路项目信息数据集. 中国科学数据(中英文网络版), 4(4): 31-38.

肖建华, 邬明权, 周世健, 等. 2020. "一带一路"重大铁路建设生态与经济影响遥感监测. 科学技术与工程, 20(11): 4605-4613.

尹富杰, 邬明权, 刘荣, 等. 2020. 埃塞俄比亚吉布 3 水电站遥感监测与分析. 江西科学, 38(2): 191-199.

尹富杰, 邬明权, 肖建华, 等. 2019. 2002—2019 年中国境外水电站项目信息数据. 中国科学数据(中英文网络版), 4(4): 39-47.